Sebastian Schoepp

Seht zu, wie ihr zurechtkommt

Abschied von der Kriegsgeneration

WESTEND

Mehr über unsere Autoren und Bücher:
www.westendverlag.de

Die Deutsche Nationalbibliothek verzeichnet diese Publikation in der Deutschen Nationalbibliografie; detaillierte bibliografische Daten sind im Internet über http://dnb.d-nb.de abrufbar.

MIX
Papier aus verantwortungsvollen Quellen
FSC® C083411
www.fsc.org

ISBN 978-3-86489-208-0

Umschlaggestaltung: Buchgut, Berlin
Satz: Publikations Atelier, Dreieich
Druck und Bindung: CPI – Clausen & Bosse, Leck
Printed in Germany

Inhalt

»The past is never dead. It's not even past.«

William Faulkner

Hiergeblieben

Der Anfang vom Ende

»Man ist doch ein bisschen mitgenommen.«
Lothar Schoepp, Feldpostbrief vom
18. Februar 1944, Drohobycz, Ukraine

Buenos Aires ist eine schöne, aufregende Stadt – dort Korrespondent einer großen deutschen Tageszeitung zu sein ist ein Journalistentraum, vor allem wenn man intensiv darauf hingearbeitet hat. Ich war viele Jahre in der Redaktion Außenpolitik für den iberoamerikanischen Raum zuständig, hatte von München aus die Korrespondenten in Lateinamerika und auf der Iberischen Halbinsel betreut und selbst die eine oder andere Dienstreise dorthin unternommen. Nun stand ich selbst vor dem großen Sprung. Auch privat schien alles über den Atlantik zu deuten. Ich war liiert mit einer Spanierin, einer passionierten Hobbytangotänzerin, die darauf brannte, in den Salons der argentinischen Hauptstadt ihre »Ochos«, »Cruzadas« und sonstige Drehungen zu perfektionieren.

Dass ich mich, kurz bevor dieser Traum wahr wurde, dann doch für München-Neuperlach entschied, hatte zwei Gründe: meine Mutter und meinen Vater.

Um es vorweg zu sagen, es war keine schwere Entscheidung; es war die einzig mögliche.

Mein Arbeitgeber wartete gerade auf meine Zusage für Südamerika, als mich am Schreibtisch in der Redaktion ein Anruf der Nachbarin meiner Eltern erreichte. Mutter sei »umgekippt«.

Das war ihr in ihrem Alter – sie war 88 – schon öfter passiert, aber immer glimpflich ausgegangen. Mal war sie im Garten gestürzt infolge einer Kreislaufschwankung und hatte sich den Arm gebrochen, mal rammte sie zerstreut ein parkendes Auto und musste danach eine Halskrause tragen. Sehr unangenehm, aber beherrschbar.

Was war jetzt los?

Ich fuhr durch Schnee und Eis zur Kreisklinik in der Kleinstadt östlich Münchens, in der meine Eltern lebten. Es dämmerte, die Straßen waren in ein kaltes, blaues Licht gehüllt, es sah schon draußen aus wie in einem Operationsraum. Als ich ankam, fragte ich an der Pforte, wo Mutter liege. »Intensivstation«, lautete die Auskunft.

Man musste eine Art Schleuse passieren, die die Station von der septischen Außenwelt abschirmte. Dahinter ein nüchternes Wartezimmer. Dort lag eine Frauenzeitschrift aus. »Warum Fetischlokale immer beliebter werden« lautete die Titelgeschichte.

Was hatte ich erwartet? Die Bibel?

Nach einer guten halben Stunde trabte ein Arzt herein. Er atmete schnell, der Schweiß rann ihm über das Gesicht. »Wir haben gerade mehrere Notfälle hereinbekommen«, sagte er. Man hörte Getrappel auf dem Flur, im Laufschritt wurden Tragen vorbeigeschoben. Ein schwerer Verkehrsunfall.

Zwischendurch hatte der Doktor Zeit gehabt, sich um Mutter zu kümmern.

»Sie hat ein Aneurysma«, sagte der Arzt, »wissen Sie, was das ist?«

»Ich habe eine vage Ahnung.«

»Ihr ist eine Schlagader in der Nähe des Herzens geplatzt, wie ein poröser Schlauch«, sagte der Arzt. »Das kann nicht so bleiben.«

Das klang einleuchtend.

»Und jetzt?«, fragte ich.

»Wir verlegen sie nach Bogenhausen, dort wird sie operiert, noch heute Nacht«, sagte der Arzt und verschwand in Richtung der Unfallopfer.

Mutter lag in einem verkabelten Raum, auch sie selbst war gründlich verkabelt worden. Aber sie war bei Bewusstsein, kramte in ihren Sachen herum.

»Kannste mal gucken, wo meine Handtasche ist?!«, lautete ihr Begrüßungssatz. Es war keine Frage, es war eine Anordnung. So war Mutter.

»Was ist denn mit dir los?«, wagte ich einen Gesprächsanfang in dem verharmlosenden Ton, der zwischen uns in Gesundheitsdingen üblich war. Nur nichts dramatisieren, so lautete stets die Devise. Sie hatte ihre randlose Brille auf und guckte verärgert.

»Ich weiß nicht, was los ist«, sagte sie in dem Ton energischer Verstimmung, der mich als Kind stets in Habachtstellung versetzt hatte. Störungen, egal ob bei ihr selbst oder bei anderen, pflegte Mutter mit äußerster Ungeduld aufzunehmen. Was nicht funktionierte, musste wieder zum Funktionieren gebracht werden, egal ob Gebrauchsgegenstände oder ihr eigener Körper. Sie hatte ihr Leben lang Sport getrieben, aber nicht exzessiv, Radfahren, Joggen, Skilaufen, solche Sachen. Raucher hielt sie für »Dreckschweine«, wie sie mir als Jugendlichem mal angesichts der vollen Aschenbecher in meinem Partykeller sagte. Einzig ein tägliches Gläschen Bier oder Wein zum Essen gehörte für sie zur Abweichung von der Selbstdisziplin, die gar keine war, sondern Gewohnheit und anerzogene Genügsamkeit. So war sie ohne große Störungen 88 Jahre alt geworden.

Ihre Verkabelung nahm sie nun mit der Duldsamkeit eines Menschen hin, der Schlimmeres erlebt hat.

Ich gehöre ja eher zu den Wehleidigen. Schon als Kind schlug ich Symptome in Gesundheitsbüchern nach. Ich drehe halb durch vor jeder Wurzelbehandlung beim Zahnarzt. Mutter hatte noch Zahnärzte erlebt, die ihren Bohrer mit einer Tretkurbel bedienten und Patienten vor Extraktionen mit Lachgas betäubten.

Jetzt stand ich herum wie ein überflüssiges Möbelstück.

»Die behaupten, ich sei umgekippt«, sagte Mutter, so, als könne das gar nicht sein.

»Bist du wohl auch«, sagte ich. »Wie fühlst du dich?«

»Mir ist schwindlig.«

Körperlicher Verfall war in Mutters Lebensplan nicht vorgesehen, sie und Vater hatten niemals auch nur die geringsten Anstalten gemacht, über ihr Alter oder das Sterben zu reden.

Mutter faltete ihre Brille zusammen, prüfte, ob alles in ihrer Handtasche war, die ich inzwischen in einem blauen Plastiksack unter dem Bett entdeckt hatte. Kreditkarten, Schnupftuch, Brillenetui, alles da.

Ich wartete stumm, bis die Leute vom Krankentransport kamen, Mutter auf eine Trage schnallten, was geraume Zeit in Anspruch nahm, weil man gefühlte zwanzig weitere Schläuche mit dazugehörigen Apparaturen an ihr befestigte, Nadeln unter die Haut schob, Beutel anschloss, Messgeräte justierte. Ihr blasses, faltiges Gesicht verschwand immer mehr in dem Aufbau.

Ich stand da und guckte zu. Später dachte ich, dass es wahrscheinlich angemessen gewesen wäre, ihre Hand zu nehmen, ihr übers Haar zu streichen, sie zu trösten – was man nach landläufiger Annahme eben so tut als guter Sohn. Doch solche Dinge hatte es bei uns nie gegeben.

»Gute Fahrt«, sagte ich, als man sie hinausschob, so, als ginge sie auf einen Ausflug. Es sollte trocken-witzig klingen.

»Tschüss«, sagte sie. Und dann kam jener trockene, halbironische Satz, den Mutter so oft im Leben zu sich selbst gesagt hatte: 1945 als junge Frau beim Einsatz in einer Rüstungsfabrik an der Ostsee, als sie vom Kriegsende überrascht wurde; in den 1950er Jahren als Studentin in Berlin, als die Entscheidung anstand, ob sie im Osten oder Westen Karriere machen sollte; zehn Jahre später, als sie längst in Bayern lebte und ihr Sohn auf die Welt kam. Diesen Satz, ein Lebensmotto, eine Art Mantra fast, nicht nur ihr eigenes, sondern das einer ganzen Generation, richtete sie nun an mich: *»Sieh zu, wie du zurechtkommst.«*

Es klang wie ein Vermächtnis, und zugleich schwang unüberhörbar ein Zweifel mit, ob der, der da vor ihr stand, mit der gesetzten Situation, also dem weiteren Leben, zurechtkommen würde.

Wenn ich den Arzt richtig verstanden hatte, stand ihr eine Herzoperation auf Leben und Tod bevor.

Das wusste auch der Krankenwagenfahrer.

»Wollen Sie gleich hinterherfahren?«, fragte er.

Das ist es wohl, was Menschen tun. Angehörige folgen besorgt der Ambulanz, sprechen mit Verwandten in ihre Handys, kampieren neben den Betten ihrer Lieben, füttern sie, schütteln Kissen auf, halten Hände, laden E-Book-Reader. Doch ich schüttelte nur den Kopf. So war ich nicht aufgewachsen. Ich kannte noch die Zeit, als es zweimal in der Woche Besuchszeit im Krankenhaus gab. Ich hatte gelernt, dass man zurechtkommen muss.

Der eigentliche Grund, warum ich nicht hinterherfuhr, um Mutter beizustehen, war jedoch ein anderer.

Es war Vater.

Der saß zum gleichen Zeitpunkt mit einem dick bandagierten Auge zu Hause im Wohnzimmer des elterlichen Häuschens, wenige hundert Meter vom Krankenhaus entfernt. Er war am Nachmittag operiert worden. Eine Katarakt-Operation (Grauer Star) ist heutzutage nichts Besonderes, Routine, meistens mit gutem Ergebnis. Doch zu diesem Zeitpunkt fatal. Die Aufregung um die OP hatte zu Mutters Herzanfall das entscheidende Quäntchen Stress beigetragen. Sich um ihren hilflosen Ehemann zu kümmern war eine Herausforderung.

Die Hypochondrie habe ich von ihm geerbt. Noch mit 89 Jahren, in einem Alter, in dem andere todkrank darniederliegen, leistete er sich den Luxus, heftig zu somatisieren, obwohl es ihm körperlich vergleichsweise gut ging. Mehrmals die Woche musste oder wollte er zum Arzt, Mutter fuhr ihn tapfer, obwohl sie mit ihrem blauen VW-Polo schon den einen oder anderen fremden Kotflügel gestreift oder den Seitenspiegel am Garagentor gelassen hatte. Zu Vaters zahlreichen Leiden wie Bluthochdruck und altersbedingter Herzschwäche gesellten sich andere, die er sich bei dem Versuch einhandelte, die ersteren zu bekämpfen. Er war Naturwissenschaftler, Chemiker, und versuchte, seinen Körper zu behandeln wie eine Maschine, bei der man regelmäßig Flüssigkeiten nachfüllen musste, damit sie lief. Vater war ein umständlicher Mensch, der Berechnungen mehr glaubte als dem Augenschein. Das wäre ihm nicht nur im Krieg als Artillerist fast zum Verhängnis geworden, als er wegen eines Rechenfehlers die eigenen Leute beschoss. Es wirkte sich auch fatal bei der Berechnung seiner Marcumar-Dosis aus, die er selbst täglich nachjustierte. Er saß dann hypernervös vor dem Blutdruckmessgerät und trieb mit seinen eigenen Beobachtungen den Blutdruck in die Höhe, wie in einem Heisenberg'schen Experiment.

Ein willfähriger Hausarzt, der sich seinem ständigen Drängen nicht anders zu erwehren wusste, hatte Vater mit allerlei Blutverdünnern ausgestattet, die ihn fast ins Grab brachten. Ein paar Monate zuvor hatte Vater schwere innere Blutungen erlitten. Er lag wochenlang im Krankenhaus und in der Reha, danach sogar kurz auf einer Pflegestation. Erst vor Kurzem war er wieder nach Hause gekommen.

Nun lag wiederum Mutter in einem Krankenwagen, und Vater saß klapprig und alt mit einem frisch operierten Auge allein am Esstisch und versuchte zu begreifen, was passiert war: nämlich dass er nun ohne seine Ehefrau auskommen musste. Für wie lange? Für immer vielleicht?

Frau H., die Nachbarin, hatte Vater nach Hause gefahren, während ich im Krankenhaus bei Mutter saß, und ihm Suppe gekocht. Die löffelte er geduldig. Mit nur einem Auge war es schwierig, mit dem Löffel den Mund zu treffen. Er kleckerte.

Als er fertig war, packte die Nachbarin Besteck und Teller und ging.

Was hätte ich ohne Frau H. getan?

»Auf Wiedersehen und vielen Dank«, sagte ich.

»Nichts zu danken, ist doch selbstverständlich«, sagte sie.

Ich sah Vater an und er mich. Er hockte gekrümmt am Tisch, in sich zusammengesunken, 89 Jahre lasteten auf ihm. Gehen konnte er kaum ein paar Meter weit. Gut, dass der Treppenlift da war.

»Wie geht's Mama?«, fragte er. Er nannte seine Frau mir gegenüber stets »die Mama«, als wäre ich noch ein Kind.

»Man hat sie in eine Spezialklinik gefahren, sie wird heute Nacht operiert.«

Vater guckte so betreten, wie er das mit einem verbundenen Auge konnte.

»Ist es schlimm?«

»Ich glaube schon.« Über das Ausmaß der Operation, die ihr bevorstand, schwieg ich mich aus.

Er schwieg.

»Kommst du klar?«, fragte ich ihn.

»Ja, ich komm klar«, sagte er.

Ich wusste, dass er nicht klarkam.

Und ich wusste, dass auch ich nicht klarkam.

Ich ging zur S-Bahn und fuhr nach Hause in die Großstadt, obwohl ich hätte bei ihm bleiben sollen, müssen.

Klar war eigentlich nur eines: Ich würde vorläufig nirgendwo hingehen – am wenigsten nach Buenos Aires.

Das große Verdrängen

Wie das Alter über den Alltag kommt

»Wo Altern nicht mehr im Interesse der Gesellschaft ist – und so ist es bei uns –, ist es auch die verlängerte Lebenserwartung nicht.«[1]

Frank Schirrmacher

Es fängt schleichend an. Eine klappernde, lockere Fliese auf dem Küchenboden; Flecken auf den früher makellosen Teppichen; eine lose Schelle an der Dachrinne; eingetrocknete Krusten auf der Kleidung; tropfende Wasserhähne: All das hätte es früher in der Doppelhaushälfte meiner Eltern nicht gegeben. Staubige Batterien der immer gleichen Putzmittel begannen die Schränke zu verstopfen, weil Mutter beim Kauf vergessen hatte, dass ja noch fünf Flaschen da waren. Vorrat an Scheuerpulver, Möbelpolitur, Feuchtwischtücher für Jahre und Jahrzehnte sammelte sich an. Mit solchen Anzeichen des Kontrollverlusts über die eigene Umgebung kündigt sich die letzte Phase des Lebens an.

Wenn die Eltern alt werden, kommt unweigerlich der Zeitpunkt, da man sich fragt: Ab wann kann ich es nicht mehr laufen lassen? War es, als Vater den Herzschrittmacher bekam? War es, als Mutter im Garten stürzte und sich den Arm brach? War es, als ich die Schimmelflecken hinter der Toilette entdeckte, ein Warnzeichen in einem Haushalt, der so auf Ordnung bedacht war, dass man einen Anschiss bekam, wenn man auch nur einen Untersetzer an die falsche Stelle räumte (für mich war diese Pedanterie als Zwanzigjähriger letztlich der Anlass auszuziehen)? War es, als sie anfingen, dieselben alten Geschichten ständig erneut zu erzählen, und ich es aufgab, sie daran zu erinnern, dass ich sie bereits zwanzig-, dreißig-, hundertmal gehört hatte, sondern mich einfach hinsetzte und innerlich auf Durchzug schaltete (was manchmal ganz gut tat)?

In dem Buch der amerikanischen Cartoonistin Roz Chast über den Abschied von ihren Eltern[2] findet sich eine Zeichnung, die diese Gefühle treffend wiedergibt: Die Zeichnerin stellt ihren Vater und ihre Mutter als Hochbetagte in einem altmodischen, riesigen Schlitten dar, ausgerüstet mit Decken und Ohrenschützern, in dem sie in einer verschneiten Berglandschaft entrückt lächelnd zu Tal rauschen. Die Tochter steht als Skifahrerin am gegenüberliegenden Hang, von wo aus sie hektisch winkt, die Katastrophe vorausahnend. Aber sie kann nichts machen. Ein Abgrund liegt zwischen ihnen. Mich rührte diese Darstellung, weil Roz Chast ihre Eltern, den nachgiebigen, gutmütigen und etwas trotteligen Vater, die clevere, willensstarke, respekteinflößende und kühle Mutter, mit melancholisch-ironischer Distanz in einer Weise konturiert hatte, als wären sie eine Blaupause meiner eigenen Familie.

Der Abgrund zwischen der Tochter am Skihang und den Eltern im Schlitten symbolisiert die Distanz, die zwischen ihnen herrscht, zwischen Eltern und Kindern, die jahrzehntelang ihre eigenen Leben gelebt hatten. Wie Roz Chast hatte ich es mit Eltern zu tun, die sich trotz hohen Alters beharrlich weigerten, zur Kenntnis zu nehmen, dass es bergab mit ihnen ging, die sich dem Gespräch darüber verweigerten, sich in störrischer Zweisamkeit abgekapselt hatten und nichts von der Zukunft hören wollten. Und was ging es mich auch an, wie es ihnen ging? Unsere Leben kannten nur wenige Berührungspunkte. Hinter diese Bastion hatten sie sich anscheinend zurückgezogen, bis es eben nicht mehr ging. In ihrem Buch zeichnet Roz Chast auf ironisch-beklemmende Weise nach, wie sie sich immer wieder müht, das Gespräch am Kaffeetisch auf die Frage zu lenken, was wohl auf die beiden zukommt, die die neunzig überschritten haben. Und immer prallen diese Versuche an die Mauer desselben Kommentars: »Können wir nicht über was anderes reden?«

Die Betretenheit mündet in ein »Que será, será«, das die Tochter schließlich am Küchentisch murmelt. Was sein wird, wird sein. Ein Augenblick der scheinbaren Erleichterung. Man hat das Thema wieder mal erfolgreich vermieden, verdrängt.

Trotz des Schweigens hatte ich mir innerlich ungefähr zwanzig Jahre lang Sorgen um meine Eltern gemacht, viel zu früh, wie sich herausstellen sollte. Als sie mit Ende achtzig wirklich krank wurden, erinnerte ich mich an schlaflose Nächte, die ich zehn Jahre zuvor schon verbracht hatte, als ich nach Barcelona ging, um einen Master zu machen. Als ich anschließend beruflich nach Düsseldorf weiterzog, lag Vater wegen einer Prostata-OP im Kreiskrankenhaus, ein Routineeingriff, den er gut überstand. Doch ich fragte mich schon zu diesem Zeitpunkt: Hatte ich ihn im Stich gelassen? Würde er danach noch in der Lage sein, das Weinlaub an ihrem Häuschen zu schneiden? Oder müsste ich das jetzt langsam übernehmen? Konnte ich überhaupt in Städte ziehen, die Hunderte Kilometer entfernt lagen? Musste ich als Einzelkind nicht verfügbar sein?

Wer sich überhaupt keine Sorgen zu machen schien, waren meine Eltern. Bis Anfang ihrer Achtziger lebten sie, als gäbe es kein Jenseits. Als Angehörige der Generation rüstige Rentner unternahmen sie mehrmals im Jahr Wander- und Radreisen in die Auvergne, die Bretagne, nach Umbrien, ausstaffiert mit Klepper-Jacken und immer ausgefeilteren Gangschaltungen gegen die müden Beine sowie Silikoneinlagen für die schmerzenden Füße. Vom Jakobsweg gibt es ein wunderbares Foto von Vater, wie er auf dem Rad die kahlen Hügel von Navarra bezwingt. Da war er Mitte siebzig, trug eine beige Schiebermütze gegen die Hitze und in sich die Fitness eines alten Mannes, der täglich im Keller auf dem Hometrainer strampelte.

»Wie alt sind deine Eltern?«, fragten Freunde. »Wahnsinn, toll, was die noch alles machen!«

Manchmal ertappte ich mich dabei, wie ich mir vorstellte, sie würden auf der Rückfahrt von einer dieser Reisen mit ihrem alten Toyota über irgendeine Klippe rauschen hinab ins Meer. Aber

Vater kümmerte sich darum, dass die Bremsen stets bestens in Schuss waren.

Später beschränkten sich ihre Unternehmungen auf weniger entlegene Gegenden, die Fränkische Schweiz oder den Thüringer Wald, Wandern mit Gepäcktransport, gemächliche Ausflüge. Erst gingen sie Ski fahren, dann langlaufen; erst fernwandern, dann spazieren. Mit der Einschränkung ihres Bewegungsspielraums fanden sie sich nach außen hin klaglos ab: »Na, das haben wir ja nun alles gemacht«, pflegte Mutter zu sagen, wenn wieder mal eine Aktivität aus körperlichen Gründen gestrichen werden musste. »Dann sehen wir uns eben die Fotos an.«

Mutter wurde mit der nachlassenden Bewegung immer rundlicher, Vater hingegen erstaunlicherweise immer magerer.

Das Häuschen in der Kleinstadt wurde den nachlassenden Kräften behutsam angepasst, der Garten allmählich von Rasen auf Rosen umgestellt, weil man die nicht mähen musste. Da saßen sie nun auf ihren billigen Gartenmöbeln und sahen »der Zeit beim Vergehen zu«, wie es Mutter ausdrückte.

Auf Blumengießen verschwendete sie keine Mühe. Was vom Himmel komme, müsse genügen, befand Mutter. Auch für Gartenblumen galt bei ihr die Devise: *Seht zu, wie ihr zurechtkommt.*

Einmal kehrten meine Eltern von einem Ferienaufenthalt in Niederbayern zurück, neben ihrem Hotel war ein Altenpflegeheim mit Garten gewesen. Vom Balkon aus hatten sie einen Blick auf ihre mögliche Zukunft werfen können: Alte im Rollstuhl, Alte mit Rollator, Alte auf Krankenliegen, sabbernde Alte, gelähmte Alte, hilflose Alte, stumme Alte, lallende Alte.

Vater: So wolle man ja nicht enden.

Mutter: »Die wackeln alle mit dem Kopf.«

Krank waren nur die anderen.

Als ich andeutete, dass ich vielleicht nach Buenos Aires versetzt werden würde, aber nicht wüsste, ob ich sie alleinlassen könnte, hieß es nur: »Um uns brauchst du dir keine Sorgen zu machen.« Über Leiden und kurze Krankenhausaufenthalte wurde meist erst nach der Genesung beziehungsweise Entlassung Bericht erstattet, wogegen ich zum Schein protestierte, was mir im Kern aber ganz recht war.

Tatsächlich ging es ihnen lange gut, so gut, dass Vater sich noch mit achtzig den Luxus leisten konnte, Hypochonder zu sein, sich also Krankheiten einzubilden, die er gar nicht hatte. Schon 1943 hatte ein Stabsarzt an ihm diagnostiziert, er horche »zu sehr in sich hinein«. Vater war nicht erst im hohen Alter regelmäßiger Gast bei diversen Hausärzten, von denen er mindestens einen überlebte. Das führte später dazu, dass weder Mutter noch ich ihn in seinem beginnenden echten Leiden ernst nehmen wollten. Vater schluckte alles, was der Medizinschrank hergab, Mutter nichts. Dass beide fast gleich alt wurden, ist keine Auszeichnung für die Pharmaindustrie.

Es hätte durchaus Gelegenheiten gegeben, den allerletzten Lebensabschnitt verantwortungsbewusst vorzubereiten. Als meine Eltern entfernte Verwandte in einer Seniorenresidenz in Göttingen besuchten, lobten sie die gepflegte Atmosphäre dort, sogar einen Konzertsaal gebe es, einen Computerraum und einen »sprechenden Aufzug«, der die Stockwerke ansage. Und dann der Blick aufs Leinetal, wunderbar!

Die Stadt hatte für Mutter einen gewissen Heimatwert, ihre Vorfahren stammten von dort, und sie hatte 1944 ein Semester lang Chemie an der Uni studiert, bevor sie zum Rüstungseinsatz musste. In Bayern, wo meine Eltern vierzig Jahre lebten, waren sie nie wirklich heimisch geworden.

Ich biss mir auf die Zunge, um nicht zu sagen: »Wäre Göttingen was für euch?«

Man schiebt doch seine alten Eltern nicht ins Heim ab!

Dabei war früh klar, dass ihre Festung Doppelhaushälfte mit den steilen Treppen irgendwann keinen Schutz mehr gewähren, sondern zur Falle werden würde. Es war auch klar, dass sie dann entweder in die Welt der Heime hinausmüssten – oder die Welt in Gestalt einer moldawischen oder ukrainischen Pflegerin zu ihnen ins Haus kommen würde. Doch um ihre Zukunft, das ahnte ich früh, würde ich mich kümmern müssen.

Dieses Wissen löste ein dumpfes Unbehagen aus, und ich fragte mich, warum. Eigentlich ging es ja um die normalste Sache der Welt: Sterben, Pflege, Tod, Abschied, Weitermachen. Jeder erlebt es, niemand kommt daran vorbei, ob Angehörige oder Freunde, wir alle müssen irgendwann gehen. Niemand kommt hier lebend raus. Im Alter für die Eltern zu sorgen sollte doch selbstverständlich sein?

War es aber nicht.

Aus zwei Gründen. Der erste Grund liegt in der postindustriellen Gesellschaft 3.0 auf der Hand: Im Moment der Pflegebedürftigkeit der Eltern ist der sorgsam aufgebaute, verdrahtete und durchdigitalisierte Alltag hin. Trotz beachtlicher Medienpräsenz des Themas sind die wenigsten von uns wirklich für diesen Moment gerüstet – zum einen, weil niemand weiß, auf was man sich vorbereiten soll, denn jedes Lebensende verläuft anders so wie das Leben zuvor ja auch. Sterben und Tod werden notgedrungen negiert, sie stören unseren engmaschigen Alltag, auch wenn auf den allgegenwärtigen Bildschirmen virtuell mehr gestorben wird als je zuvor.

Dazu kam in meinem Fall ein zweites Problem, dessen Ursache ich in der Familiengeschichte vermutete. Meine Eltern waren gute Eltern, ich wuchs behütet auf, es fehlte mir materiell an nichts. Und doch war da eine Distanz, die ich mir nicht recht erklären konnte. Irgendetwas in unserer Geschichte machte mir den Gedanken an eine Hinwendung zu meinen Eltern im Alter schwer. Woher rührte diese Distanz? Und warum taten sich wiederum meine Eltern so schwer damit, Gefühle zu artikulieren, Bedürfnisse zu formulieren oder Schwäche einzugestehen? Sollte das etwas mit ihrer Vergangenheit zu tun haben, die für mich im Dunkeln lag?

Ich wurde 1964 geboren – damit gehöre ich zu den geburtenstarken Jahrgängen, den sogenannten Babyboomern, die in Deutschland normalerweise gleichzeitig Kriegsenkel sind, deren Eltern also den Zweiten Weltkrieg als Kinder mitgemacht haben. Ich bin vom Jahrgang her ein Kriegsenkel, von der Familiengeschichte her aber ein Kriegskind, also jemand, dessen Eltern die Zerstörung ihrer Welt als junge Erwachsene selbst erlebt hatten. Vater, Jahrgang 1923, hatte als Soldat an der Ostfront gekämpft; Mutter, zwei Jahre jünger, hatte die Bombennächte in Berlin durchgemacht. Welche traumatischen Erlebnisse sie davongetragen haben mochten, konnte ich nur erahnen. In unserer Familie regierte ein zähes Schweigen über die Vergangenheit.

Lange Zeit spielte das für mich keine Rolle, ich hatte es akzeptiert. Erst als meine Eltern alt und hilfsbedürftig wurden und wir äußerst mühsam wieder näher zusammenrücken mussten, begann ich, Details aus ihrem Leben zu einem großen Ganzen zusammenzusetzen. Erst da begriff ich, wie sehr ihr Verhalten, ihre Lebensauffassung, ihr Verhältnis zum Tod durch ihre Geschichte geprägt gewesen waren. Sie waren auf ihre Art Gefangene, saßen in ihren Kriegsbiografien »wie mit dem Arsch in der Glut«, wie es Alexander Gorkow in dem Buch über seine Eltern formuliert hat.[3] Das hatte meine Mutter und meinen Vater zu verschlossenen Menschen gemacht, auch wenn sie praktisch unaufhörlich redeten.

Es gibt inzwischen allerhand Literatur über Kriegskinder und Kriegsenkel, die wohl wichtigste Autorin ist Sabine Bode, selbst ein Kriegskind. Ihre Bücher sind Bestseller, ein Zeichen, wie sehr die Nachgeborenen das Schicksal ihrer Eltern auch siebzig Jahre nach Kriegsende umtreibt. Bode stellt nach Interviews mit Dutzenden von Betroffenen und Zeitzeugen fest, dass es geradezu typisch für Kriegskinder beziehungsweise -enkel sei, Distanz zu den Eltern zu halten. Das große Schweigen sei symptomatisch für die deutsche Nachkriegszeit, die erst jetzt, da diese Generation abtritt, wirklich endet.

»So existieren in der Familie vielleicht noch unbearbeitete Konflikte, die den Beteiligten gar nicht mehr bewusst sein müssen«, schreibt die Autorin.[4] Solche Konflikte können beruhen auf dem Gefühl fehlender Nestwärme in der Kindheit, wiederum Folge nicht bewältigter Kriegstraumata der Eltern, die zu einer seelischen Verkapselung geführt hätten. Emotional abgekapselte Eltern aber tun sich schwer damit, eine enge emotionale Beziehung

Helmut

zum Kind aufzubauen. Sie können unfähig sein, Offenheit und Nähe zu zeigen, Zuversicht und Lebensvertrauen zu vermitteln.

Ein Kind, so führt Bode aus, spüre diese Unfähigkeit zur Nähe und versuche instinktiv alles, um gegenzusteuern, denn es habe ja ein vitales Interesse an der Zuwendung der Eltern, müsse gefüttert und umsorgt werden. Es übernehme deshalb sozusagen Verantwortung für deren seelisches Gleichgewicht, eine früh einsetzende Überforderung, durch die das »Fürsorge-Prinzip zwischen Eltern und ihren Kindern auf den Kopf gestellt« werde.[5] Bode schreibt Kindern, die so aufwüchsen, jene Tendenz zu, die auch ich an mir beobachtet hatte – nämlich die, sich zur Unzeit Sorgen um ihre alt werdenden Erzeuger zu machen,[6] zu denen sie großen emotionalen Abstand halten. Die Umkehrung der seelischen Verantwortungsverhältnisse endet nicht mit dem Erwachsenwerden.

Anfangs hatte ich vermutet, die stoische Weigerung meiner Eltern, über die Zukunft zu reden, sei allein der Arroganz von Menschen geschuldet, denen es aufgrund von guten Genen, Überlebenstalent, Bewegung und gesunder Lebensführung relativ lange gut gegangen war. Mit der Zeit begriff ich, dass da mehr verborgen lag. Mir kam es zunehmend so vor, als behandelten meine Eltern die Zukunft einfach mit der gleichen Methode wie die Vergangenheit – mit Missachtung. Meine Eltern hatten im echten Leben wahrscheinlich mehr Menschen sterben sehen als jeder Millennialnerd beim Ballerspiel auf dem Bildschirm. Das hatte in ihnen wenig Neigung hinterlassen, sich ein zweites Mal im Leben mit dem Tod auseinanderzusetzen, vor allem nicht mit ihrem eigenen, den sie so oft ausgetrickst hatten. Verdrängung hatten sie als taugliches Mittel angesehen, die Geister von gestern zu bändigen. Warum also nicht in Bezug auf die Zukunft dasselbe Mittel anwenden, das nahende Siechtum mit Nichtachtung strafen und dadurch auf Distanz halten? Ich merkte, dass der emotionalen Verstocktheit meiner Eltern, ihrer Realitätsverleugnung, ihrem Schweigen etwas zugrunde lag, das tiefer in unserer Geschichte verborgen war, und zwar nicht nur der Geschichte unserer Familie – sondern der des ganzen Landes.

Diese Erkenntnis, die sich erst in der letzten Lebensphase meiner Eltern herauskristallisierte, hat mir sehr geholfen – nicht nur bei dem Versuch, sie besser zu verstehen und die schwere Zeit als Gewinn zu sehen. Ich kam meinen Eltern in diesen Jahren auch wieder näher und fand heraus, dass ich mit dem Problem keineswegs allein dastand. Eine ganze Generation ist betroffen. »Unerklärliche Ängste und ein unsicheres Lebensgefühl prägen noch heute die Generation der Kriegskinder und -enkel. Jeder dritte Deutsche ist davon betroffen«, heißt es in einem Artikel der Zeitung *Die Welt*.[7] Ich erlebte sozusagen am eigenen Leib, wie sehr Geschichte ins Private drängt, wie sehr die kollektive Vergangenheit eines Landes das Leben jedes Einzelnen prägt. Es verhielt sich genauso, wie William Faulkner es ausgedrückt hat: »Das Vergangene ist niemals tot, es ist nicht einmal vergangen.«[8]

Doch zunächst hatte ich – als meine Eltern gebrechlich wurden – andere, praktischere Fragen zu beantworten, und zwar schnell.

- Was brauchten sie?
- Konnte ich Beruf und Pflege vereinbaren?
- Wie lange reicht das Geld?
- Machte ich hier eigentlich irgendetwas richtig?

Auch da stellte ich bald fest, Teil einer gesamtgesellschaftlichen Herausforderung zu sein.

Jeder pflegt allein[9] lautet der treffende Titel eines Buches. Der Titel illustriert, dass Pflege in unserem Land trotz vollmundiger Bekenntnisse der Politik kaum mit der geforderten schrankenlosen Mobilität, dem Dogma des Individualismus und der Dauerleistungsbereitschaft in der Gesellschaft zu vereinbaren ist. Gerade in Bayern – aber nicht nur dort – fühlt man sich bei der Altenpflege allen sozialen Veränderungen zum Trotz jenem vormodernen Familienbild[10] verpflichtet, das auf den westdeutschen Gesellschaftsverhältnissen der Nachkriegszeit gründet, in der die Familie nach dem staatlichen Totalversagen den sozialen Anker bildete. Wer sich hierzulande an offizielle Beratungsstellen wendet, stößt allenthalben auf ein altmodisches familiaristisches Modell, an dem normativ festgehalten wird. Es wird eisern das »Subsidiaritätsprinzip« verfochten, also die Verlagerung der sozialen Verantwortung auf die niedrigste mögliche Instanz: die Familie. »Subsidiarität« aber ist nichts anderes als ein hochtrabendes Synonym für Mutters guten alten Grundsatz: *Sieh zu, wie du zurechtkommst*.

Die Schwachstelle besteht darin, dass trotz aller gesellschaftlicher Gleichberechtigungsversuche und Gender-Debatten am Ende gemeinhin doch wieder nur auf eine »traditionelle Rollenteilung zurückgegriffen wird«[11], wie der Pflegeexperte Thomas Klie anmerkt. Gerade in der Generation der Kriegskinder und -enkel wird Pflege als typische Aufgabe für Töchter oder Schwiegertöchter angesehen. Wer – wie ich – ein modernes Großstadtleben führte, wer ohne Partner oder Partnerin war, der oder die bereit wäre, sich in diese Rolle zu fügen, stieß schnell an Grenzen. Meiner damaligen Freundin hätte ich die Aufgabe weder zugemutet noch zugetraut.

Das Subsidiaritätsprinzip besagt zwar auch, dass öffentliche und private Träger da einspringen sollen, wo der Einzelne nicht weiterkommt. Kommunen, Beratungsstellen und Vereine sind eifrig bemüht, Hilfsmöglichkeiten zu schaffen. Sie fühlen sich jedoch dem »betreuten Wohnen zu Hause« verpflichtet, einem stark romantisierten Modell, wie Thomas Klie zu Recht sagt.[12] Es verspricht ein sanftes Ableben in vertrauter Umgebung und im Kreise der Lieben. Doch Treppenlift einbauen, die moldawische Pflegekraft anlernen, Essen auf Rädern in Empfang nehmen, die Rotkreuz-Waschkraft anheuern, den Putzdienst organisieren: Das ist keine Familienidylle. Es ist eher so, als würde man eine kleine Pflegefirma daheim führen, als Zusatzherausforderung neben den beruflichen und familiären Pflichten, die ja weiterlaufen. Das kann gerade noch bei intakten Familien- und Wohnverhältnissen geleistet werden, in denen man sich die Aufgaben teilt oder einer der Angehörigen den Pflegemanager gibt. Wo das nicht der Fall ist, kann betreutes Wohnen zu Hause leicht in Überforderung, Einsamkeit und Verwahrlosung enden.

Dazu kommt, dass bei der Propagierung des Pflegeidylls in den eigenen vier Wänden viel Heuchelei im Spiel ist. Familiäre Pflege ist »skandalös unterfinanziert«, wie der Gerontologieprofessor Eckart Hammer[13] feststellt. Und wie moralisch ist es überhaupt, ein Ideal zu propagieren, das nur aufrechtzuerhalten ist, indem man Legionen von Pflegekräften aus Osteuropa importiert, sie miserabel bezahlt oder gar zur Schwarzarbeit anstiftet? »Die Altenpflege hierzulande würde ohne die externalisierte, von informeller migrantischer Arbeit (...) getragene Dienstleistungsökonomie schlicht zusammenbrechen«, schreibt der Soziologe Stephan Lessenich. Man müsse kein »sozialpolitischer Verschwörungstheoretiker« sein, um festzustellen, »dass die Gesetzliche Pflegeversicherung in Deutschland dieses Externalisierungsarrangement in ihren Leistungskatalog, der die realen Pflegebedarfe der privaten Haushalte nicht einmal annähernd abdeckt, faktisch eingepreist hat«.[14]

Wer am betreuten Wohnen zu Hause scheitert, wie das bei uns der Fall war, dem bleibt das klassische Alters- und Pflegeheim, wo sich seit Jahrzehnten wenig verändert hat – oder der private Pflegemarkt, der zwar alle Möglichkeiten mit Stiften und Residenzen bietet, aber eben ein Geschäft ohne soziale Verpflichtung ist. Im Zweifelsfall gilt die Rendite mehr als die Bedürfnisse der Alten.

All diese Zustände treffen auf eine extrem verlängerte Lebenserwartung, die jene »irrwitzigen Vorsorgepflichten« begründet, »die jeder für seine eigenes Alter und das Altern der anderen treffen muss«[15], wie es Frank Schirrmacher ausgedrückt hat. Anfang des 20. Jahrhunderts betrug die normale Pflegezeit für Angehörige einige Wochen oder Monate. Heute sind es im Schnitt sieben Jahre.[16] Kein Angehöriger kommt aus diesem Tunnel als derselbe heraus, als der er hineingegangen ist. Bei mir waren es knapp vier Jahre, von 2012 bis zum Tode meiner Mutter im Januar 2016, also weit unter Durchschnitt. Doch auch ich litt unter Stresssymptomen wie nervöser Überreizung, Bluthochdruck, Hyperventilation. Es war, als hätte ich einmal zu tief Luft geholt und danach nicht mehr richtig ausgeatmet. Ich bezahlte die Überforderung mit dem Scheitern einer Beziehung und dem Verzicht auf berufliches Fortkommen.

Ich kann immer noch nicht sagen, ob ich viel oder wenig geleistet habe. Vorwürfe hat mir niemand gemacht, meine Eltern kaum, Nachbarn und Freunde gar nicht, weder Pflegekräfte noch unsere spärliche Verwandtschaft meckerten herum. Niemand hat mich beurteilt oder entmutigt, wenn ich kipplige Entscheidungen traf, im Gegenteil. »Sie müssen sich nun über den Willen Ihrer Eltern hinwegsetzen«, sagte ein ehemaliger Kollege meines Vaters, der half, als es eng wurde. Er weiß bis heute nicht, wie sehr er mir mit diesem Satz die Legitimation verschafft hat, derer ich bedurfte.

In das inzwischen mantrahaft wiederholte Lamento über mangelnde Leistungen des Pflegepersonals kann ich nicht einstimmen. Die Bedingungen waren selten ideal, aber Schwestern, Reinigungskräfte, Fahrdienste, Pfleger, Pflegedienstleiterinnen und Ärzte taten überwiegend ihr Bestes. Es schien mir sogar so, als könnte fast jeder, der hilfsbedürftige Eltern hat, mit maximaler gesellschaftlicher Anteilnahme rechnen; man billigt ihm Depressionen zu, Verzweiflung, Erschöpfung, nachlassende Schaffenskraft. Ich habe nicht die geringsten Schwierigkeiten gehabt, wenn es darum ging, Versicherungen oder Zeitschriftenabos meiner Eltern zu kündigen, Steuerzahlungen stunden zu lassen, Dienstreisen abzusagen oder mal aus dem Büro zu verschwinden, wenn etwas für meine Eltern erledigt werden musste. Einer meiner Chefs sagte: Nimm dir alle Zeit, die du brauchst.

Andererseits hält diese Anteilnahme gewöhnlich nicht lange an. Mitunter ist sie schneller passé, als der Aufmacher auf der Homepage der Tageszeitung. Ein Arbeitnehmer, der jahrelang Angehörige pflegt, wird zwar im Kern Verständnis erhalten. Die berufliche Leistung muss aber trotzdem stimmen.

Wer sein Leben nach Gebrechlichkeit ausrichtet, sollte besser ständig davon sprechen. Sonst gerät es in Vergessenheit. Ich hätte ja nach Südamerika gehen können, dann müsste ich jetzt keine nervigen Spätschichten in der Redaktion mehr schieben, sagte mir eines Tages beiläufig einer meiner Chefs, der den Anlass meiner Absage offenbar vergessen hatte. Den Tod eines Angehörigen sollte man nach heutigem Zeitempfinden nicht nach einem Trauerjahr, sondern am besten nach drei bis vier Tagen verarbeitet haben. Sonst bekommt man von der neuen Lebenspartnerin nach einem halben Jahr eventuell vorgehalten: »Du hast dich so verändert.«

Ja wie denn nicht?

Dass ich gesetzliches Anrecht auf zehn Tage Sonderurlaub zur Angehörigenpflege gehabt hätte, war mir klar, doch schien der bürokratische Aufwand größer als der Nutzen. Auch die Möglichkeit, eine Pflegeauszeit zu nehmen, verwarf ich. Ich musste ja Geld verdienen. Pflege ist »kein Sprint, sondern eine Langzeitaufgabe«, sagt ein Ehemann, der sich um seine kranke Frau kümmert, in dem Buch von Professor Hammer.[17] Punktuelle Erleichterungen bringen wenig, man muss Beruf, Privatleben und Pflege dauerhaft miteinander in Einklang bringen. Kein Wunder, dass nur 57 Prozent der über fünfzigjährigen Männer, die sich um ihre Eltern kümmern, berufstätig sind; bei den Frauen sind es 62 Prozent. Dass Frauen häufiger arbeiten, liegt daran, dass sie sich leichter für Teilzeit entscheiden.[18] Und es gibt noch einen weiteren Grund, warum Männer, die sich um andere kümmern, seltener einer Erwerbsarbeit nachgehen. Stundenreduzierung gelte als »Beweis für schwächeres berufliches Engagement«, heißt es in einer Studie des RWI – Leibniz-Instituts für Wirtschaftsforschung in Essen über pflegende Angehörige.[19]

Ich entschied mich, nicht nur auf Buenos Aires zu verzichten, sondern auch, eine Viertagewoche zu beantragen. Das erschien mir die nachhaltigere Lösung zu sein. Doch in vielen deutschen Unternehmen kommt dies einem Bekenntnis zum Karriereverzicht gleich, den man sich diesseits der fünfzig kaum erlauben kann.

Anfangs, als die Anteilnahme noch groß war, bat man mich in der Redaktion sogar, einen Artikel über diesen aus Sicht der Kollegen ungeheuren Schritt zu schreiben. Ich sagte nach einigem Zögern zu, weil der Beitrag auf einer Doppelseite mit Artikeln über neue Wohnformen bei der Altenbetreuung erscheinen sollte, die ich als schönfärberisch empfand. Da wurde über glückliche Alten-WGs mit verständnisvollen Pflegern, ökologischem Essen und Tieren zum Streicheln berichtet, es wurde über das angebliche Entstehen einer neuen gesellschaftlichen Solidarität referiert, Ansätze zur Harmonisierung des Generationenverhältnisses wurden aufgelistet. Ich wollte der Idylle eine Prise Realismus beimengen. Denn sobald es um körperliche Betreuung geht, ist in der Regel Schluss mit der Vision von Oma auf dem Ponyhof. Geschmackvoll gestaltete Seniorenresidenzen verfügen selten über jenes graue Paralleluniversum aus Fäkalpumpen, Gummihandschuhen, Schnabeltassen und Erwachsenenwindeln. Eine alleinstehende frühere Schulfreundin von Mutter verbrachte ein paar Jahre auf einem Ökohof für Senioren mit selbstgebackenem Brot, Gnadenhof für Tiere und durchsonnten Apartments im Fränkischen. Als sie einen Schlaganfall erlitt, musste sie in ein tristes Heim der Arbeiterwohlfahrt umziehen, wo sie ihre letzten Monate verdämmerte. Dieses Ende der Geschichte wird beim Seniorenmarketing in der Regel verschwiegen.

Ich schrieb in dem Artikel, dass der Verzicht auf Buenos Aires mitnichten eine Heldentat gewesen sei, sondern eine Selbstverständlichkeit. Ich erhielt viele Briefe daraufhin, Lob für meine Opferbereitschaft, Zuspruch, Ermutigung, einen Heiratsantrag sogar. Man war gewillt, mir Selbstlosigkeit zu attestieren. Das Lob sagte allerdings weniger über meine Leistung aus als eher etwas über unsere Gesellschaft, die in dem Irrglauben lebt, der Einzelne habe endlose Wahlmöglichkeiten. Dabei hat ein Einzelkind natürlich überhaupt keine Wahl – und das nicht nur moralisch.

Ein Kind ist rechtlich in viel höherem Maße verantwortlich für die Eltern, als die meisten wahrhaben möchten. Der Staat fragt nicht nach unseren beruflichen Zielen, er will, dass wir einstehen und aufkommen für unsere Erzeuger. So steht es im Gesetz. Zwar springt bei Bedürftigkeit das Sozialamt ein, aber dort herrschen bei der Altenbetreuung dieselben Grundsätze wie in der Sozialhilfe. Es ist dem Amt auch egal, wie das Verhältnis zwischen Eltern und Kindern war. Ich lernte eine alleinerziehende Mutter kennen, die gerade so über die Runden kam und eines Tages einen Brief vom Amt erhielt mit der Aufforderung, finanziell zur Pflege ihres hilflosen alten Vaters beizutragen, den die Behörde in ein Heim verfrachtet hatte. Die Tochter hatte ihn zwanzig Jahre nicht gesehen, der alte Mann hatte sie und ihre Mutter einst sitzenlassen.

Zwar gibt es bei der Pflege wie bei Hartz IV ein Schonvermögen. Die selbst genutzte Immobilie etwa ist weitgehend geschützt – allerdings nicht die vermietete. Das kann zum Problem werden, wenn Kinder das Häuschen ihrer Eltern vermieten, um eine Heimunterbringung zu bezahlen. Die meisten Menschen schrecken davor zurück, ihre Einkünfte offenzulegen, auch deshalb werden siebzig Prozent der Alten von Angehörigen zu Hause gepflegt.[20]

Pflege kostet bei hoher Intensität Tausende von Euro im Monat. Das private Stift, in dem meine Eltern ihr Lebensende verbrachten, hatte freundlicherweise den möglichen Höchstsatz des Eigenanteils gedeckelt, was nicht alle tun – auf 7 500 Euro im Monat. Meine Eltern haben diese Summe nicht annähernd erreicht. Aber die Existenz dieses Maximalbetrages zeigt, auf was man sich bei zwei pflegebedürftigen Menschen im schlimmsten Fall einzustellen hat.

Wenn sie nicht selber pflegen, müssen Kinder dafür sorgen, dass die Eltern ordentlich untergebracht sind. Sie müssen unterschreiben für tausend kleine und große Vorgänge, für Einweisungen und Beantragungen; sie müssen mit Ärzten und Heimleitungen verhandeln, mit den Kassen um Geld feilschen, aufpassen, dass die Betreuung funktioniert, und natürlich emotional da sein für ihre Eltern in diesem äußerst schwierigen Moment. Sie müssen sich um Vollmachten, Patientenverfügungen, Rentenzahlungen, hinterlassene Immobilien kümmern. Wäre ich ins Ausland gegangen, hätte ich einen gesetzlichen Vertreter bestimmen müssen, eine Art Vormund, der für meine zunehmend verwirrten Eltern Verträge unterschrieben, ihre Bankkonten verwaltet und aufgepasst hätte, dass die Pfleger gut arbeiten – und dass meine Eltern auch mal Blumen oder DVDs mit Heinz-Rühmann-Filmen bekämen, um nicht im TV-Müll zu ersticken. Das wollte ich nicht, das wollten sie nicht.

Angesichts eines komplexer werdenden Alltags stellt es für die meisten Zeitgenossen eine gewaltige Herausforderung dar, neben ihrem eigenen ein weiteres oder gar zwei Leben zu schultern. Auch Jüngere fühlen sich ja längst ausgelastet mit ihren Digitalabos, Onlinebankings, ihren Stromlieferungs- und Telefonverträgen, ihren Steuererklärungen; sie japsen, um ihr »zwar freudloses, aber keineswegs leeres, sondern vielmehr mit zahlreichen kleinen Unannehmlichkeiten gespicktes Leben« am Laufen zu halten, wie es Michel Houellebecq ausdrückt.[21] »Will man allen bürokratischen Anforderungen gerecht werden, bedarf dies einer mehr oder minder dauerhaften Anwesenheit, jede längere Abwesenheit birgt die Gefahr, mit der einen oder anderen Verwaltungsstelle in Konflikt zu geraten«, schreibt der französische Philosoph. Bei alten Menschen kommen Pflegekasse, Pflegedienste, Heime, Ärzte, Hörgeräteakustiker dazu. Bei den Nachkommen laufen alle Fäden zusammen.

Angesichts all dessen ist es kaum zu glauben, wie blind unsere Gesellschaft in eine Epoche hineinschlittert, in der die Generation der jetzt Pflegenden selbst pflegebedürftig werden wird. Pflege sei »die Herausforderung des 21. Jahrhunderts«[22], stellt Eckart Hammer fest. Das Statistische Bundesamt geht bis 2030 von einer Steigerung der Zahl der Pflegebedürftigen um fünfzig Prozent auf 3,4 Millionen aus. »Wir müssen uns rasch etwas einfallen lassen, um die Deckungslücke zu schließen.« Doch nach »rasch« sieht es nicht aus. Im Bundestagswahlkampf 2017 etwa spielte dieses Thema nicht die geringste Rolle.

Dabei ist es beileibe keine Neuigkeit, dass die Versorgung des stetig wachsenden Heers von Hochbetagten Sozialkassen und Angehörige überfordert, Pflegebedürftigkeit ist längst »der Regelfall eines immer längeren Lebens«[23]. Die Form der Vermögensbildung, die meine Eltern betrieben hatten durch Lebensversicherung, Zinsen und einen sich stetig aufwärts entwickelnden Aktienmarkt, hat die heutige Generation angesichts inexistenter Zinsen und einer volatilen Börse nicht. Eine gesamtgesellschaftliche Pflegestrategie mit gesicherter Finanzstruktur fehlt in Deutschland.

Dabei ist klar, dass die Babyboomer aufgrund ihrer starken beruflichen Involviertheit »keineswegs in gleicher Weise in der Lage sein werden, Aufgaben zu übernehmen wie die Kriegskindergeneration heute«, prognostiziert Thomas Klie.[24] Und die Kinder der Babyboomer werden noch viel stärker zur Mobilität gezwungen sein als ihre Eltern. Verlässliche Familienstrukturen lösen sich auf. Wir sind auf das Alter weder finanziell noch mental vorbereitet – und ich rede nicht nur davon, was es kosten wird, dickere Wände zwischen Pflegeapartments in den Heimen einzuziehen, damit der Nachbar nicht aus dem Bett fällt, wenn der schwerhörige AC/DC-Fan nebenan seine betagte Stereoanlage aufdreht.

Frank Schirrmacher hinterließ 2004 in seinem Buch *Das Methusalem-Komplott* eine Mahnung: »Der Eintritt der Babyboomer ins Rentendasein wird in der ganzen westlichen Welt einen Altersschub auslösen und wie ein nie verglühender Raketentreibsatz über Jahrzehnte Millionen von Menschen, Einzelne, die sich zu ganzen Völkern summieren, über die Datumsgrenze des 65. Lebensjahres katapultieren; nicht nur in eine neue ökonomische und soziale, sondern auch in eine fremde seelische Welt.«[25]

Die Gesellschaft habe keinerlei Modell, wie man mit hohem Alter umgeht, stellte Schirrmacher weiter fest. »Die menschliche Lebenserwartung betrug in 99,9 Prozent der Zeit, die wir diesen Planeten bewohnt haben, 30 Jahre. Jetzt müssen wir innerhalb einer einzigen Generation einhunderttausend Jahre alte Prägungen unseres Körpers und unserer Kultur überwinden.«[26] Schirrmacher war der Meinung, dies sei nur möglich, wenn endlich die Diskriminierung des Alters aufhöre. Er selbst hat es nicht mehr erlebt, der Herausgeber der *Frankfurter Allgemeinen Zeitung* starb 2014, er wurde nur 54 Jahre alt. In seinem Buch sprach er vom »rechtzeitigen Tod«, von dem keiner wisse, wann dafür der richtige Zeitpunkt sei. Ist 54 zu früh? Oder gerade rechtzeitig, um noch als Leistungs- und nicht schon als Kostenfaktor wahrgenommen zu werden?

Manche Lösungsvorschläge für einen besseren Umgang mit der kommenden Krise muten rührend an. Professor Hammer tritt ein für gesündere Lebensführung. Aber genau deswegen wird das Leben ja länger, wie meine Eltern durch ihr ständiges Fitnesstraining bewiesen hatten. Und ein gesundes Leben garantiert nicht für geringe Pflegebedürftigkeit, eher im Gegenteil.

Vater, der stets gesund gelebt und die letzten Jahre gesundheitsbewusst sogar auf seinen geliebten Rotwein verzichtet hatte, ärgerte sich über diesen Verzicht maßlos, als er im Pflegebett landete. Mit 89 Jahren stellte er säuerlich fest: Es habe sich nicht gelohnt.

»Was hat sich nicht gelohnt?«, fragte ich.

»Das Leben so lange hinauszuzögern, das hat sich nicht gelohnt.«

Da hatte er noch zwei Jahre vor sich.

Was helfen könnte gegen die Pflegemisere: Arbeitgeber könnten Angestellten mehr Zeit für die Altenbetreuung lassen. Aber das kostet Geld und Produktivität, der gesellschaftliche Trend ist nicht danach. Reduzierung der beruflichen Leistungsvorgaben, das Wiederaufleben des Solidarmodells der alten Bundesrepublik, ein bedingungsloses Grundeinkommen, Einsparungen bei der Rüstung, weniger Autobahnen und Großkonzertsäle – alle Umschichtungen, die Zeit und Geld in den sozialen Sektor fließen lassen könnten, scheinen tabu zu sein. Vielleicht steckt ein Mentalitätsproblem dahinter. Andere Gesellschaften haben andere Lösungen gefunden, je nach ihren soziokulturellen Rahmenbedingungen. In Skandinavien ist die Altenbetreuung staatlich so durchorganisiert, dass es fast übertrieben wirkt. In dem schwedischen Film *Ein Mann namens Ove* kämpft eine Dorfgemeinschaft dafür, dass ein alter Mann seiner Ehefrau, die ihn gerne pflegen möchte, nicht weggenommen und in ein Heim gebracht wird.

Im Mittelmeerraum ist es genau entgegengesetzt: Dort spielt der Familienverbund eine viel stärkere Rolle als in Mittel- und

Nordeuropa, Kinder leben bis jenseits der dreißig bei ihren Eltern und suchen sich danach meist eine Wohnung in fußläufiger Entfernung. Wochenenden und Urlaube werden grundsätzlich mit Verwandten verbracht, Oma sollte am besten auf jedem Ausflug dabei sein, auch wenn das den Radius stark einschränkt. Nicht das Erreichen eines Ziels steht im Vordergrund, sondern das gemeinsame Erleben. In der Eurokrise hat die südeuropäische Familie sich als wichtigstes soziales Korrektiv bewährt; sie sprang ein, als der Staat sich immer mehr zurückzog. Solcherlei Familienbande wird im individualistisch geprägten Norden oft als rückständig angesehen. Dabei ist der griechische, italienische oder spanische Clan in aller Regel emotional und organisatorisch besser auf Krankheit seiner Angehörigen vorbereitet als unsere zerfallende Singlegesellschaft, die ihre Familienstruktur einem egozentrischen System geopfert hat, das persönliches Fortkommen über alles andere setzt und soziale Arbeit mit lächerlichen Beträgen entlohnt.

Vielleicht wird mit wachsendem historischen Abstand zur NS-Zeit sogar die Euthanasie wieder als Option in Erwägung gezogen, wie in dem amerikanischen Science-Fiction-Film *Soylent Green*, in dem die Alten zum entspannten Selbstmord bei klassischer Musik und schönen Landschaftsbildern genötigt werden. Ist das »freiwillige und sozial verträgliche Frühableben«, wie es Thomas Klie sarkastisch nennt,[27] eine realistische Option?

Mutter jedenfalls hätte gern eine Exitpille im Nachtkasten gehabt. Sie war ein selbstbestimmter Mensch, verabscheute es, betreut zu werden, sie hätte über ihr Ende lieber selbst entschieden, wie sie immer wieder betont hat.

Ich zuckte mit den Schultern. »So was gibt's bei uns nicht, Mutter.«

»Sollte es aber«, sagte sie.

Abwärts

Odyssee durchs Gesundheitssystem

»Immer wieder maßt sich unsere Gesellschaft an,
zu entscheiden, wer in der Lage ist zu pflegen und
wie viel jeder Einzelne auszuhalten hat.«

Martina Rosenberg[1]

Die Großhesseloher Brücke überspannt das Isartal im Süden Münchens, wo es am schönsten ist. Das nahegelegene Wehr ist ein beliebter Badeplatz. Paddler landen an, schleppen ihre Schlauchboote und Bierkästen um den alten, bemoosten Betonbau herum, mutige Schwimmer stürzen sich in das eiskalte Isarwasser und lassen sich ein Stück von der Strömung tragen, von Ferne klingt die Blasmusik der Flößer herüber. Es war ein sonniger Tag Ende August. Meine Freundin und ich hatten ein schönes Plätzchen am Wehr gefunden, das überspült war vom Hochwasser. Die Fluten stürzten klar und grün in einen kristallklaren Tümpel unter einem Baum, dessen Zweige sich wie ein grüner Vorhang schlossen. Es war heiß, hin und wieder erfrischten wir uns im Wasser. Man konnte sich fühlen wie in einem tropischen Paradies. Das Handy war abgestellt.

Wenn man alte Eltern hat, malt man sich nicht nur aus, wie der Moment aussehen wird, an dem es sie erwischt. Man fragt sich entsprechend auch: Wo werde ich da gerade sein? Beim Essen, bei der Arbeit, beim Sex, beim Schwimmen, vor dem Fernseher? Ich hoffte und fürchtete zugleich, die Nachricht von schwerer Krankheit oder gar vom Tod meiner Eltern möge mich auf einer Dienst- oder Urlaubsreise in ferne, vielleicht tropische Gefilde ereilen, in Brasilien, Kuba oder Peru, von wo aus man nicht so schnell zurückkonnte. Vielleicht lief der Schrecken dann an einem vorbei? Andererseits, was hätte das geholfen? Eine weite Rückreise hätte die Qual nur vergrößert. Bekam man gleich einen Flug? Was würde das kosten? In welchem inneren Zustand würde man eine solche Reise antreten?

Als ich nach dem Badetag abends das Handy wieder einschaltete, war auf dem Anrufbeantworter Mutters Stimme, bestimmt, energisch, zwar ohne hörbare Zeichen der Besorgnis, doch Mutter rief nicht »einfach so« an.

»Der Papa ist im Krankenhaus. Vielleicht kannste dich mal melden.«

Das »vielleicht« war ein Imperativ, der Handeln erforderte. Ich meldete mich sofort, getrieben von dem stets vorhandenen schlechten Gewissen, mich zu wenig zu melden.

»Was ist los?«

»Gestern hat er noch die Wasserhähne repariert, und dann hat er plötzlich starke Schmerzen bekommen.«

»Schmerzen, wo?«

»In der Hüfte.«

»In der Hüfte?«

Das war eigentlich nicht Vaters Problemzone gewesen.

Ich fuhr in die dreißig Kilometer entfernte Kreisstadt und dort geradewegs ins Krankenhaus.

Vater lag in seinem Gitterbett und stöhnte. Das Personal hatte das Gitter für nötig erachtet, weil er in der Nacht aus dem Bett gefallen und quälende Stunden lang auf dem Fußboden gelegen hatte, bis endlich eine Schwester hereingekommen war. Gitterbett war in seiner Patientenverfügung eigentlich ausgeschlossen. Aber was sollte man machen? Ihn wieder aus dem Bett fallen lassen? Es war nicht das letzte Mal, dass wir uns über die sorgsam notariell verfügten Bestimmungen hinwegsetzten, die sich nicht immer mit dem deckten, was man in der Realität vorfand.

Vater sah schlecht aus. Er konnte weder gehen noch artikuliert sprechen noch richtig essen. Vor allem litt er unter dem Verlust der Selbstbestimmung. Zum eigentlichen Leiden kommen bei alten Menschen die Verwüstungen, die Krankenhausaufenthalte in der Psyche anrichten, die Verlassenheit, die Orientierungslosigkeit in einer als rabiat empfundenen Umgebung. Das kann Zustände auslösen, die Verfolgungswahn ähneln.

Mutter hatte Rosen aus dem Garten gebracht, die von der zweiten Blüte im August. Vater liebte Blumen, er konnte alle genau mit Namen benennen: die Herbstanemonen, die wild wachsenden Akeleien oder Nudiflorum, die Jasminart, die an warmen Tagen im Winter an der Veranda gelb blüht, ohne Blätter. Das in der schlichten Vase auf dem Kliniktisch war normalerweise für ihn nicht einfach eine Rose, sondern ein gelber Postillon, der nach Honig duftete. Aber das war ihm jetzt egal. Der Krankenhausmief erstickte den Duft.

Man hatte innere Blutungen und Nierenversagen diagnostiziert. Er hatte eine Bluttransfusion bekommen, an seinem Rücken prangte ein riesiger blauer Fleck. In seiner Nase steckte der Schlauch eines Sauerstoffgeräts, das blubberte. Am Bettrand hing ein Urinbeutel mit gelb-rötlichem Inhalt. In seinem Arm steckte eine Kanüle, schwarze Flecken auf seiner altersfleckigen Haut kündeten von gescheiterten Einstechversuchen.

»Was hab ich?«, lallte er.

»Es gibt wohl nicht die eine Ursache«, sagte ich vorsichtig.

Vater brummte. Das passte ihm nicht. Er brauchte für sein inneres Gleichgewicht stets den einen ausschlaggebenden Grund, die Schraube, an der man drehen musste, das Gefäß, das aufgefüllt gehörte wie Bremsflüssigkeit am Fahrzeug. Ich versuchte, Näheres herauszufinden, was nicht einfach war. Krankenschwestern huschten schlecht gelaunt durch die Gänge, Türen zu Besprechungszimmern wehten vor meiner Nase zu, Helfer schoben Betten in sich schließende Aufzugtüren. Egal, wen man fragte, man hatte das Gefühl zu stören.

Als Angehöriger sammelt man in solchen Situationen Telefonnummern von Stationsärzten und anderen tatsächlich oder vermeintlich zuständigen Personen wie seltene, kostbare Schätze. Oft bekommt man Infos, mit denen man nicht viel anfangen kann. Aus den Worten einer jungen Ärztin schloss ich, dass Vater zwischen Leben und Tod geschwebt hatte. Er war sozusagen innerlich fast verblutet. Der Krankenbericht, der mir ausgehändigt wurde, vermerkte, dass die Blutungen auf eine Marcumar-»Entgleisung« zurückgingen, so, als sei das gerinnungshemmende Medikament ein Zug, der außer Kontrolle geraten war. Es war seine Medizin, die ihn fast ins Grab gebracht hätte. Außerdem war von einem Bandscheibenvorfall die Rede. Immerhin schien das die Schmerzen in der Hüfte zu erklären. Inwieweit beides zusammenhing, wurde uns nie erklärt. Vater hatte außerdem ein schwaches Herz, hohen Blutdruck, fast funktionsunfähige Nieren, eine schlechte Allgemeinkonstitution, Verwirrtheit. 88 Jahre Leben eben.

Vater sagte: »Ick fühl mir wie in der Kriegsjefangenschaft.«

Je schlechter es ihm ging, desto mehr berlinerte er.

Ich notierte ins Tagebuch: »Jetzt wird es eng.«

Nach ein paar Tagen wartete er mit einer Neuigkeit auf. »Ick hab mir einjeschissen.« Er guckte deprimiert aus dem Laken, gedemütigt vom eigenen Körper. Die Rückkehr des Landserjargons bei einem Mann, der sein Leben lang darauf geachtet hatte, dass sein Sohn keine Schimpfwörter gebrauchte, war ein Alarmzeichen.

»Kommt vor«, sagte ich und dachte: »Wird nicht das letzte Mal gewesen sein.«

In lichten Momenten, wenn der Sauerstoff aus dem Gerät sein Gehirn erreichte, sagte er Sachen wie: »Wie alt will man eigentlich werden?«

»Du meinst, haste genug?«, fragte Mutter in üblicher Direktheit.

»Man hat den Krieg überlebt, ein Haus gebaut, eine Familie«, sagte Vater.

Es klang wie eine Bilanz.

Das Sauerstoffgerät gluckerte.

Wenn der Schlauch aus der Nase gerutscht war, verdunkelte sich sein Bewusstsein.

»Holt die Polizei!«, rief er dann. »Die stellen hier Sachen mit mir an.«

Die Schwestern betrachteten es als zu umständlich, Vater das Hörgerät in die Ohren zu stopfen, dadurch verstand er Anweisungen und Erklärungen nicht. Er wurde durch Gänge geschoben und lag stundenlang unter Neonröhren vor Türen zu Behandlungsräumen, in denen schmerzhafte und umständliche Untersuchungen an ihm vorgenommen wurden, von denen er nicht wusste, wozu sie gut waren. Er protestierte, rebellierte, jammerte. Im Kern kapierte er wohl, dass er sich nicht mehr in einem Zustand befand, der Heilung versprach, bestenfalls Linderung. Es ist ein Zustand, in dem andere besser über einen Bescheid wissen als man selbst – das macht trotzig und zornig.

Vater sah jetzt aus wie ein Mann, der im Sterben lag.

Ich saß an seinem Bett, hörte den Pausen zwischen seinen rasselnden Atemstößen zu und dachte daran, was der britische Dichter Blake Morrison in seinem Buch *And when did you last see your father* über seinen sterbenden Vater geschrieben hatte: »Er steckte in der Achterbahn des terminalen Siechtums, und ich kann schon diese kleine Stimme in mir hören, die seine Zähigkeit zurückweist, diese Fähigkeit, sich immer wieder aufzurichten, es ist eine Stimme, die flüstert, unterhalb der Schwelle der laut ausgesprochenen Besserungswünsche: Bitte stirb, komm …«[2]

Doch Vaters Zähigkeit obsiegte.

»Hätte nicht gedacht, dass er wieder hochkommt«, sagte die Ärztin bei meinem nächsten Besuch. Solche emotionalen Wechselbäder sind Alltag im Pflegeleben.

»Er sieht gar nicht mehr soooo schlecht aus«, notierte ich ins Tagebuch.

Vater lebte. Aber er war nun das, was man einen »Pflegefall« nannte.

Und ich begann mich zu fragen, was das für Mutter und mich bedeutete.

Auf Distanz

Als ich ein Kind war, nahmen meine Eltern mich regelmäßig mit ins Hallenbad, das in den 1970er Jahren nur wenige Meter von unserem Haus entfernt aus grauem Waschbeton hochgezogen worden war. Es war der Beginn der Trimm-dich-Welle, von der meine Eltern sich begeistert mitreißen ließen. Sonntags lief man auf dem Pfad im Forst, wo hölzerne Balken in Drehbewegungen auf die Schulter gewuchtet und eiserne Ringe per Klimmzug bewältigt werden mussten. An Regentagen ging man ins Bad. Dort spielte sich eine Szene ab, die viel über unser Verhältnis aussagt.

Meine Eltern waren nicht gerade freizügige Menschen, ich hatte Vater nur wenige Male nackt gesehen, meist in Umkleidekabinen. Da kam er mir vor wie ein haariger Urmensch. Als pubertierender Dreizehnjähriger bestand ich auf einer eigenen Kabine, was mit stiller Missbilligung hingenommen wurde. Berührungen hatte es da schon lange nicht mehr zwischen uns gegeben. Zu Hause beschloss Vater, dass es wohl Zeit sei für einen Aufklärungsversuch. Er scheiterte grandios an seiner Verklemmtheit und steigerte meine ins Unermessliche. Ich solle mich, so riet er steif, in einer Weise auf die WC-Brille setzen, dass »das Glied, wenn es erigiert ist, in die lange Ecke der Schüssel zeigt«. Damit nichts danebenging.

Mutter blieb in der Küche, sie ersparte sich die Szene und bestellte bei nächster Gelegenheit die *Bravo* bei einem Zeitschriftendrücker an der Haustür, die sollte die Aufklärung übernehmen. Flecken auf der Bettwäsche in Folge des Konsums von freizügigen Bildern Nastassja Kinskis oder Olivia Pascals blieben unkommentiert.

Als ich ein Teenager war, empfand ich meine Eltern als so gehemmt, dass ich es vermied, Freundinnen nach Hause mitzubringen. Kam es doch mal dazu, verliefen Gespräche am Abendbrottisch in einer äußerst reservierten Atmosphäre.

»Und was wollen Sie studieren? Germanistik? Findet man damit eine Anstellung?«

Ich wollte unter dem Tisch versinken.

Die Verklemmtheit kann man am anschaulichsten mit Verweisen auf Loriot-Sketche beschreiben: die Szenen im Möbelhaus oder im Flugzeug, die stets im Desaster endeten, weil alle Beteiligten vor Förmlichkeit fast platzten; die Umständlichkeit, die gestelzte Höflichkeit, die nur mühsam hohe Reizbarkeit verdecken konnte – all das, was Vicco von Bülow alias Loriot an der deutschen Gesellschaft karikierte, wirkte so, als habe er meine Eltern zum Vorbild genommen.

»Dein Vater sieht aus wie Loriot«, sagte ein Klassenkamerad.

Ich hoffte, der Freund meinte, mein Vater sehe aus wie der Komiker und Zeichner selbst.

Natürlich aber meinte der Schulfreund eine von Loriots Figuren.

Für mich hingegen war Vater Heinz Rühmann, dessen gütige, rundliche Züge sich in seinem weichen Gesicht zu wiederholen schienen. *Wenn der Vater mit dem Sohne* mit dem deutschen Volksschauspieler der 1930er Jahre war als Kind mein Lieblingsfilm. Er spiegelte den Wunsch wider, einen Vater zu haben, der für mich da war. Als ich klein war, fieberte ich auf unsere Männerspaziergänge zu zweit an Heiligabend hin. Einmal im Jahr hatte ich ihn nur für mich, während Mutter zu Hause den Baum mit Lametta und roten Kugeln behängte. Wir streiften durch die Wälder rund um die Kleinstadt.

Ich zeigte auf den dunklen Forst: »Da hinten bauen wir immer Baumhäuser, aber der Förster macht sie kaputt. Und da unten am Bach machen wir Staudämme.«

Vater lächelte.

Seinen Vorschlag, Mutter mitzunehmen, wehrte ich brüsk ab. Ich wollte ihn, nur ihn.

In seinem Bastelkeller konnte Vater alles reparieren, für mich war er der Großmeister der Pattex-Tube. Durch ihn weiß ich, wozu ein Sprengring gut ist (damit sich Schrauben am Fahrrad nicht lockern); dass man beim Reifenwechsel am Auto die Radmuttern lockert, *bevor* man den Wagenheber ansetzt; dass man

Brot mit dem Messer vom Körper weg schneidet; dass man für alles, was man anfängt, unbedingt »etwas im Magen haben muss«.

Vater war der alte Mann, den Clint Eastwood im Film *Gran Torino* spielt: ein Homo Faber, der sich durch sein Werkzeug definiert. Er setzte am Sonntag die Gartengeräte instand, die Mutter unter der Woche kaputtgekriegt hatte, und er klebte mein zerbrochenes Spielzeug. Dass ich zwei linke Hände hatte, galt als ausgemacht – so kam es, dass mir auch wirklich zwei linke Hände wuchsen. Ich hielt ihm das Werkzeug hin. »Falschrum«, schnaubte er.

Der Junge steht ja doch nur im Weg herum.

Vaters Werkstatt gibt mir noch heute das Gefühl einschüchternder Solidität, das sich mit dem Elternhaus verbindet, auch wenn ich mit Hobeln und Stichsägen immer noch nicht gut umgehen kann.

Normalerweise verließ Vater das Haus morgens in der Dämmerung mit seinem Opel.

»Ick muss zu olle Siemens«, sagte er.

Er arbeitete als Dienststellenleiter im Halbleiterwerk, weshalb ich als Kind sagte, mein Vater sei Halbleiter, also nicht ganz Chef, sondern eben nur halb.

Er kam zurück, wenn ich ins Bett ging.

Dass Arbeit Spaß machen sollte, ja musste, war anders als heute zu seiner Zeit keine gesellschaftliche Maxime. Arbeit war da, um den Lebensunterhalt zu verdienen. Darüber beschwerte man sich auch nicht.

Sonst war Vater als ständig verfügbare Drohkulisse präsent, auf die Mutter zurückgriff, wenn ich mich irgendeiner Missetat schuldig gemacht hatte, mit verschlammten Hosen und Gummistiefeln voller Dreckwasser vom Spielen kam oder eine Vase zerbrochen hatte.

»Na warte, wirst schon sehen«, hieß es dann, »der Papa legt dich heute Abend übers Knie.«

Dieser Heinz Rühmann hatte eine harte, unnachgiebige Seite. Er konnte nicht endende Moralpredigten halten und große Verdammungsworte finden für die lässlichsten Vergehen; »menschlich mies« nannte er es, als ich ihm zum Spaß den Platz im Fernsehsessel weggeschnappt hatte. Er insistierte, bis ich weinte. In essenzielleren Dingen hingegen war er nachlässig. Druck wegen schlechter Leistungen in der Schule bekam ich wenig.

»Eine Vier genügt.«

Dass sich Güte und Härte so scheinbar willkürlich abwechselten, machte ihn für mich unberechenbar.

Aber meine Eltern wollten es immerhin besser machen als die Rohrstockerzieher früherer Generationen. Also suchten sie in Büchern Anregungen für den Umgang mit dem Kind, für den sie in ihrem Inneren keinen emotionalen Kompass fanden. Sie lasen Fachliteratur in antiautoritärer Erziehung wie *Summerhill* des Reformpädagogen A. S. Neill, verwarfen die geschilderten Methoden aber.

»Da dürfen Kinder ja alles!«

So autoritär er sich zu Hause aufführte, der Außenwelt gegenüber gebärdete Vater sich geradezu unterwürfig; es galt stets, »den Leuten« den Vortritt lassen, sich nicht in den Vordergrund zu spielen, was nur zum Teil aus Rücksichtnahme zu geschehen schien. Er schien das Urteil anderer zu fürchten. Folge jahrelanger Fremdbestimmung in Kriegszeiten?

»Die anderen sitzen am längeren Hebel.«

Als Zwölfjähriger protestierte ich trotzig: Wer denn »die Leute«, die er so respektiere, eigentlich seien?

Ich solle mal nicht so frech sein.

Muss man dazu sagen, dass Vater sich sklavisch an Verkehrsregeln hielt, auch in Wohngebieten bei jedem Radfahrer, den er überholte, vorher rechts und nachher links blinkte? Selbstverständlich weigerte er sich standhaft, auch nur eine Sekunde im absoluten Halteverbot stehen zu bleiben.

Ich fragte: »Ist das nicht ein bisschen übertrieben?«

»So sind die Regeln«, blaffte er zurück. »An Regeln hat man sich zu halten.«

Beruflich konnte Vater mir nicht viel mitgeben: Er war Chemiker, und für Naturwissenschaften hatte ich keine Neigung – so wenig wie Vater für Fremdsprachen. Dass ich mich vor allem in Chemie am Gymnasium als kompletter Trottel entpuppte, war ein Schock für ihn.

Was soll nur aus dem Jungen werden?

Immerhin verdiente ich als Student mit Berichten für die Lokalzeitung genug Zeilengeld, um mir eine eigene Wohnung leisten zu können. Das nahm Vater überrascht zur Kenntnis. Dass ich für mein geisteswissenschaftliches Studium fast kein Geld von ihm beanspruchte, verwirrte ihn. Vollends aber haute ihn um, dass es mir anschließend sogar gelang, als Redakteur ganz allein für meinen Lebensunterhalt zu sorgen.

Da sie mir nicht viel helfen konnten, ließen meine Eltern mich machen. Vater kaufte mir, als ich fünfzehn war, sogar ein Schlagzeug und ertrug das Geschepper im Keller. Dabei konnte er mit Garagenrock à la Rolling Stones und Deep Purple gar nichts anfangen. Wenn auf dem Plattenteller George Harrison bei »While my guitar gently weeps« die Gitarre zum Weinen brachte, stellte Vater fest: Na, das sei ja ein arges Gejaule.

Dreißig Jahre lang hielten wir eine Art Burgfrieden.

Meist freitags rief ich an.

»Schoepp.«

»Ja, hallo, hier auch. Ich komm am Sonntag.«

»Das mach mal.«

Zuerst kam ich zum Mittagessen, aber als Mutters nie glänzende Kochkünste altersbedingt versiegten, traf ich lieber erst zum Kaffee ein, brachte Kuchen oder mal einen Terrakottatopf aus dem Gartencenter mit. Wir redeten ein, zwei Stunden über Neuigkeiten an ihrem Wohnort, die Umgehungsstraße, den neuen Wertstoffhof vor der Stadt, der sie zu weiten Wegen zwang, um ihr sorgsam sortiertes Plastik wegzuwerfen. Mutter schleuderte mir ihre unumstößlichen Meinungen entgegen, ich schleuderte meine zurück, ein harmoniebedürftiger Vater litt dazwischen.

Was ich beruflich tat, hielt Mutter für Gelaber.

Genervt fuhr ich wieder.

Die Pflege sozialer Kontakte war nicht die Stärke meiner Eltern. Ein lebenslustiges Ehepaar aus der Nachbarschaft lud sie zu Ausflügen ein. Sie nahmen ein paarmal an, was ihnen erkennbar gut tat, redeten danach aber nur schlecht über die Leute.

»Haste gesehen, sie hat sich liften lassen.«

»Sieht total verboten aus.«

»Und diese aufgekratzte Art, als wäre sie ein junges Mädchen.«

»Na, er hat ja auch nicht viel zu melden.«

Mutter hatte entfernte Kusinen in Norddeutschland, die spärlich besucht wurden, und einige alte Klassenkameradinnen, mit denen sie Briefkontakt hielt. Dienstags kamen Damen vom VHS-Kurs, um Kaffeeklatsch zu halten. Mutter schien ein wenig auf sie herabzublicken.

Vaters Jahrgang war praktisch zur Gänze im Krieg gefallen. Zu Kollegen hielt er nur losen Kontakt. Verwandte lehnte er ab. Wenn meine Berliner Tante, seine Schwester, mit Geschichten entfernter Vettern oder Kusinen aufwartete, winkte er ab.

»Die sind vom Stamme Nimm«, befand er – gierig.

So wurden meine Eltern in wachsender Isolation alt.

Aber sie hatten ja das Internet, das sich für sie als technisch gebildete Menschen als geringe Hürde erwies. Es bildete ihre Nabelschnur zur Welt. Herr H., ein früherer Kollege meines Vaters, verkabelte das Häuschen und ertrug nachsichtig seine Pedanterie. Vater übte sich an Fotobearbeitung und dilettierte in Programmiersprachen. Mutter fand Ersatz für Einkaufsbummel in der Stadt. Sie bestellte online kistenweise überteuerte Vitaminpräparate, Ententeller aus Porzellan, obskure Gesundheitszeitschriften und ebenso obskure Börsentipps. Gleichzeitig war das Internet eine Falle, wie der Paket-Tsunami zeigte, der bald das Haus flutete und jeden Winkel mit Gegenständen überschwemmte, die auch die Haushälterin, die nun einmal die Woche kam, nicht mehr abstauben konnte. Bestellte Billigdosenöffner funktionierten nur einmal, Salatschleudern lösten sich in Einzelteile auf, Schraubenzieher brachen bei der ersten Benutzung ab. Egal, es wurde weiter geordert.

In den Geschäften der Kreisstadt, in denen er als Rentner regelmäßig aufkreuzte, kannte man Vater als pedantischen, aber liebenswürdigen, höflichen älteren Herrn.

Ganz alte Schule.

Meiner spanischen Freundin bot er bei Besuchen stets mit ausgesuchter Etikette Kaffee an, schlurfte zur Nespresso-Maschine, die ich meinen Eltern zu Weihnachten geschenkt hatte, kehrte mit einer Auswahl an Kaffeekapseln zurück und ließ sie lächelnd eine Sorte aussuchen.

Mein Vater sei ein »Gentilhombre«[3], sagte sie.

In den letzten Jahren, die meine Eltern in ihrem Haus verlebten, begleiteten sie mich nach Besuchen regelmäßig zur Tür und winkten, wenn ich in meinem klapprigen Alfa Romeo davonbrauste. Das hatten sie früher nicht getan.

Als Kind schienen meine Eltern eine Festung zu sein; als Jugendlicher fand ich sie peinlich; als Erwachsener taten sie mir leid. Erst als es ihnen schlechter ging, sie die Einschränkung ihrer Bewegungsfreiheit aber mit tapferem Gleichmut hinnahmen, kam etwas anderes dazu: Ich begann, Achtung für sie zu empfinden. Als es Vater mit 88 gelang, sich zu bücken, um vom Boden ein Stück Papier aufzuheben, war ich gerührt und stolz auf ihn, als wäre ich der Vater und er das Kind.

Dazu kam, dass sich im Alter seine weiche Heinz-Rühmann-Seite durchsetzte. Manchmal schien es mir sogar, als buhlte er nun um meine Gunst, als suche er den vor langer Zeit abgerissenen Körperkontakt. Doch die Kruste brach nicht mehr auf.

Showdown vor der Klotür

Vater, noch gezeichnet von seinen inneren Blutungen, wankte mit Hilfe seines Infusionswägelchens bis in die Nasszelle des Krankenhauszimmers. Es ging ihm besser. Doch er schaffte es nicht, die Aufgabe allein zu Ende zu führen. Ein Rumoren drang durch die Klotür, dann erschallte der Ruf, zuerst schwach, dann lauter und fordernder, angefüllt mit derselben Intensität und Unnachgiebigkeit, wie ich sie als Kind gefürchtet hatte. Es war seine harte Seite, die da zum Vorschein kam. Ich hatte sie lange nicht mehr vernommen, wusste aber, er würde nicht lockerlassen.

»Bastian!«

Und dann etwas schärfer: »Bastian! Komm mal bitte.«

Das »bitte« klang wie ein Befehl.

»Ich?«

Es war einer dieser Momente, wie man sie mit alten Eltern oft erlebt und welche sofortige Entscheidungen erfordern, die alles Kommende prägen werden. Alles Vorhergehende, so schwer es auch gewesen sein mag, erscheint von da an wie ein Zustand perfekter Idylle.

»Wenn ich jetzt da reingehe«, dachte ich, »dann bist du dran.«

Doch Vater brauchte Hilfe auf der Toilette, und meine Mutter machte keinerlei Anstalten.

Ich musste handeln.

»Bastian!«, erschallte der Ruf zum dritten Mal und nun schon fast verzweifelt aus der Klokabine.

Ich rannte an der geschlossenen Tür vorbei und suchte auf dem Gang nach einer Krankenschwester, die ich zum Glück gleich fand.

Feige?

Sicher.

Diese Weigerung war die härteste Entscheidung in den knapp vier Jahren Elternsorge, eine Weichenstellung. Ich hatte vor diesem Moment gezittert. Jahrelang hatte ich mich gefragt: Würde ich meine Eltern pflegen können, ihnen körperlich helfen, nach all der Distanz, die zwischen uns herrschte? Mir schien es so, als würde die Gesellschaft das von Kindern verlangen – faltige Hintern abwischen als Kompensation für zwanzig Jahre Kinderfürsorge.

Doch ich wollte nicht, partout nicht, obwohl ich meine Eltern liebte. Musste ich mich überwinden?

Ich suchte sogar einen Psychiater auf, um Antwort zu erhalten. Es komme eben darauf an, was das Binnenverhältnis zwischen

Eltern und Kindern an Nähe hergebe, meinte der. Pflege nur zu organisieren sei im Prinzip schon in Ordnung.

Ich suchte nach weiterer Absolution in Büchern wie dem von Martina Rosenberg über *Wege aus der Pflegefalle*: »Fürsorge, Verantwortungsgefühl oder Liebe können nicht einzig im Erbgut begründet sein«, las ich da begierig. Sie müssten »ein Leben lang genährt und erhalten werden«[4]. Die Autorin empfiehlt Menschen, deren Eltern krank werden, Grenzen entsprechend ihren Möglichkeiten zu setzen, sich von gesellschaftlichen Normen zu lösen. Rosenberg spricht aus Erfahrung. »Die Pflege meiner Eltern zu organisieren, die Existenzgrundlage nicht zu verlieren und meine Tochter durch den Schulhorror möglichst erfolgreich zu begleiten – all das wurde zu einer schier unlösbaren Lebensaufgabe.«[5] Kurz bevor sie den Halt verlor, habe sie »die Reißleine« gezogen und den Kontakt zu den Eltern abgebrochen.

So weit wollte ich es ja nun nicht kommen lassen.

Ich beschloss, einen Mittelweg zu suchen und dabei Rosenbergs Rat zu beherzigen: Man solle sich genau überlegen, wie weit man gehen könne bei der Fürsorge, denn in mehr als der Hälfte der Pflegefälle müsse man »mit zwischen drei und zehn Jahren Pflegezeit rechnen«.[6] »Hilfe anbieten, die Eltern in ihrer Not zu unterstützen und ihnen helfen, ist richtig, aber nicht um jeden Preis.« Nur wer auf sich selbst achte und sich wertschätze, könne »auch für andere da sein«.[7]

Mich steuerte in dem Schlüsselmoment vor dem Krankenhausklo ein dumpfes Bauchgefühl. Ja, ich wollte für Vater da sein, ihm helfen, seinen letzten Lebensabschnitt so erträglich wie möglich zu gestalten.

Aber nein, beim Kacken helfen wollte ich ihm nicht.

Ich dachte: »Wieso sollte ich einem alten Mann, der mich gerade an seine negativsten Eigenschaften erinnert hat, also herrisches Auftreten und Unnachgiebigkeit, mit dem ich vierzig Jahre lang keinen Körperkontakt hatte, wieso sollte ich diesen für mich emotional fremden Mann auf die Toilette bringen?«

Ich zitterte auf dem Nachhauseweg, hatte aber das Gefühl, richtig gehandelt zu haben.

Vielleicht hatte ich mich ja auch nur wie ein typischer Vertreter meines Geschlechts verhalten, jedenfalls legt das Buch des Gerontologieprofessors Eckhart Hammer über *Männer in der Angehörigenpflege* diese Vermutung nahe. Auch Hammer warnt Betroffene davor, sich zu überfordern. Ein »guter Sohn und Ehemann« pflege besser »nicht alleine«, weil dies »unweigerlich in der Isolation endet«, in der sogenannten »Pflegedyade«, in der es »kein Leben mehr jenseits der Pflege gibt«.[8] Das schien logisch zu sein: War irgendjemandem gedient, wenn der Organismus oder die Psyche des Pflegenden »Tilt« anzeigte wie bei einem alten Flipperkasten? Professor Hammer schreibt, nur ein geringer Teil der Männer sei bereit zu »Intimpflege« und wenn, dann höchstens bei der Ehefrau. Bei den Eltern, zumal bei der Mutter, bestehe der Wunsch, »die Gefühle und Scham nicht zu verletzen«.[9] Deswegen gäben Männer eher den Pflegemanager, ein Verhalten, das leider in der Gesellschaft als Drückebergerei ausgelegt werde.

Ich hatte nicht den Eindruck, mich um irgendetwas herumgedrückt zu haben. Trotzdem blieb ein Schuldgefühl, allen Legitimationen zum Trotz. Davon berichtet auch Professor Hammer. Um überhaupt für die Eltern sorgen zu können, schreibt er, bedürfe es einer gewissen »filialen Reife«[10], die dann erreicht sei, wenn die »eigenen Bedürfnisse gegen die Ansprüche der Eltern ausgewogen abgegrenzt und die Schuldgefühle angemessen verarbeitet werden können«. Ein besonderer Glücksfall sei es, wenn die Eltern als Pendant die entsprechende »parentale Reife« als letzte Stufe ihrer Rolle entwickelt hätten.

Mutters Erwartungen hinsichtlich der Pflege konnte man klar benennen: Sie hatte erwartet, nie pflegebedürftig zu werden. Vater gab sich schließlich mit der Betreuung durch Professionelle zufrieden, ja, er akzeptierte, dass Menschen diese Arbeit verrichteten, die eine Rotkreuzuniform oder eine Schwesterntracht trugen. Das deutete darauf hin, dass sie in der Lage waren, ihr Tun von ihrem Selbst zu abstrahieren. Außerdem konnte man sie kritisieren. Man zahlte ja.

Hilfreicher als Psychologen und Bücher waren in dieser Phase Gespräche mit Menschen, Freunden, die in einer ähnlichen Situation waren. Die Biere mit C., der seine Mutter pflegte, oder die Telefonate mit meiner alten Freundin S., die in Italien lebte und sich mit allerlei *Remote Control* um ihren alten Vater im Badischen kümmerte, möchte ich nicht missen. Gerade durch S. lernte ich, dass die Rolle der Geschlechter bei der Pflege sich zu ändern beginnt. Frauen sind heute viel stärker berufstätig als in der Nachkriegszeit, sie legen dieselben Managementfähigkeiten an den Tag, die früher Männern zugeschrieben wurden. Töchter beginnen, sich von der althergebrachten Aufopferungsrolle abzugrenzen. S. war nicht bereit, ihren Lebensstil aufzugeben, der sowohl beruflich wie privat mit vielen Reisen verbunden war. Also sorgte sie wie eine – vermeintlich typisch männliche – »Pflegemanagerin« dafür, dass ihr alter Vater betreut wurde, als er krank wurde. Die »Intimität auf Abstand«[11], wie es Professor Hammer nennt, blieb gewahrt.

Mein guter Freund C. hingegen, Jahrgang 1964 wie ich, übernahm ganz selbstverständlich die »nasse Pflege« seiner Mutter, weil ihr persönliches Verhältnis diese Form der Nähe hergab. Er hat die Kranke zusammen mit seinen Geschwistern aufopferungsvoll gepflegt bis zu ihrem Tod, Drainagen gelegt, Urinflaschen geleert, Windeln angelegt, ihre Flüssigkeitsversorgung reguliert, Spritzen gegeben, das Gebiss gewechselt, Dekubitusvorsorge gemacht, sie gefüttert, gesäubert und unterhalten. Er hat Ausflüge mit ihr gemacht und unzählige Wochenenden als mobiler Pflegedienst verbracht, obwohl das für ihn als Berufstätigen eine enorme Kraftanstrengung bedeutete, die jahrelang seinen Alltag bestimmte. Er hat es getan, weil er, wie Rosenberg es ausdrückt, die »tiefe Befriedigung« spürte, »einem geliebten Menschen auch in schwieriger Zeit beizustehen«.[12]

Nur noch eine Last?

Krankenhäuser entledigen sich alter Menschen, sobald klar ist, dass das niedrige Niveau, auf dem sie angekommen sind, nun Allgemeinzustand wird. Für die Angehörigen beginnt damit ein Monsterproblem. Wohin mit Papa?

Als es bei Vater so weit war, sagte Mutter: »Du kriegst alles, was du brauchst.«

Doch was brauchte er? Der Tag seiner Entlassung näherte sich, und wir begannen, uns wahllos nach Pflegebetten, Treppenliften, Badehilfen und dazugehörigen Rotkreuzschwestern umzusehen. Mutter übernahm vorerst die Federführung. Doch wie lange würde ihre Kraft reichen? Sie war ja schon 87.

Wir fragten die Nachbarn. Die winkten ab. Helfen gerne, pflegen: nein, auch nicht gegen Geld.

Die Haushälterin meiner Eltern, Frau L., reagierte entsetzt: »Pflege? Niemals. Ich habe meine eigene Mutter gepflegt, das hat mich nachher jahrelang verfolgt.«

Vater sagte an seinen letzten Tagen im Krankenhaus nur den Satz, den wohl jeder, der gepflegt werden muss, irgendwann mal sagt: »Ich bin ja doch nur eine Last.«

Da betrat Dr. S. das Krankenzimmer.

Dr. S. war der Chefarzt. Ähnlich wie Chefredakteure nicht zwingend die besten Journalisten sind, sondern eher die mit dem größten Machtinstinkt, sind Chefärzte nicht immer die einfühlsamsten Mediziner, sondern die mit dem größten Durchsetzungsvermögen.

Dr. S. schlug ohne Umschweife vor, bei Vater eine Herzoperation zu machen, um »ihn fit zu kriegen«.

Das kam überraschend. Nach Fitness sah Vater nicht aus.

Seine Aortenklappe funktioniere nicht richtig, erst wenn das repariert sei, habe eine Reha Sinn, sagte Dr. S.

»Aha«, dachte ich, »von einer Reha war bis dato noch gar nicht die Rede gewesen. Eigentlich eine gute Idee.« Aber wer organisierte so was?

Ich sah Vater an, er hatte Wasser in der Lunge, seine Atmung rasselte wie ein Gespenst an seiner Kette.

Bei einem 91-jährigen Sportler habe er das letztens gut hingekriegt, lobte sich Dr. S. selbst.

»Und was ist ohne OP?«

»Dann quälen Sie ihn nicht mit einer Reha, sondern setzen Sie ihn in einen Sessel.«

Dr. S. sprach die ganze Zeit über meinen Vater in der dritten Person, so als wäre er gar nicht da. Vater saß dabei gekrümmt auf der Bettkante und hörte zu, wie sein Schicksal verhandelt wurde.

Am nächsten Tag rief Mutter an: In Vaters Krankenzimmer liege eine Einverständniserklärung für eine komplizierte Herzuntersuchung, die der OP vorangehen solle. Was sie machen solle?

Wir gingen hin und ließen Vater das Dokument krakelig unterschreiben, seinen Nachnamen kriegte er gerade so hin.

Wir taten das, weil wir ratlos waren. Sollte man nicht alles tun, damit es Vater besser ging?

Es gehört viel Standvermögen dazu, einem Chefarzt zu widersprechen. Wer will sich vorwerfen lassen, er habe nicht alle Möglichkeiten ausgeschöpft?

Die Voruntersuchung ergab jedoch, dass eine OP bei Vater nicht viel bringen würde. Der Chefarzt verlor das Interesse. Wir sahen ihn nie wieder.

Stattdessen rief eine Frau von der Sozialstation des Krankenhauses an und schlug eine Reha vor. Es gab eine Sozialstation! Immerhin, man wurde als Pflegefall nicht sofort in die Wüste geschickt. Allerdings arbeiteten nicht alle Sozialstationen so tüchtig wie diese an der kleinen Kreisklinik, wie ich später feststellen musste.

Vater kam zur Reha in eine geriatrische Spezialklinik, vier Wochen würde er dort bleiben, das war unsere Frist, um das Haus so umzugestalten, dass er dort wieder würde wohnen können. Laufen konnte Vater kaum, aber wenigstens wieder einigermaßen in ganzen Sätzen sprechen, Verdienst einer Logopädin. Mal war er relativ vergnügt, nahm seine Umgebung aufmerksam wahr, schilderte bewegt eine jüdische Abschiedszeremonie für einen verstorbenen Stationsnachbarn. Dann wieder hing er an seinem Urinbeutel, aß nichts und jammerte: »Ick bin unselbstständig jeworden.«

Die einzige Vorsorge für den Notfall, die meine Eltern getroffen hatten, waren die Patientenverfügung sowie die Mitgliedschaft in einer örtlichen Organisation namens Pflegestern, die ambulante Leistungen vermittelte. Sie meinten, das würde genügen. Ich fuhr an einem stahlblauen Herbsttag in das Büro der Organisation in einer Münchner Vorstadt. Das Morgenplapperradio befahl, ich müsse »unbedingt in die Berge« gehen. »Für wen sind solche Programme eigentlich gemacht?«, fragte ich mich. Wie viele Leute gibt es in unserer Burn-out-Gesellschaft, die an einem Dienstagmorgen ohne Plan aufstehen und sich denken: Mal hören, was der Mann im Radio so empfiehlt. Der geplante gemeinsame Urlaub mit meiner Freundin war jedenfalls gestrichen. Anstatt Wandern in Andalusien lagen drei Wochen Wanderschaft durch Betreuungseinrichtungen vor mir.

Die Frauen vom Pflegestern waren resolut und verbanden solide Arbeit mit Anteilnahme. Sie empfahlen einen Notrufknopf für zu Hause. Des Weiteren kündigten sie ihren Besuch an, dann könne man Um- und Einbauten besprechen. Ich fragte, ob es kommunale Unterstützung gebe, aber die Damen wussten von nichts. Also besorgten Mutter und ich für 10 000 Euro einen Treppenlift. Später erfuhr ich, dass der Landkreis dafür einen Zuschuss gezahlt hätte. Es zeigte sich, dass meine Eltern mitnichten recht mit der Annahme gehabt hatten, es genüge, sich auf eine Stelle zu verlassen.

Als ich nach der Möglichkeit eines Heimaufenthalts für Vater fragte, schlug mir leise Ablehnung entgegen. Das sei ja wirklich die letzte Alternative und außerdem sehr, sehr teuer, sagte die Frau mit vorwurfsvollem Unterton. Auch diese Beratungsstelle war erkennbar ganz dem von der Regierungspartei propagierten Familienbild verpflichtet. Sie sah es als ihre Aufgabe an, betreutes Wohnen zu Hause zu organisieren – also die Vision von der Familienidylle aufrechtzuerhalten. Leider entsprach unsere kleine, zugezogene und irgendwie entwurzelte preußische Familie diesem bayerischen Ideal in keiner Weise. Trotzdem waren wir zuerst fest entschlossen, es zu versuchen.

Nur vorsorglich beschlossen Mutter und ich trotzdem, ein paar Heime in der Umgebung zu besichtigen. Vater sagten wir nichts davon.

Ich lernte Mutter in dieser Zeit neu kennen, es war zum ersten Mal, dass wir eine Art Team bildeten. Es gab in der Kreisstadt ein kleines Pflegeheim, gleich daneben ein Stockwerk für betreutes Wohnen. Ich kannte den Unterschied nicht, wurde jedoch sofort belehrt, dass das eine mit dem anderen organisatorisch nichts zu tun habe. Wir wurden in der Pflegestation herumgeführt, und ich lernte als Nächstes, dass das, was man selbst gut findet, nicht zwangsläufig gut ist für die Alten. Für mich sah das Haus aus wie eine traurige Endstation, in der Küche saßen sabbernde Senioren, es roch nicht gut, war dunkel und muffig. Der handtuchgroße Garten war umzäunt, um die Dementen einzuhegen. Ich war entsetzt, dass man uns einfach so in die bewohnten Zimmer führte, Privatsphäre schien nicht viel zu zählen. Doch Mutter setzte einen sehnsüchtigen Blick auf, als sie im Aufenthaltsraum einen Sessel mit Blick ins Grüne entdeckte.

»Sich hier hinsetzen und nicht mehr aufstehen müssen …!«

So erschöpft war sie? Meine Mutter?

Wir besuchten ein weiteres Haus im Nachbarort. Es war moderner, hatte Sitzecken, Begegnungsräume, Springbrunnen, Spielbereiche, bunte Kommunikationsinseln auf verschiedenen Ebenen. Doch Mutter gefiel die ambitionierte Architektur gar nicht: »Ist so unruhig hier.«

Sie klagte über Schwindel. Auch bei kleineren Fußmärschen schnaufte sie wie ein alter Kessel, schwankte, vergaß das meiste, was man uns erzählte. Sie wirkte auf den ersten Blick geistig fit, doch das täuschte.

Ein Lieferant brachte ein Pflegebett für Vater, eine Angestellte vom Roten Kreuz den Heimnotruf.

»Ist ja auch für dich nicht schlecht«, sagte ich zu Mutter.

Eine Heimleiterin schlug vor, Vater auf die Warteliste zu setzen. Das könne nicht schaden, man müsse den Platz ja dann nicht nehmen. Mich beschlich ein ähnliches Gefühl wie beim Buchen eines Fluges oder Hotels im Internet: zuschlagen, bevor es ein anderer tut! Das allgegenwärtige Rattenrennen hatte offensichtlich auch im Pflegebereich begonnen.

Wochen später stellte sich heraus, dass wir richtig gelegen hatten. Vater würde aus der Reha entlassen werden, war aber noch nicht in einem Zustand, um zu Hause betreut zu werden, zumindest nicht von seiner 87-jährigen Ehefrau. Er brauchte eine weitere Zwischenstation. Die Warteliste im Heim war lang. Also telefonierte die Frau von der Beratungsstelle ein wenig herum. Nach ein paar Tagen rief sie an.

»Wir haben einen Kurzzeitpflegeplatz für Ihren Vater.«

Ich atmete auf, diese Plätze waren rar.

»Er ist in einem Caritas-Heim ganz in der Nähe.«

Ich schluckte.

»In G. vielleicht?«

»Ja, genau.«

Ich kannte das Heim.

Es war ein katholisches Haus in einem kleinen Dorf. Ich hatte vor dreißig Jahren in der Nähe Zivildienst geleistet in einer kasernenartigen Einrichtung für verhaltensauffällige Jugendliche, wie es sie heute nicht mehr gibt. Die dortige Bäckerei hatte auch für das Pflegeheim gebacken, ich musste morgens Brot dorthin liefern. Die Einrichtung sah für mich als Neunzehnjährigen wie die Vorstufe zur Hölle aus. Es war ein in die Jahre gekommenes Heim mit langen Gängen, in denen es nach altem Essen und frischem Urin roch, wo die Alten in Rollstühlen vor sich hindämmerten, von wo es kein Entrinnen gab. Da sollte Vater hin? Doch einen anderen Kurzzeitpflegeplatz fanden wir auf die Schnelle nicht.

Ich fuhr im strömenden Regen hin und parkte Mutters Polo mit bangen Gefühlen vor dem schmucklosen Baukörper. Eine resolute

Dame von der Verwaltung zeigte mir als Erstes die Anstaltskirche, klar, es war ja ein katholisches Haus.

»Vater ist evangelisch«, sagte ich.

»Das macht nichts«, sagte sie.

Die meisten Bewohner waren erzkatholisch, nicht nur vom Glauben, sondern auch vom Benehmen her. Es handelte sich um Bauern aus der Umgebung, schon aus Tradition nicht eben integrativ, was sich im Alter nicht besserte. Sie kannten einander seit Kindergartentagen und trafen hier auf den letzten Metern des Lebens wieder aufeinander, eine so verschworene wie zerzankte Clique mit eigenen Regeln. Es gab eine Bastelstube, einen Aufenthaltsraum mit Schafkopftisch, die eine oder andere Physiotherapie. Vater bekam ein Einzelzimmer, das war schon Luxus.

Abgesehen vom äußeren Eindruck musste man jedoch anerkennen, dass das Personal gute Arbeit leistete. Einige Betreuerinnen waren Nonnen, dirigiert von Schwester S., einer energischen, lebhaften und empathischen Kroatin mittleren Alters, die die Zügel in der Hand hielt. Sie zeigte mir »hoffnungslose Fälle«, die von den Krankenhäusern abgeschoben worden waren und die sie hier aufgepäppelt hatten.

Ich sagte zu.

Nun mussten Anträge gefaxt, Kassenverhandlungen geführt und der Krankentransport für Vater von der Reha in das Pflegeheim organisiert werden, doch ich hatte das Gefühl, er könnte in dem Haus ganz gut aufgehoben sein.

Und er machte Fortschritte. Bei meinem ersten Besuch hatte er eine Überraschung parat. Noch bevor ich an die Tür seines Zimmers klopfen konnte, riss er sie auf und stand aufrecht vor mir. Offenbar hatte er mich kommen hören. Das Hörgerät jedenfalls saß an der richtigen Stelle.

»Was ist das denn?«, fragte ich erstaunt. »Als ich dich das letzte Mal sah, bist du kaum aus dem Bett gekommen.«

Vater packte sein Gehwägelchen und zeigte mir, was er noch alles konnte. Er sauste auf einem gepflasterten Weg ums Haus in einer Geschwindigkeit, die er seit Jahren nicht mehr an den Tag gelegt hatte.

Wie es ihm gehe?

Ganz gut, aber es sei »psychologisch schwierig«.

Das war eine vater-typische Umschreibung. Er wollte da wieder raus.

Arno Geiger hat in seinem Buch *Der alte König in seinem Exil* über den geistigen Abbau seines dementen Vaters geschrieben. Er schildert darin, wie der alte Mann sich immer mehr in seine Welt zurückzieht und von dort aus Sinnsprüche formuliert, die ihre eigene unfreiwillige Genialität besitzen. Arno Geiger will damit zeigen, dass die Persönlichkeitsveränderung durch Demenz nicht nur traurig ist, sondern ihre kreativen, ja komischen Seiten haben kann. Er schlägt vor, diese letzte Phase als eine Art eigenen Lebensabschnitt zu begreifen, mit dem es sich besser lebt, wenn man die Veränderung als Angehöriger akzeptiert.

Bei meinem Vater hatte die durch die Krankenhausodyssee ausgelöste Verwirrtheit den Effekt, dass er seine selbst gesetzten Einschränkungen vergaß. Noch an seinem 85. Geburtstag hatte er erkennen lassen, dass er sein hohes Alter als schwindelerregend empfinde. Er verhielt sich so, wie er meinte, dass ein Mensch mit 85 sich verhalten müsse.

»Ich kann nicht gehen, ich habe Beklemmungen in der Brust«, hatte er jahrelang gejammert.

Und jetzt, mit 89, sauste er mit dem Rollator ums Haus.

Vater hatte anscheinend vergessen, dass er nicht gehen konnte.

Seine neu erlangte Fitness warf Fragen auf: Wie würde mein Berliner Vater unter Urbayern im Heim klarkommen? Tatsächlich wurde er wegen seiner Herkunft geschnitten, von einer dementen alten Dame auf dem Gang sogar attackiert. Der gut gemeinte Versuch der Heimleitung, ihn beim Essen zu integrieren, scheiterte. Der Anblick der anderen Bewohner, die gefüttert werden mussten, erschien Vater wie ein düsterer Vorausblick darauf, was ihm bevorstehen könnte. Er hatte sich ja gerade erst aus der Unselbstständigkeit herausgearbeitet. Vater, wahrlich genügsam, ekelte sich vor dem täglichen Fütterungsritual und magerte ab. Er wog jetzt 48 Kilo, so viel wie in der Kriegsgefangenschaft. Er isolierte sich, zog sich in sein Zimmer zurück. Das legte man ihm, dem »Studierten«, als Arroganz aus.

Es war wie in der Folge der TV-Serie *Sopranos*, in der ein Mafiacapo seine alte Mutter ins Altersheim bringt, wo sie von anderen Bewohnern schikaniert wird. Der Mafiaboss beschwert sich bei der Heimleitung. Es könne ja wohl nicht sein, dass seine Mutter gemobbt werde.

Die Heimleiterin antwortet kühl, sie könne leider nichts tun. »Das ist hier wie eine Highschool mit Rollstühlen.«

Ich kam mir vor wie ein Elternteil, das sein Kind auf den Schulhof schickt und ängstlich von Ferne zuguckt, ob es Anschluss findet. Nur, dass es hier um ein sehr altes Kind ging, um Dr. Dipl.-Ing. Lothar Schoepp, einst Gefreiter der Wehrmacht, Chemiker mit guten Kenntnissen in Altgriechisch und Latein, ehemaliger Dienststellenleiter im Halbleiterwerk bei Siemens, begeisterter Ex-Amateurfotograf, Blumenliebhaber.

Es war so, wie man seinen Vater nie sehen will.

Im Zimmer tobte er, weil Mutter und ich seiner Ansicht nach zu selten kamen. »Ihr Vater ist rebellisch geworden«, sagte Herr H., der treue, frühere Kollege, der ihn besuchte, obwohl er keinen Hehl daraus machte, dass Vater ihm auf die Nerven ging, eigentlich immer auf die Nerven gegangen war.

Wir nahmen Vater wieder nach Hause. Es war wirklich schön, ihn nach Monaten der Odyssee durch Heime zu Weihnachten im Wohnzimmer des Häuschens sitzen zu sehen, das er gebaut hatte. Ich hängte Lichterketten an die Koniferen im Garten und brachte Räucherfisch mit, den gab es immer zu Heiligabend.

»Da ist aber einer froh, was?«, sagte ich.

War ich nicht ein braver Sohn?

Vorläufig lief alles wunderbar: Er bekam vom Medizinischen Dienst der Krankenkasse ohne Umstände eine Pflegestufe zugestanden, das bedeutete eine finanzielle Ausstattung, mit der wir seine Betreuung organisieren konnten. Eine energische Kraft vom

Roten Kreuz, die er mochte, badete ihn und verabreichte seine Medikamente. Er trank literweise Tee, sah fern und las sogar wieder Bücher, die Nachbarn schauten vorbei. Die meiste Zeit saß er im Sessel. Zum Schlafen allerdings quartierte Mutter ihn ins Gästezimmer um, wo sie das Pflegebett hatte aufstellen lassen.

»Ich kann nicht schlafen, wenn er dauernd raus muss.«

Mutter konnte auch sonst ihre Genervtheit nicht verbergen. Sie schnauzte Vater an, seine Umständlichkeit machte sie ungeduldig. Was ihr am meisten zusetzte, war der Fahrdienst. Mit ihrem VW Polo traf sie nur noch mit Mühe die Garageneinfahrt. Doch ständig musste sie ihn herumkutschieren, zu dieser Zeit besonders oft, denn Vaters Katarakt-OP stand an. Die war eigentlich schon vor seinem Zusammenbruch angesetzt gewesen, musste aber wegen seiner Krankheit verschoben werden. Nun gab es einen neuen Termin für Februar bei der örtlichen Augenärztin.

»Betreutes Wohnen zu Hause«, das funktionierte doch wunderbar!

Es funktionierte genau zwei Monate – bis zu jenem bereits geschilderten, denkwürdigen Tag, an dem Vaters Augen-OP stattfand und Mutter vor lauter Aufregung im Wartezimmer der Augenärztin mit geplatzter Aorta zusammenklappte.

Während sie im Klinikum Bogenhausen mit dem Leben rang, versuchte ich, Vaters Existenz alleine zu organisieren.

Ich rief die Nachbarn zu einer Krisensitzung zusammen. Jemand anderen hatte ich nicht. Sie kamen alle.

Herr H., Vaters früherer Kollege, sagte: »Wir müssen versuchen, Ihren Vater durchzubringen.« Die Haushälterin kam donnerstags zum Putzen, die Nachbarin kochte. Das Rote Kreuz verabreichte ihm die Augentropfen, was täglich etwa sechs Sekunden in Anspruch nahm, mehr Zeit hatten die Mitarbeiter nicht. Doch Vater musste ja weiterhin dauernd zum Arzt, brauchte Batterien fürs Hörgerät, das Gebiss musste gerichtet werden, und die Nachsorge seines Auges stand an. Der mobile Dienst schickte eine Rumänin, die ihn fuhr, aber die hatte nicht immer Zeit. Dann musste auf andere Fahrdienste zurückgegriffen werden. Einmal kam ich so durcheinander beim Organisieren, dass drei Autos vor der Tür standen.

Vater beschwerte sich. Die Nachbarin bringe das Essen immer erst, wenn ihre Kinder aus der Schule kämen. »Das ist zu spät, da kriege ich Verdauungsstörungen.«

»Aber es können sich doch nicht alle nach dir richten!«, rief ich.

Ich kaufte ihm einen Berg Tütensuppen, die er sich selbst warm machen konnte. Aber würde er den altersschwachen Gasherd abdrehen?

Sieh zu, wie du zurechtkommst.

Die Nachbarin sagte, sie sei »verunsichert«.

Ich war es auch. Und nicht nur wegen Vater.

Nebenbei galt es ja, weiterhin für die Redaktion Dienstreisen zu absolvieren, Texte zu redigieren, Zeitungsseiten zu planen und Artikel zu schreiben. Die Nerven lagen blank, ich wurde dünnhäutig. Nach einer Auseinandersetzung mit einem meiner vielen Chefs hatte ich das Gefühl, ein Beutel Jauche sei in meinem Kopf explodiert.

Auch meine Freundin fühlte sich zunehmend vernachlässigt. Es waren Tage, an denen ich ständig in Tränen ausbrechen wollte. Ich hatte Fußpilz, ein Gerstenkorn am Auge und eine Nagelbettentzündung.

Meine Freundin machte mit der Nähnadel ein Loch in meinen Finger, damit der Eiter abfloss.

Vater rief ungefähr jede Stunde an. »Wir müssen mal was besprechen.« Meistens waren es Dinge, die wir bereits eine Stunde zuvor besprochen hatten. Ihn zu bitten, nicht so oft anzurufen, ergab keinen Sinn, weil er jeden Anruf sofort wieder vergaß. Nach einigen Wochen Fernwartung war ich fertig.

Bei ihm einzuziehen, konnte ich mir beim besten Willen nicht vorstellen, so viel Selbstschutz musste sein. Ich wollte in dieser Situation abends zu Hause bei meiner Partnerin sein. Die schlug sogar vor, ihn in unsere Wohnung zu holen.

»Du weißt nicht, was das heißt«, sagte ich.

Ich ahnte, dass die Unsicherheitstoleranz meiner Freundin noch unter meiner lag.

Ich war der schlechteste Sohn der Welt.

Mutter lag derweil auf der Intensivstation unter einem Tuch, das ihre Blöße kaum bedeckte. Auf den Anblick hätte ich gerne verzichtet. Ihre Brust war verklammert. Sie zappelte. Ein Pfleger schimpfte: »Liegen Sie ruhig, wenn Sie das aufreißen, gibt's ein Riesenproblem, beliebig oft kann man das nicht flicken.« Sie bekam nichts davon mit.

»OP am offenen Brustkorb, 25 Minuten Kreislaufstillstand, komplikationslos«, vermerkte der Operationsbericht. Man habe ihre geplatzte Ader geflickt »wie bei einem Fahrradschlauch«, erläuterte der Arzt.

Mutter erholte sich prächtig, nach vier Tagen kam sie auf die normale Station, nach weiteren drei Tagen hangelte sie sich an den Wänden entlang. Nach drei Wochen wurde sie auf Reha geschickt, ins bayerische Oberland.

»Das ist wie ein Hotel«, sagte ich.

Mutter blickte mich an wie einen dummen Schwätzer.

Immerhin hatte sie in Bogenhausen eine lustige Bettnachbarin, eine dicke Kneipenwirtin mit nikotin- und alkoholbedingten Herzbeschwerden, die sie unterhielt und den Telefondienst übernahm. Als ich durch den Schnee von Bogenhausen zurück zur Zeitungsredaktion stapfte, reifte in mir ein Gedanke: Möglicherweise war ja die Großstadt mit ihrer bunten Sozialwelt der bessere Ort für alte Menschen als das Dahindämmern im »betreuten Wohnen zu Hause« auf dem Dorf.

Das Reha-Krankenhaus im Oberland, in das Mutter zunächst kam, war natürlich kein Hotel, sondern ein düsterer Bau aus den 70ern, ein Krankenghetto. Ich fuhr an einem Sonntag dorthin. Man sah im Nebel den Wendelstein, das winterliche Land dämmerte grau und braun vor sich hin. Ich ließ den Wagen auf dem riesigen Parkplatz. Vorbei an einer Cafeteria und endlosen Gängen mit Therapieeinrichtungen suchte ich Mutter.

Ich fand sie in ihrem Zimmer, das geräumig, aber dunkel war. Durch ein verzogenes Holzfenster pfiff der Wind.

Wie es ihr gehe?

»Schlecht.«

»Wieso?«

»Die Pflegerinnen sind alle aus dem Kosovo, die reden mit mir, als ob ich blöd wäre. Außerdem sind sie grob.«

Mutter war jetzt depressiv. Sie wollte nicht in die Cafeteria und auch nicht ins Freie, wo die letzten Schneereste vor sich hinschmolzen.

Wir saßen eine Zeitlang stumm herum, dann fuhr ich Vater besuchen.

Ganz unten

Meine Eltern hatten ihr Schlafzimmer renovieren lassen, als sie Mitte siebzig gewesen waren – in Erwartung vieler weiterer Lebensjahre. Sie hatten die finsteren Gestelle der 1950er Jahre, die sie aus Berlin mitgebracht hatten, hinausgeworfen und zwei Betten aus hellem braunem Kunststofffurnier gekauft. Ich nahm an, die Trennung der Betten ging auf Mutters Initiative zurück. Die Wände hatten sie gestreift im Retrolook tapezieren lassen, ohne zu wissen, was Retrolook war. Die Tapete gab dem Raum eine Anmutung von Oval Office.

Jetzt standen wir darin, Vater und ich, und packten einen Koffer für Mutter, den ich ihr in die Reha bringen wollte. Sie brauchte Sachen, der Aufenthalt zog sich. Wir suchten Pyjamas, Unterwäsche, einen Bademantel und Badaccessoires. Ich war froh, dass Vater da war, es wäre mir unangenehm gewesen, in Mutters riesigen Baumwollunterhosen, fleischfarbenen BHs mit Schweißrändern und wollenen Socken herumzuwühlen. Ich fand, das ging mich nichts an.

Nach getaner Arbeit, die sehr konstruktiv verlief, fuhr Vater mit dem Treppenlift ins Wohnzimmer hinab. Er setzte sich auf das blaue, etwas grindige Sofa, hinter ihm prangte der dunkle Wandteppich mit dem asymmetrischen 50er-Jahre-Muster, auch dieser ein Überbleibsel aus Berlin. Ich saß ihm gegenüber.

Wir sprachen über Mutter, er fragte, wie es ihr gehe. Doch noch bevor ich antworten konnte, hörte er auf zu reden.

Er starrte mich ungefähr eine Minute lang an. Es sah aus, als ob er lächelte.

»Papa«, sagte ich, »hallo, Papa? Hörst du mich? Was ist denn?«

Er stand auf und taumelte zur Tür. Ich folgte ihm – ratlos. Er schleppte sich in die Küche, machte sich am Kühlschrank zu schaffen. Dann kippte er um, direkt in meine Richtung.

Ich fing ihn auf. Er war leicht. Ich schleppte ihn ins Wohnzimmer, im Rotkreuzgriff. Ich war stolz, dass mir der wieder einfiel.

»Was ist los, alter Soldat?«, rief ich.

Schwächeanfall? Kreislaufkollaps? Schlaganfall? Herzinfarkt?

Ich brauchte jetzt Gebrechlichkeitsprofis.

Während wir auf die Ambulanz warteten, sagte Vater nichts, er schien sich in einer Art Zwischenstadium zwischen Wachheit und Ohnmacht verloren zu haben. Dann weckten blaues Licht und Sirene die ganze Siedlung. Die Ambulanz kam wie immer mit größtem Tatütata angefahren. Die Nachbarin lief herbei und rief: »Oh je!«

Zwei Sanitäter mit einer Trage stürmten herein, packten Vater darauf und trugen ihn aus dem Haus. Damit ging sein »betreutes Wohnen zu Hause« zu Ende.

Im Krankenhaus schob man Vater wie gewohnt durch Röhren und Geräte, ich konnte es kaum mit ansehen. Die Diagnose bestätigte, was alle wussten: dass er alt und gebrechlich war. Man legte ihn auf Station und behandelte ihn wie einen Trottel.

»Mei, die Demenz«, sagte eine Schwester.

Ich saß an seinem Bett, in dem er traurig lag, meist auf der Seite, mit dem Ellbogen über dem Kopf, als müsse er die feindliche Umwelt abwehren. Im Bett gegenüber lag ein Mann ungefähr meines Alters, der von mindestens drei weiblichen Angehörigen ununterbrochen gerollt, gewendet, gewaschen, gefüttert, gepäppelt und gewickelt wurde. So sah es aus, das bayerische Modell. »Es ist also jedem zu raten, als wichtigste Vorsorgemaßnahme für das Lebensende mindestens eine, möglichst aber mehrere Töchter zu zeugen«, schreibt der Palliativarzt Gian Domenico Borasio sarkastisch in seinem Buch *Über das Sterben*. »Wem nur Söhne gelingen, der sollte wenigstens die Auswahl der Schwiegertöchter sehr genau überwachen und sich mit ihnen beizeiten gut stellen.«[13]

Da hatten meine Eltern leider versagt.

Vater war sauer. »Es ist doch jar nüscht«, schimpfte er.

Er hatte alles mitgemacht, aber jetzt meuterte er.

»Ich lass dich nicht noch mal allein zu Haus«, sagte ich. »Was ist, wenn du wieder umkippst und die Kellertreppe runterfällst?«

Mir kam es wie Wahnsinn vor, dass ich ihn überhaupt alleingelassen hatte. Ich überlegte, ob das irgendwie strafbar war.

»Ja, aber das Rote Kreuz kommt doch«, maulte Vater.

»Die kommen bloß ein paar Minuten am Tag. Du brauchst jemanden, der ständig auf dich schaut.«

Ich hatte zuvor mit dem Caritas-Heim telefoniert, das er erst vor zwei Monaten verlassen hatte. Sie hatten ein Zimmer für ihn.

Das musste ich ihm jetzt beibringen.

»Da siehst du Schwester S. wieder«, sagte ich. Ich wusste, dass er sie gemocht hatte.

»Da wollte ich eigentlich nicht mehr hin«, jammerte Vater und guckte jetzt wirklich deprimiert drein.

»Was soll ich denn machen, Papa? Ich schaff's nicht allein«, antwortete ich.

Die Rollen waren vertauscht. Der Sohn bestimmte über den Vater. Was auch immer man in so einem Moment tut, man wird sich später sagen: Ich hätte es besser machen müssen.

Vaters neues Zimmer im Heim war größer als das alte, aber es roch schlechter. Urin- und Kantinengestank hatte sich tief in die Holzbohlen gefressen und allen Reinigungsversuchen standgehalten.

Kurz nach Vaters Einlieferung kam es zum einem Zwischenfall. Er habe »mit Kot gespielt«, teilte mir die Heimleiterin mit.

»Mein Vater? Nie im Leben!«, rief ich.

Ich ging zu ihm und fragte, was los gewesen war.

»Ich hatte Durchfall und bin explodiert«, sagte er kleinlaut.

Ich kannte Vater. »Hast du versucht, sauber zu machen?«

»Ja.«

Ich konnte mir ungefähr vorstellen, welche Situation die Pflegerinnen im Bad vorgefunden hatten.

Er saß derweil auf dem Bett und sortierte abwesend seine Medikamente.

Eine Schwester trat herein.

»Manche wollen ewig leben«, sagte sie versonnen. »Der Weg in die Demenz ist hart, aber wenn man mal dort ist, ist es eigentlich gar nicht mehr so schlimm.«

Meine beiden Eltern waren nun Pflegefälle. Ich besuchte sie abwechselnd, Mutter in der Reha, Vater im Pflegeheim. Zwischendurch fuhr ich in ihr Haus, das kalt und leer dastand. Vor der Tür brandete der Paket-Tsunami an. Ich rief den Versandhandel an und sagte, Mutter sei ein Pflegefall. Das Callcenter versprach, den Versand sofort zu stoppen. Unglaublich, was man mit dem P-Wort bei den sonst mitleidlosesten Stellen erreichen konnte. Ich brauchte mehrere Autofahrten zur Post, um alle Pakete zurückzuschicken. Die Frau am Schalter guckte mitleidig und war hilfsbereit. Ich fragte nicht, aber es war klar, dass sie eine solche Situation kannte. Irgendwann erwischt es jeden.

Nach vier Wochen holte ich Mutter aus der Reha. Wir fuhren durch die braune Märzlandschaft, den Weg, den die Eltern so oft in die Berge genommen hatten, nur in umgekehrter Richtung.

»Hier wart ihr immer zum Wandern unterwegs«, sagte ich.

Mutter schaute aus dem Fenster.

»Ach ja?«

»Sollen wir bei Papa vorbeifahren, es ist nur ein kleiner Umweg?«

»Jetzt gerade nicht«, sagte sie.

Zu Hause stand sie eine Zeitlang im Anorak im Wohnzimmer herum, als wäre sie noch nie dort gewesen. Auf dem Tisch stapelte sich Post.

Vater sei immer so negativ, sagte sie, das sei kaum zum Aushalten.

Dann bat sie mich, ihr einen Zeitplan machen, wie sie die letzten Monate verbracht habe. Sie könne sich an nichts erinnern, auch nicht an ihre »intensivmedizinische Behandlung«.

»Sie haben dich aufgeschnitten«, sagte ich, »daher hast du die Narbe. Aber du hast dich sehr gut und schnell erholt.«

Sie fasste sich an die Brust, als müsse sie die Narbe erst ertasten, um zu glauben, dass sie da sei.

Ich fuhr zu Vater. Der war außer sich, dass Mutter nicht mitgekommen war.

»Sie ist wacklig, braucht Zeit«, sagte ich.

»Hier geht's doch nur darum, dass ick aus dem Weg bin«, schrie er.

Am nächsten Tag flog ich nach Berlin zu einem Interview mit dem ecuadorianischen Staatschef. Auf dem Weg zum Hotel Adlon ereilte mich der Anruf des Roten Kreuzes. Mutter sei im Haus gestürzt, sie habe sich das Kinn blutig geschlagen, man habe sie ins Krankenhaus gebracht.

Krankenhaus, immerzu Krankenhaus!

Ich rief die Nachbarin an, während ich Unter den Linden entlanghetzte, und bat sie, Mutter ein paar Sachen zu bringen. Sie sagte zu. Dann ging ich zu Präsident Rafael Correa in seine Suite und fragte ihn aus über seine Auseinandersetzungen mit der rebellischen Opposition, die Ölvorräte im Amazonas und wie lange er Julian Assange noch in der ecuadorianischen Botschaft in London beherbergen würde. Es interessierte mich nicht wirklich.

Mutter kam ein paar Tage später aus dem Krankenhaus, der Arztbericht vermerkte Nierenfunktionsstörung, Schwindel mit Sturzgefahr, essenzielle Hypertonie, Hyperurikämie, Gedächtnisstörung, krankhafte Veränderungen kleiner und kleinster Hirngefäße, genannt zerebrale *Mikroangiopathien*. Der Plan des Bayerischen Roten Kreuzes vermerkte dazu in aller Sparsamkeit: »Medi richten«.

Wir überlegten gemeinsam, wie es weitergehen sollte. Durfte man Vater im Caritas-Heim lassen?

Mutter zögerte.

Schließlich brach es aus mir heraus: »Also, der Papa allein zu Hause mit dir – das seh' ich so nicht mehr.«

»Na, wenn er alles vollscheißt«, sagte sie.

Ich stutzte. Ich hatte ihr nichts von dem Vorkommnis im Pflegeheim erzählt. Hatte sie einen siebten Demenz-Sinn entwickelt?

»Überleg dir mal, was für eine Lösung du dir vorstellen kannst.«, sagte ich.

Sie nickte und stellte gleich klar: Auf das Caritas-Heim »hab ich keine Lust«.

Ich rief an bei einem Dienst, der Pflegekräfte für zu Hause vermittelte. Am Telefon säuselte mir eine Frauenstimme entgegen. Diesem honigsüßen Verkäufertonfall würde ich in den nächsten Wochen häufiger begegnen. Ich begann schon, die hemdsärmelige Direktheit der Stationsschwestern zu vermissen.

»Was sind die Hausengel?«, fragte ich.

»Das sind Damen und Herren aus Osteuropa, die sich alle paar Wochen abwechseln«, flötete die PR-Frau. »Wir sorgen dafür, dass es der Mama und dem Papa immer gut geht.«

»Wie kommen die dazu, meine Eltern ›Mama‹ und ›Papa‹ zu nennen?«, dachte ich.

Der Preis richte sich nach Sprachkenntnissen und Ausbildung der Kräfte. Nach einem ersten Überblick war das nicht billiger als ein Heimplatz.

Mutter machte sich über den Namen lustig. »Bringen die mich direkt in den Himmel, oder was?«

Die Lösung, jemanden im Haus zu haben, gefiel ihr überhaupt nicht.

»Dann lieber umziehen.«

Nach drei Wochen war sie endlich bereit, Vater zu sehen.

Wir fuhren ins Caritas-Heim, um ihn zu besuchen.

»Viel Sehnsucht nach mir scheinst du ja nicht gehabt zu haben«, nölte er.

Sie sagte nichts.

Dann blickte Vater auf die beiden Gehwägelchen, die sich fast zärtlich im Raum berührten.

»Hätte ja nie gedacht, dass es so weit kommt.«

»Vater«, rief ich, »was hattest du denn gedacht?«

Die Unfähigkeit zu reden

Vater und der Krieg

»Bei genauerem Hinsehen
muss ich zugeben, dass ich fast nichts
von meinem Vater weiß.«
Didier Eribon[1]

An sichtbaren Zeichen hatte Vater aus dem Krieg mitgebracht: die handtellergroße Narbe einer Granatsplitterverletzung an der Schulter, einen Leistenbruch, den er sich beim Bäumeschleppen in Russland zugezogen hatte, sowie einen Koffer aus Hartpappe. Den fand ich als Halbwüchsiger auf dem Dachboden und benutzte ihn, um Schlagzeugstöcke und anderen Musikkram darin aufzuheben. Das war 1980, und ich hatte angefangen, in einer Band zu trommeln. Das war damals für einen Sechzehnjährigen eine ebenso wenig ungewöhnliche Beschäftigung wie heute, 36 Jahre später. Keller oder Garagen, in denen man die ersten Akkorde probt, gehören zu einer kollektiven popkulturellen Erfahrung, die inzwischen mehrere Generationen von Vätern mit ihren Kindern teilen können.

Vater und ich hatten keine solche Gemeinsamkeit. Wenn er 1980 daran zurückgedacht haben mag, was 36 Jahre vorher passiert war, so landete er nicht in einem Übungskeller oder einer Disco, sondern in einem Wald bei Brody, Ukraine. Dort irrte er im Sommer 1944 durch Birken und Himbeersträucher, von denen er sich Früchte abrupfte, um seinen Hunger zu stillen. Ein 21-Jähriger mit Kindergesicht und Bartflaum, verloren, allein, verängstigt, statt eines Musikinstruments eine Wehrmachtspistole in der Hand. In deren Magazin steckte noch eine Kugel. Die hatte er für sich selbst aufgehoben.

Solche Sachen hat Vater erst ganz spät erzählt, wenn ich an seinem Krankenbett saß und die Demenz einen Schlitz in den Schleier des Schweigens riss, den er sich selbst in den Jahrzehnten zuvor auferlegt hatte. Praktisch alles, was im Krieg passiert war, abgesehen von ein paar Anekdoten, hatte er weggesperrt, eingekapselt, verdrängt, siebzig Jahre lang.

Das Prägende, wahrscheinlich Traumatische, das er als junger Mensch im Krieg erlebt hatte, blieb außerhalb meiner Vorstellungskraft.

Hatte er Menschen erschossen?

Was fühlt man im Angesicht des Todes?

Kann man je Frieden schließen mit solch einer Erfahrung?

Keine Antworten, keine Fragen. Ich hatte das akzeptiert – bis zu dem Moment, da Vater pflegebedürftig wurde. Die Krankheit brachte die Todesangst zurück. Plötzlich tauchten Bilder vom Krieg am Krankenbett auf, sogenannte *Flashbacks*, an die der Leidende sich nicht im strengen Sinne *erinnert*, sondern die er jedes Mal neu durchlebt, wenn ein äußeres Ereignis die knarzende Tür im Gehirn aufstößt.

Berge voller Leichen habe er gesehen, stammelte er im Krankenbett.

»Was für Leichen? Wann?«, fragte ich hilflos.

»Im Winter 45.«

Wo? Keine Antwort.

Die emotionale Abkapselung der Kriegsgeneration ist ausgiebig erforscht. Laut Autoren wie Sabine Bode, Luise Reddemann oder dem Psychiaterpaar Udo Baer und Gabriele Frick-Baer sind die Unfähigkeit zu fragen und die Unfähigkeit zu reden zwei Seiten derselben Medaille. Viele Eltern erzählten nichts, um den Kindern grausame Dinge zu ersparen. Und umgekehrt fragten Kinder ihre Eltern nichts, weil sie das Gefühl hatten, sie müssten sie vor ihren Erinnerungen schützen. Die Psychiaterin Luise Reddemann leitet daraus die »sprichwörtliche Sprachlosigkeit in deutschen Nachkriegsfamilien«[2] ab.

Nur von Zeit zu Zeit schafften es bei Vater Anekdoten an die Oberfläche. Aus vielen dieser Geschichtchen, die er im Laufe seines Lebens erzählt hatte, konnte ich mir ein Bild zusammensetzen, aus dem man schließen konnte, dass Vater als Soldat eher unbegabt war. Als Kanonier beschoss er wegen eines Rechenfehlers die eigene Einheit, er wurde zur Infanterie versetzt, dort verbummelte er beim Waffenreinigen die Sprungfeder einer tschechischen Beutepistole, mit der er sich nicht auskannte. Man warf ihm Sabotage vor, was aber ohne Folgen blieb, wohl weil man ihn für harmlos hielt. An der Front auf Wache schoss er im Dunkeln wahllos auf die Geräusche klappernden Kochgeschirrs und löste damit eine mittlere Feldschlacht aus. Von diesen immer wiederkehrenden Erinnerungsschnipseln abgesehen, lebte Vater wie der Großteil der deutschen Kriegsgeneration nach dem Motto, das Walter Kempowski in einem Roman formuliert hat: »Ohne Schwamm-drüber läßt sich das Leben nicht ertragen.«[3] Verdrängen wurde zur Überlebensstrategie.

Erst Jahre später, erst nach seinem Tod, ging ich der Frage tiefer auf den Grund, was hinter seinen Anekdoten stecken mochte, was Vater im Ganzen erlebt haben mochte. Ich stellte Rechercheanträge beim Wehrmachtsarchiv in Berlin und beim Roten Kreuz in München, das neuerdings Zugriff auf die Kriegsgefangenenakten aus Moskau hat. Es war, um offen zu sein, ein madiges Gefühl, dem eigenen Vater nachzuspionieren. Auch wenn die freundliche Dame vom Wehrmachtsarchiv tröstend versicherte: »Sie sind da beileibe kein Einzelfall.« Doch war es nicht irgendwie erbärmlich, posthum herausfinden zu wollen, was man sich im Leben nicht zu fragen traute? So war diese Suche letztlich auch die Suche nach dem Urgrund der eigenen Feigheit.

Die Unterlagen schufen einen historischen Rahmen für Vaters spärliche Erzählungen. Das Übrige taten Feldpostbriefe, die er an seine Familie in Berlin geschrieben hatte und die ich in einem Schrank im Arbeitszimmer aufstöberte. Sie legten den Schluss nahe, dass Vaters Kriegserlebnisse insgesamt alles andere als anekdotisch gewesen waren.

Vater wurde 1942 eingezogen. Das erste Foto in Wehrmachtsuniform zeigt einen zarten, schüchtern dreinblickenden Neunzehnjährigen mit hellen Augen, dünnem Haar, feinen Zügen, ein Junge eher als ein Mann. Nach der Ausbildung sollte er 1943 an die Front, doch die ersten Monate verbrachte Vater fast ausschließlich im Lazarett – wegen einer Diphterie, die er sich in Brest-Litowsk eingefangen hatte. Diese Infektionskrankheit verlief vor Erfindung von Antibiotika häufig tödlich, als Medikament hatte man im Krieg nichts Besseres als das vermeintliche Wundermittel Salicylsäure – besser bekannt unter dem Markennamen Aspirin. Man brauchte allerhand Zähigkeit, um eine Diphterie ohne stärkere medikamentöse Hilfe zu überwinden. Aber die Infektion ersparte ihm Fronteinsätze. Hatte er daraus im späteren Leben unbewusst abgeleitet, dass Krankheit eine Überlebensstrategie sein konnte?

Bild 1: Vater 1942 bei seiner Einberufung

Vaters krakelige Schrift auf den Feldpostbriefen vom Krankenlager lassen erahnen, wie schlecht es ihm ging. Er überstand die Diphterie, bekam aber – womöglich als Spätfolge – Herzbeschwerden und Gelenkrheumatismus, seine Knie vereiterten, er konnte wochenlang nicht gehen. Erst Ende 1943 wurde er von den Stabsärzten einsatzfähig geschrieben.

Nun wurde es ernst. Vater kam erneut zu einer Ausbildungseinheit und später zur 217. ostpreußischen Infanterie-Division. Die kämpfte an der gesamten Ostfront und war 1943 komplett aufgerieben worden. Aus den Resten hatte man notdürftig neue Einheiten zusammengewürfelt, Vater wurde Gefreiter bei der Korpsabteilung C, die an der ukrainischen Front operierte, also dort, wo besonders viel getötet und gestorben wurde. Teile dieser Einheit gerieten unter anderem in den berüchtigten Kessel von Tarnopol, ein »Mini-Stalingrad«, wie es in der bundesdeutschen Presse mal apostrophiert wurde.[4] Vater war wohl zeitweise Kradmelder und landete zweimal im Lazarett – diesmal mit Verwundungen. Von einer dieser Verletzungen stammte die wirklich eindrucksvolle Narbe an seiner Schulter.

Die Feldpostbriefe sind auf hauchdünnem Papier mit Bleistift eng beschrieben. Sie lassen durchblicken, dass er sein Tun nicht stark in Frage stellte, dass er den Krieg als zwar schlimm, aber doch irgendwie unabänderlich wahrnahm – und dass er 1944 noch an die Wunderwaffen glaubte, die »den Feind schon zur Vernunft bringen« würden. Russland bezeichnete er als »elendes Land«, das in ihm Heimweh nach Berlin erweckte.

Auf dem Weg zur Front schrieb er am 3. April 1943: »Auf unserer Fahrt bemerken wir schon in der Landschaft den Unterschied zwischen unserer Heimat und Russland. Die kleinen Lehmhäuser muten mich komisch an und die Menschen sind wirklich sehr primitiv. (…) So zerrissen und zerlumpt laufen die Menschen hier herum, dass man nur darüber den Kopf schütteln kann.«

Ende Mai 1943 fuhr Vater – wohl auf Urlaub – nach Warschau, eine Woche nach der Niederschlagung des Aufstands im Ghetto. Folgendes war alles, was ihm dazu einfiel: »Die Fahrt nach Warschau war eine nette Abwechslung. Es ist dort Großstadtleben wie im Frieden, nur dass deutsche Soldaten herumlaufen. Ausserdem sind noch einige Stadtviertel eingemauert und z.T zerstört. Kaufen kann man dort alles.«

Doch was sagte das aus? Feldpost wurde zensiert, man schrieb Belangloses, Unverfängliches im Sinne der Propaganda. Oder wollte er nur die Familie beruhigen? Er schrieb über Schuhputzer, die mit Bonbons und Butter bezahlt werden wollten, berichtete, was er für sein Geld zu kaufen kriegte, über die Qualität der Unterkünfte und immer wieder über das Wetter, Wetter, Wetter. Er erlebte Bombenangriffe, aber er berichtete lieber vom Fischen mit Handgranaten und sehr viel Schnaps, so als wäre er in einem Ferienlager mit rauen Sitten.

Keine Antwort gaben die Archive und Briefe auf die Frage: Hatte er an Erschießungen teilgenommen? Was wusste er vom Holocaust? Was hatte er gesehen, getan? Was dachte er darüber? Mir ging es mit Vater so wie einem von Sabine Bode befragten Zeugen: »Unser Vater hat niemals gesagt, er hätte nicht von den Massenmorden an den Juden gewusst. Aber seine Ausstrahlung machte deutlich: Er wollte nicht danach gefragt werden.«[5]

Die Absendedaten zeigen, dass Vater an Schauplätzen des Holocaust stationiert war, etwa in Drohobycz, Ukraine. Dort waren vor dem Krieg vierzig Prozent der Einwohner Juden gewesen. 1944, als Vater dorthin kam, war keiner übrig. In einer Sendung des Deutschlandfunks über die Geschichte des Ortes heißt es: »Der 19. November 1942 ist als Blutiger Donnerstag von Drohobycz bekannt; an diesem Tag durften Deutsche Juden auf offener Straße ermorden, unter dem Anlass, dass einige Tage zuvor ein jüdischer Insasse aus dem Ghetto geflohen war und auf einen Deutschen geschossen hatte.«[6] Wusste Vater, was zwei Jahre vor seiner Ankunft in dem ukrainischen Flecken passiert war? Verschwieg er, was er erfahren hatte? Wenn ja – warum hielt er sich sechs Jahrzehnte danach immer noch an die Zensur?

Erst als er ganz alt war, stellte ich vorsichtig Fragen, die ich mich zuvor nie zu stellen getraut hatte und die er einsilbig beantwortete, obwohl er sonst gerne und viel redete.

Er sagte: »Bei den Nazis wurden Juden wie Menschen zweiter Klasse behandelt.« *Die* Nazis seien neidisch auf die Juden gewesen, die oft erfolgreichere Menschen gewesen waren.

»*Die* Nazis«: Das klang so, als seien die Nationalsozialisten eine Art Außerirdische gewesen, die sich zwölf Jahre im Lande aufgehalten hatten, um danach spurlos zu verschwinden, nicht eine Bewegung, die von großen Teilen des deutschen Volkes auf aktive oder passive Weise so sehr gutgeheißen wurde, dass man für sie in den Krieg zog.

»Fühlst du dich schuldig?«, insistierte ich.

»Nein«.

»Warum?«

»Man hatte keine Wahl.«

»Wie hast du das alles überlebt?«

»Flitzen musste können.«

Von Dezember 1943 an musste er diese Fähigkeit besonders oft zu Hilfe nehmen. Von Neujahr 1944 bis Februar gab es gar keine Post, Vater hatte offenbar keine Zeit zu schreiben, denn er gehörte jetzt einer Kampfgruppe an, die im Raum Luzk in der Ukraine operierte. Erst am 6. Februar 1944 traf eine Ansichtskarte aus Lemberg in Berlin ein. »Nach schweren Stunden bin ich wieder in der Lage, Euch einen herzlichen Gruß zu senden.«

Er berichtete nun auch knapp vom Fronteinsatz: »Zuerst sollten wir größere Einheiten vortäuschen und gingen dann stiften, wenn es ging. Dann zogen wir weiter umher ohne überhaupt etwas zu leisten. Bis wir nach und nach in einen Kessel gerieten, aus dem wir dann wieder rauszukommen versuchten. Dass das nicht auf Anhieb gelang, könnt Ihr Euch denken. (…) Ausserdem hatten wir gerade Schlammperiode. Alles kann ich und will ich gar nicht schreiben. Am 5. wurde uns eine Panzerdivision und ein Bataillon Panzergrenadiere entgegengeschickt, die uns den Weg freikämpften, sonst wären wir wohl nicht herausgekommen.«

Was Vater hier so lakonisch beschrieb, dürfte nach Durchsicht historischer Quellen eine der berüchtigten Kesselschlachten gewesen sein, bei denen die schon im Rückzug befindliche Wehrmacht gewaltige Verluste erlitt. Vater landete im Lazarett, doch über die Art seiner Verletzung in den Briefen kein Wort, dafür wieder Anekdotisches: »Froh bin ich, dass ich endlich einmal läusefrei bin, denn nicht wir hatten Läuse, sondern die Läuse uns.« Das Maximum an Klage: »Man ist doch ein bisschen mitgenommen.«

Die Einheiten hatten zum Teil nicht mal Waffen, die Verpflegung, bis dahin offenbar reichlich, begann schlechter zu werden. Am 12. Februar schrieb Vater aus Drohobycz: »Da wir Hunger beziehungsweise Appetit auf Kuchen hatten, gingen wir noch in die Häuser und holten uns den frisch gebackenen Kuchen.«

Am 18. Februar berichtete er: »Heute abend gab es 4 Schnitten Brot, von denen zwei mit Wurst belegt waren, und Tee dazu, na ja, das reicht gerade, um satt zu werden, aber das Brot ist so klitschig, wie es z. Zt. auch zu Hause ist, und vielleicht bin ich auch vom Einsatz hier verwöhnt, denn da war die Verpflegung fabelhaft, wenn es welche gab. Außerdem gab es im Lande zusätzliche Verpflegung.«

Im Lande gab es also »zusätzliche Verpflegung«. Das, was Vater an anderer Stelle »organisieren« nannte, war nichts anderes als der Landserjargon für Plündern. Mein Vater, ein Plünderer, der in die Häuser eines fremden Landes ging und den Menschen das Essen wegnahm? Ein nicht leicht auszuhaltendes Bild, das im krassen Gegensatz stand zu dem des grundehrlichen, moralischen, ehrbaren und wahrhaften Menschen, das er stets selbst von sich gezeichnet hatte.

Dass er sich nicht gut bei seinem Tun fühlte, lassen weitere Berichte aus der Etappe vermuten: »Hier ist alles ganz anders als in der HKL[7], wo man sich freut, wenn einem die Leute etwas geben, wo sie selbst nicht viel haben, während man vorn eben alles nimmt, was man braucht oder begehrt. Wenn man so etwas sieht, fragt man sich immer, warum Krieg ist. Die Leute sind friedlich und leben glücklich in ihren Verhältnissen. Sie haben gut zu leben und arbeiten nur so viel, wie sie brauchen.«

Schwere Kämpfe wechselten ab mit Phasen der Untätigkeit. In einem Brief vom 18. Februar 1944 heißt es: »Jetzt liege ich im Bett und schreibe – natürlich bloss nach Hause, denn andere geht es gar nichts an, dass ich im Lazarett bin. Wie lange ich im Kessel war, weiss ja doch keiner.« Er war offenbar besorgt, man könne ihn für einen Drückeberger halten.

Gefolgt wurde das von einem raren Moment der Reflexion: »Wie schön könnte alles sein, wenn … Ja, das grosse Wenn trifft nun nicht zu, und der grausame Krieg macht sich breit. Von mir aus könnte auch Schluss sein, und wenn ich dann die Kameraden höre, die noch Grausameres als ich erlebt haben, dann frage ich mich, warum das alles notwendig ist.«

Die Zeilen legen bereits den grundpessimistischen Menschen bloß, als den ich ihn kennenlernte: »Wenn wieder alles aufgebaut ist, kommen einige Friedensjahre, bis es wieder jemandem zu gut geht. Und dann fängt es wieder von vorne an, das Morden.«

Seine zunehmend verzweifelte Familie, die mit den Bombenangriffen auf Berlin leben musste, wollte wissen, ob er sich nicht zu einer anderen Truppengattung melden könnte. Er antwortete am 2. März 1944: »Eine Möglichkeit von der Infanterie wegzukommen, gibt es nicht. Wir sind nicht mehr auf dem Vormarsch.« Er bedankte sich in dem Brief, dass die Eltern ihm die Namen gefallener Kameraden geschickt hatten. »Aufgeregt habe ich mich nicht. Dagegen kann man halt nichts machen, einmal kommt bei jedem die Stunde.« Soldatengeneration. Sie lagen im Schützengraben, schickten scheinbar gefasste Briefe nach Hause, hörten »Solveigs Lied« im Frontradio, heulten sich beim Gedanken an ihre Mütter heimlich die Seele aus dem Leib. Und am nächsten Morgen gingen sie wieder raus, um Russen zu töten.

»Ich will deiner harren
Bist du mir nah
Und harrest du dort oben
So treffen wir uns da.«[8]

Wurde er hier angerührt, der Seelenzement, hinter dem sich die ganze Kriegsgeneration ihr weiteres Leben lang einmauern sollte?

18. Mai 1944: »Nach und nach bekommen wir wieder Klamotten. Ein Handtuch, Wäschebeutel, neuen Brotbeutel und Feldfla-

sche. Wir sind jetzt läusefrei und bekommen getränkte Wäsche. Durch glücklichen Umstand bin ich wieder bei der alten Truppe als Gewehrschütze gelandet, also nicht am M.G.«[9]

Am 27. Mai 1944 wurde Vater 21 Jahre alt, er war jetzt »großjährig«. Der Kompanieführer stellte ihm einen Fliederstrauß auf den Tisch, Rührseligkeit inmitten des Wahnsinns. Er schrieb an seine Eltern: »Zu Eurer Beruhigung kann ich nur sagen, dass ich mich gut eingelebt habe, wo wir ja in Ruhe liegen. Heute haben wir richtiges Pfingstwetter, ich sitze hier vor unserer Unterkunft im schönen Grünen in der Sonne und habe vor mir den See.« Leider könne man nicht baden, der See sei zu seicht.

Am 7. Juni wurde er durch ein Infanteriegeschoss an der Schulter verletzt. »Es ist ein kleines Loch.« Er versichert, »dass ich Euch alles wahrheitsgemäß berichtet und nichts beschönigt oder verschwiegen habe«. Beigelegt waren getrocknete Blumen, roter Mohn, blaue Kornblumen.

10. Juli 1944: »Heute erhaltet Ihr wieder einen herzlichen Gruß, der Euch sagen will, dass es mir gut geht und ich mich sehr wohl fühle. Meine Wunde sieht nach Aussage des Arztes sehr gut aus und ich habe großes Glück gehabt. Ihr seht also, alles liegt in Gottes Hand.«

12. Juli 1944: »Heute haben wir einen Regentag, den ich mit Schlafen verbracht habe.«

13. Juli 1944: »Sorgen braucht Ihr Euch um mich nicht zu machen. Ich schrieb Euch ja vor einigen Tagen, dass tagsüber kaum ein Schuss fällt. Es ist in der Tat so, wenn Ihr es vielleicht auch angezweifelt habt, besonders da ich später verwundet wurde, aber das passiert. (…) Wir können ganz zufrieden sein, denn jetzt hat der Südabschnitt Ruhe.«

Von wegen Ruhe. Es war die letzte Nachricht, die meine Großeltern erreichte. Die Briefe, die aus Berlin an Vater gingen, kamen von nun an mit Retourstempel zurück: »Empfänger vermisst«.

Großmutter schrieb trotzig weiter: »Es war doch von einer Granate ein Splitter? Walter hat Dir wohl den Splitter herausgezogen? Jetzt erzähle mir alles genau, denn wir möchten doch wissen, wie es Dir wirklich geht. Am 8. schreibst Du, es geht Dir gut, aber am 7. warst Du bereits verwundet. Wir sind so machtlos und müssen alles einem Höheren überlassen.«[10]

18. Juli 1944: »Es scheint Dir ja wirklich gut zu gehen, das heißt, Du machst Dir mit Deinem bescheidenen Sinn aus allem ein Glück, so wollen wir es auch halten. Gell, mein Kleiner, jetzt musst Du aus Deiner Reserve heraus.« Gez. Mutti

20. August 1944: »Noch immer warten wir vergebens auf Nachricht von Dir.«

25. August 1944: »Wie klein und ohnmächtig sind wir, wir müssen uns unserem Schicksal beugen.«

28. August 1944: »Mögest Du körperlich und seelisch alles gut überwinden. Wo magst Du, mein lieber Junge, jetzt sein? Wir beten für Dich und Deine Kameraden. Deine besorgten Eltern.«

4. Sept: »Möge sehr bald eine Nachricht von Dir eintreffen.«

Doch es kam keine mehr, für sehr lange Zeit.

In späteren Jahren unterlagen Vaters Kriegserlebnisse einer anderen Form von Zensur als der der Wehrmacht. »Meine Frau will das nicht hören«, schrieb Vater, als er schon Rentner war, einem Jugendfreund, einem evangelischen Pfarrer. Der gehörte zur Gruppe derer, die in der Nachkriegszeit viel redeten, ohne viel zu sagen. Er hat sogar ein Buch über seine Kriegserlebnisse geschrieben, das den Italien-Feldzug wie ein kulturelles Erlebnis schildert. Nie gehörte Vater zu denen, die vom Alterssitz am Ammersee oder im Taunus aus im Selbstverlag detailgenau Märsche und Schlachten an der Ostfront beschrieben, während die polnische oder ukrainische Pflegerin ihnen die Windeln wechselt. Vater ging auch nicht zum Stammtisch oder in den Kriegerverein. Nur einmal fuhr er zu einem Schultreffen der wenigen, die aus seinem Jahrgang 1923 übrig geblieben waren. Er kam entsetzt zurück. Diese Glorifizierung, diese Sprüche vom Krieg als »Schule des Lebens«!

»Die wissen doch genau, dass es nicht so war.«

Er ist nie wieder hingefahren.

Um mehr Klarheit zu erhalten, befragte ich einen Psychiater. »Sie müssen davon ausgehen, dass Ihr Vater schwer traumatisiert war«, sagte der. Traumata können bewirken, dass Menschen das Erlebte löschen. Hat Vater deswegen so wenig erzählt, weil er sich an das meiste nicht erinnern *konnte*? Was bedeutete das für ihn – und was für mich?

Laut der Psychiaterin Luise Reddemann können Eltern ihre Traumata sogar an die Kinder weitergeben[11] – und indirekt an die Enkel. Ja, Wissenschaftler glauben sogar herausgefunden zu haben, dass Traumata die Genetik verändern.[12] Seit einigen Jahren diskutieren Biochemiker im neuen Forschungsfeld der Epigenetik, wie die Umwelt Einfluss auf die molekulare Biologie eines Menschen ausüben kann. »Hunger, Stress und Gewalt scheinen zu verändern, wie die Zellen den DNA-Code der Gene interpretieren, und hinterlassen so Spuren im Erbgut. Die Münchner Medizinerin und Neurowissenschaftlerin Elisabeth Binder, heute Direktorin am Max-Planck-Institut für Psychiatrie, konnte vor einigen Jahren zeigen, dass Menschen, die in früher Kindheit traumatisiert wurden, dieses Trauma auch später im Leben noch immer wie Narben am Erbgut in ihren Zellen tragen«,[13] heißt es in einem Artikel zu dem Thema. Wahrscheinlich, so das Forschungsergebnis, werden einige dieser epigenetischen Veränderungen sogar an die nächste Generation weitergegeben.

Bei den meisten Kriegskindern reichten jedoch schon die Tischgespräche im Elternhaus, um sie nachhaltig zu prägen. Wie sehr der Krieg und der Mangel Vater zu dem Menschen gemacht hatten, der er später war, konnte man seinen Handlungen entnehmen. Nach Vaters Meinung musste man im Leben alles, was auch nur leicht über dem Niveau eines Schützengrabens lag, stoisch akzeptieren. Teller leckte er ab, durchgescheuerte Handschuhe flickte er mit Zwirn. Batterien kamen auf die Heizung, um den letzten Saft herauszuholen. Zu Hause gab es grundsätzlich nur altes Brot. Wenn neues gekauft wurde, mussten erst die alten harten Kanten aufgegessen werden – bis das neue Brot ebenfalls hart war. Vater misstraute allem: Geld konnte entwertet werden, Häuser konnten verbrennen.

Ich lernte, dass nichts, was ich erlebte, annähernd so schlimm sein konnte wie das, was die Eltern erlebt hatten. Wenn etwas nicht schmeckte, hieß es: »Stell dich nicht so an.« Wenn ich mich beim Abspülen dumm anstellte: »Das werden sie dir beim Kommiss schon beibiegen!« Doch diese Erziehung hatte auch Vorteile. Man bekam nicht viel Gelegenheit, eine Essstörung zu entwickeln. Und die Warnungen vor den Methoden beim »Kommiss«[14] genügten als Motivation zur Kriegsdienstverweigerung. Da half erstmals Vaters Kriegsvergangenheit. Die ließ mich in den Augen der damals üblichen Kommission, die mein Gewissen prüfen sollte, glaubwürdig erscheinen.

Viele Kriegskinder entwickeln einen regelrechten Geschichtsfimmel. Sie wissen bis in die letzte Verästelung über das Leben von Anne Frank Bescheid, aber sie wissen nichts über das Leben ihrer Eltern. Ich las die Literatur der Opfer, Primo Levi, Elie Wiesel, Jorge Semprún. Ich volontierte in Argentinien bei einer Zeitung, bei der vor allem deutschsprachige jüdische Emigranten arbeiteten, die vor Hitler geflohen waren. Sie erzählten bereitwillig, und sie traten mir als Nachkommen der Tätergeneration unvoreingenommen gegenüber. Ich schrieb meine Magisterarbeit über das antinationalsozialistische Exil in Argentinien und gab sie Vater zu lesen. Er berichtigte die Kommafehler und gab sie mir ohne weiteren Kommentar zurück. Möglich, dass er sich schlicht nicht angesprochen fühlte, möglich, dass ihn so viel Beflissenheit irritierte. Zu dieser Zeit waren auch seine Anekdoten längst verstummt. Sie endeten mit der öffentlichen Debatte nach der Ausstrahlung der Fernsehserie *Holocaust* 1979. Beiträge der Tätergeneration seien in Deutschland seit dieser Zeit »kulturell nicht mehr erwünscht«[15], schreibt Sabine Bode. Vater hielt sich an das gefühlte Sprechverbot, kommentarlos. Die Unfähigkeit zu trauern mündete in die Unfähigkeit zu reden.

Einer der wenigen literarischen Zeugen, den meine Eltern gelten ließen zur Erklärung ihrer Kriegszeit, war Walter Kempowski und dessen ironische Familiensaga *Tadellöser und Wolff*, in der die Protagonisten stets betonen: »Nazi und Deutscher, das sei ein Unterschied!« Mir kam es so vor, als erzähle die Verfilmung von Eberhard Fechner mit Karl Lieffen, Edda Seipel und Martin Semmelrogge meine eigene Familiengeschichte. Ansonsten gibt es wenig Literatur, die überzeugend von der deutschen Kriegsgeneration berichtet. Die Konsaliks und Willi Heinrichs und ihr Landser-Schmalz sind zu Recht vergessen. Heinrich Böll, Wolfgang Borchert und Günter Grass taugen nicht, um die Generation zu verstehen, sie galten vielen Heimkehrern als verkopft, abgehoben und wehleidig.

Neben Kempowski schätzte Vater den ostdeutschen Schriftsteller Günter de Bruyn, der nach der Wiedervereinigung auch im Westen verlegt wurde. Als Anfang der 1990er Jahre dessen Lebenserinnerungen *Zwischenbilanz* erschienen, drückte Vater mir das Buch in die Hand. Ich solle es mal lesen. Das war seine Art, über Bande zu kommunizieren. De Bruyn, Jahrgang 1927, hat die Haltung seiner Generation zum Nationalsozialismus so beschrieben: »Hitler – zwar war von Verehrung oder Begeisterung für ihn nichts zu spüren, aber die Notwendigkeit oder Rechtmäßigkeit seiner Macht wurde nicht angezweifelt. (…) So selbstverständlich war er wie Sonne und Regen, wie strenge Winter – und Krieg.«[16] Der fast gleichaltrige de Bruyn war für Vater ein wahrhaftiger Zeitzeuge. Der Autor wurde in der DDR sozialisiert. Er schildert seine Kriegserlebnisse als »Historiker meiner selbst« ausführlich und nachvollziehbar, berichtet von der Jugend im Dritten Reich mit Offenheit, Abstand, Ironie und Selbstreflexion.

So detailreich er sonst erzählt, der Holocaust jedoch wird bei de Bruyn mit sparsamen, lakonischen, unglaubwürdig klingenden Sätzen abgefertigt, der Autor widmet der Judenverfolgung einen einzigen Absatz auf 378 Seiten: »Nie aber hatte ich von Ermordung jüdischer Menschen (vielleicht auch weil ich nie nach ihnen gefragt hatte) auch nur andeutungsweise gehört (…) An keinen Gedanken an sie, kein Gespräch über sie, ob mit Gleichaltrigen oder Erwachsenen, kann ich mich aus der Zeit nach ihrer Deportation erinnern. Wer keine persönlichen Bekannten unter ihnen hatte, dem kamen sie, als sie ihm aus den Augen waren, auch schnell aus dem Sinn – oder er behielt für sich, was er dachte: denn Mitleid oder gar Sympathie zu zeigen, konnte gefährlich sein.«[17]

Konnten sich unsere Eltern nicht erinnern oder wollten sie nicht?

Was Vaters Kriegserlebnisse anging, versuchte ich ebenfalls, mit ihm über Bande zu kommunizieren. Ich schenkte ihm nach der Rückkehr von einem Studienaufenthalt in Spanien das Buch *Wolfsmond* von Julio Llamazares, der die letzten Tage eines versprengten republikanischen Bürgerkriegskämpfers beschreibt, der sich in den asturischen Bergen vor den Siegern versteckt und lebt wie ein gehetztes Tier.

An einer Stelle heißt es: »Ich bin aus Leibeskräften gerannt. Ich bin in blinder Wut gerannt, wie ein verwundeter Hund, habe die Schmerzen unterdrückt. Bergab über das Gestrüpp hinweg, den Nebel zerreißend, bin ich aus Leibeskräften gerannt, bis ich drunten im Tal am Ufer des Flusses (…) zusammengebrochen bin, im kalten Dickicht der Pflanzen, aus dem schon die ersten Lichter des Morgengrauens sprießen.«[18]

Ja, sagte Vater, so etwa sei es gewesen.

Es gibt ein vergessenes Buch von Hannsferdinand Döbler, das kannten wir leider beide nicht, ein Kollege drückte es mir erst in die Hand, als Vater schon gestorben war. Der Kriegsheimkehrer Döbler schildert in *Nie wieder Hölderlin* sehr offen und ambivalent die Verzweiflung der Versprengten, die Verlorenheit der Nachkriegszeit, die Suche nach einer neuen Identität zwischen der Nazi-Ideologie der Jugend und dem bundesdeutschen »Schwamm drüber!«. Döbler schreibt, er habe sich im ersten Moment nach der Niederlage »als Opfer, Opfer eines geschichtlichen Prozesses« gefühlt. Doch dann kommt er allmählich darauf, dass es damit nicht getan ist – ein Schritt, den nur wenige taten. Döbler glaubte zunächst wie die allermeisten seiner Zeitgenossen: »Die politischen Torheiten waren abgegolten hinter Stacheldraht.«[19] Doch ihm schwante, dass folgende Generationen sich mit dieser Erklärung nicht zufrieden geben würden: »Noch fragten die Kinder nicht: Was hast Du getan? Eine Frage, die immer riesiger wuchs und wie ein langer Schatten schließlich das ganze Leben zu verschlingen drohte.«[20] Anders als die meisten Kriegsteilnehmer hat Döbler sich dieser Frage gestellt. Er berichtet von seiner Dummheit, seinem blinden Gehorsam, seiner Bewusstwerdung im Gefangenenlager und dem Unverständnis, auf das er mit Fragen nach Schuld und Sühne nach der Heimkehr traf.

»Heimkehrer D. ist keiner von denen, die die Ärmel aufgekrempelt, einfach angeschafft und aufgebaut haben«, hieß es 1989 in einer Rezension der *Zeit* über Döblers Buch.[21] Als bemerkenswert hebt die Rezensentin hervor, dass am Ende des Buches eine Begegnung mit einer polnischen Jüdin steht, die berichtet, sie habe »wenig Gelegenheit, jemanden zu sprechen, der damals auf der anderen Seite gestanden hat«. Und dann unterhielten »sich die ehemalige KZ-Insassin und der ehemalige Offizier. Trotz der unbeschreiblichen Mühe, eine Sprache dafür zu finden, entsteht doch eine Art Gespräch. Ein gespenstisches über gemeinsame Haft- und Lagererfahrungen – und ein deutsches: über Hölderlin.«

Am Ende fragt die KZ-Überlebende den Ex-Wehrmachtssoldaten Döbler unverblümt: »Halten Sie sich für einen Täter?«

Und Döbler hört sich antworten: »Nein. Aber wenn ich Ihnen gegenüber sitze, fühle ich mich als Täter.«[22]

War mein Vater ein Täter? Natürlich will man keinen Täter als Vater. Der SPD-Politiker Sigmar Gabriel trägt schwer an der Nazivergangenheit seines Vaters, er hat das mehrmals öffentlich thematisiert.[23] Vater war kein Parteibonze oder SS-Mann gewesen, sondern nur ein einfacher Wehrmachtssoldat. Aber machte ihn das zum Opfer, wie er womöglich selbst glaubte? Heute denke ich, er war Opfer und Täter zugleich wie die meisten seiner Zeitgenossen, die mit dieser Ambivalenz aber ganz und gar nicht zu leben wussten.

Ich wollte als Kind weder noch, ich wollte einen Helden als Vater, so waren Jungs damals, mal sehen, ob die Genderdebatte daran etwas ändert. Doch dass man kein Held sein konnte, wenn man an Hitlers Krieg im Osten teilgenommen hatte, war im Nachkriegsdeutschland Teil eines demokratischen Grundkonsenses, der für mich selbstverständlich war. Vater versuchte auch gar nicht erst, wie ein Held zu wirken. Das Bild des braven Angestellten, der jeden Morgen in seinem Opel Rekord zu Siemens fuhr, war nicht zusammenzubringen mit dem des einsamen Kradmelders, der durchs weißrussische Partisanengebiet knatterte.

Doch in Wahrheit sind diese Bilder sehr stimmig. Wer mal den ganzen Tag lang in einer Pfütze gelegen hat, um sich totzustellen, damit ihn die Partisanen nicht erschießen, geht den Rest seines Lebens Risiken aus dem Weg. Besser nichts machen, besser da bleiben, wo man ist, lieber keine Veränderungen riskieren, so lautete Vaters Devise.

Die anderen sitzen am längeren Hebel.

Als Berliner lebte er vierzig Jahre in Bayern, weil Siemens ihn dorthin geschickt hatte. Es hat ihm nie gefallen. Aber noch mal woanders hingehen?

»Dein Vater hat immer nur vor allem Angst gehabt«, sagte Mutter.

Diese Erziehung zur Ängstlichkeit war sogar tauglich – für die ummauerte und eichenholzfurnierte Welt der Sicherheit, die die Kriegsgeneration geschaffen hat und die 1989 unterging. Diese Erziehung ist jedoch untauglich für die jetzige Welt, die Mut und Herausforderung belohnt und Zaudern bestraft. Das mag auch das eigentliche Problem vieler Kriegskinder und -enkel sein: Sie leben an der Bruchlinie zweier konträrer Lebensvorstellungen, die entgegengesetzte Forderungen stellen: dem ängstlichen, übervorsichtigen Sicherheitsdenken der deutschen Nachkriegswelt und dem angloamerikanisch geprägten Globalisierungssturm, dem unbedingten Glücksstreben des digitalen Zeitalters.

Am meisten Angst mag Vater vor seinen eigenen Erinnerungen gehabt haben. Wenn er mit mir Cowboy und Indianer spielen sollte, legte er die Plastikpistole nach einer Minute aus der Hand und sagte: »Ick kann das nicht.« Ich sah ihm verständnislos nach, ließ aber nicht locker.

Ich fragte: »Papa, hast du im Krieg einen Lastwagen gefahren?« Ich fand die Trucks der U.S. Army in den Hollywoodfilmen toll.

»Nein«, sagte Vater, »wir hatten keine Lastwagen.«

Eine Armee ohne Lastwagen? Das gab es doch gar nicht!

Erst jetzt weiß ich, dass es 1944 im Kessel von Brody tatsächlich fast keine Lastwagen, überhaupt wenig rollendes Material gab, weil es abgezogen worden war nach Frankreich und Italien zur Abwehr der alliierten Invasion. Übrig blieb eine riesige Infanterie, die lief oder auf Panjewagen saß und Geschütze mit erbeuteten Pferdefuhrwerken zog oder gleich mit der Hand. Der Kessel von Brody ist heute vergessen, er war Teil der *Operation Bagration*, die entscheidende sowjetische Offensive im Osten, die im Juli 1944 mehr als eine Million deutsche Soldaten überrannte, ein riesiges Gemetzel, der Durchbruch, der die Ostfront aufriss. Es war der Anfang vom Ende des deutschen Russlandfeldzugs.

Die Offensive traf die Wehrmacht unvorbereitet. Vaters Bild an dem ukrainischen See, wo er Regentage verschlief, passt exakt zu den historischen Darstellungen. Das Inferno kam über eine müde, schlecht ausgerüstete, im Prinzip geschlagene Truppe.

In einem etwas fragwürdigen Buch namens *Grünes Herz im Feldgrau* von Hubert Hundrieser, Offizier in der 217. Infanterie-Division, also derselben Einheit, der Vater zeitweise angehörte, wird ein katholischer Divisionspfarrer zitiert: »Als die Sonne am 22. Juli 1944 blutrot unterging, war das 8. Armeekorps liquidiert. Circa 25 000–30 000 deutsche Soldaten lagen erschlagen auf dem Schlachtfeld. Ein paar tausend liefen noch ein paar Tage um ihr Leben bis nach Ungarn. Über die Reste senkte sich die große Nacht des tiefen Schweigens der russischen Gefangenschaft. So ein Ende ist bitter wie der Tod und schrecklich wie das Weltende.«[24]

In einem Artikel für die konservative Wiener Zeitung *Presse* von 2014 nennt der Autor den Durchbruch »die größte Niederlage der deutschen Kriegsgeschichte«.[25] »Ganze deutsche Regimenter und Divisionen lösten sich binnen Stunden und Tagen auf, viele verschwanden mit Mann und Maus von der Landkarte und gelten bis heute als vermisst. Dann, am frühen Morgen des 22. Juni, schlug Stalins stählerner Hammer zu – hochsymbolisch am dritten Jahrestag des deutschen Angriffs auf die UdSSR. Die Offensive erfolgte gestaffelt, um die Deutschen weiter im Unklaren zu lassen.

Nicht jeder, der sich ergab, überlebte: Ganze Einheiten wurden Berichten zufolge in Waldstücken erschlagen und erschossen. Es ist unmöglich, nun jedes Detail der Niederlage zu schildern. Überall zerbrechen oder fliehen die Deutschen, werden ihre Kolonnen zerschossen, von den Russen überholt oder laufen in Partisanenhinterhalte. Die russische Luftwaffe konzentriert sich auch auf die deutschen Artilleriestellungen und knackt so das artilleristische Rückgrat der Verteidigung. Auf den Straßen Chaos, Gleise zerstört, kein Transport mehr abwickelbar, kein Weg frei mehr für Verstärkungen, Fernmeldelinien abgerissen.«

28 deutsche Divisionen wurden aufgerieben. Der Autor zitiert einen russischen Kriegsberichterstatter mit den Worten: »Die Männer laufen über die Leichname deutscher Soldaten, hunderte, tausende bedecken die Straßen, liegen in Gräben, unter den Kiefern, auf den Getreidefeldern. An einigen Stellen müssen Fahrzeuge über die Körper fahren, weil sie so dicht auf dem Boden liegen. Ein Kessel des Todes kochte an diesem Ort.«

Mitten in diesem Inferno steckte Vater. Ich konstruierte mir aus den historischen Darstellungen und seinen spärlichen Erzählungen ein Bild, wie er mit den Händen an der Deichsel eines Geschützes zieht, das im Schlamm steckt. Das Geschütz wird getroffen, er flüchtet in den Wald, verirrt sich, die Einheit ist aufgerieben, es gibt keine Befehlsstruktur mehr. Zuerst sind sie zu acht, dann nur noch zu zweit. Sie haben nichts zu essen und fürchten sich vor den Partisanen. In einem Dorf wird er von einer russischen Patrouille gestellt. Er geht in Gefangenschaft.

Nur deshalb bin ich hier, weil Vater genug Vernunft und Instinkt besaß, um zu überleben. Und weil er den letzten Schuss in der Pistole eben doch stecken ließ.

»Ick hab nich' den Mut jehabt«, hat er mal am Krankenbett gesagt.

»Darüber«, habe ich geantwortet, »bin ich sehr froh.«

Letzte Entscheidungen

Im Heim und daheim

»Das Leben der Eltern
Ist still nun und leer
Ein Tag gleicht dem andren
Sie spüren's kaum mehr.«

Elizabeth B. Chast[1]

Der Rheinsteig ist ein 320 Kilometer langer Wanderweg, der von Bonn nach Wiesbaden führt. Wer ihn entlangläuft, kann sich nicht nur an den kuschligen Hängen des Rheinischen Schiefergebirges mit ihrem lichten, mediterran anmutendem Niederwald, ihren kathedralenartigen Buchenhainen, Weinbergen und südländisch duftenden Kräutern erfreuen, sondern auch eine Zeitreise in die alte Bundesrepublik antreten. Man kann die Wohnstätten Konrad Adenauers und Willy Brandts besichtigen und alte Industrieanlagen der Zeit des Wiederaufbaus – man taucht mithin tief in jene Epoche des allumfassenden Sicherheitsdenkens und der Verdrängung der Vergangenheit ein, die die Generation meiner Eltern geprägt hat nach dem Krieg – jene Generation, die uns zu materiellem Reichtum und emotionaler Armut geführt hatte und die uns nun vom Kranken- und Totenbett aus zuruft: *Seht zu, wie ihr zurechtkommt.*

Eigentlich hatte ich mich auf diesen Weg begeben, um ein paar Tage Abstand von der Sorge und Pflege zu gewinnen. Doch je tiefer ich in die Hangwälder und Weinberge vordrang, desto klarer wurde mir, dass ich meinen Eltern und ihrer Zeit, die nun zu Ende ging, geradezu hinterherlief.

Neben der Erholung hatte die Wanderung einen weiteren Zweck. Sie sollte Klarheit bringen, wie es in der Beziehung zu meiner Freundin weiterging. Sie sprach davon, mit mir nach Südamerika zu gehen, doch ich war gefangen im Pflegedschungel daheim. Meine Freundin und ich mussten uns eingestehen, dass wir uns in konträren Lebensetappen befanden. Sie war vierzehn Jahre jünger als ich, träumte von der Welt und vom Kinderkriegen; ich hetzte zwischen Pflegestation und Reha hin und her. Nach langen, quälenden Überlegungen reifte in meiner Freundin der Entschluss, einen ganz anderen Weg einzuschlagen. Sie wollte nun Entwicklungshelferin werden, und zwar in Lateinamerika. Eines Abends in einer Weinstube am Rheinsteig stellte sie offen die Frage: »Was mache ich? Gehe ich oder bleibe ich?«

Ich rang eine Weile mit mir. Dann fiel die Entscheidung. Konnte ich zulassen, dass die Pflege nicht nur meinen Lebensentwurf erschütterte, sondern auch ihren?

Bevor sie einige Wochen später abreiste, begleitete sie mich noch zu Vaters Feier anlässlich seines neunzigsten Geburtstags. Wir holten eine riesige Erdbeertorte im »Tortenparadies« und fuhren ins Caritas-Heim. Dort stand Vater bereits mit dem Rollator vor seinem Zimmer, abmarschbereit wie ein Rekrut, bepackt mit einer Art Tornister, in den er Windeln und Medikamente gesteckt hatte.

»Na, wo willst du denn hin?«, scherzte ich.

Er guckte ratlos.

Wir fuhren in die Kreisstadt. Mutter lebte jetzt allein in dem Häuschen, trotz ihres Sturzes kam sie einigermaßen zurecht–noch. Sie hatte mit Hilfe der Nachbarin den Kaffeetisch gedeckt, das gute Geschirr aus den 50ern, eine weiße Decke, Blumen aus dem Garten in der Mitte. Die Nachbarn waren da. Meine Freundin saß etwas hilflos in der Mitte. Herr H. kam herein, sah auf die Nachbarin, die neben ihr saß, und fragte: »Ah, Mutter und Tochter?«

»Öh, nein«, sagte ich, »das ist meine Freundin.«

Es folgte ein kurzer Moment peinlicher Berührtheit. »Ah, angenehm«, sächselte Herr H. und streckte die Hand zum Gruß aus.

Meine Freundin fühlte sich unwohl in der Seniorenrunde. Aber auch Vater wirkte seltsam fehl am Platze. Er schien nur wenig von dem mitzubekommen, was um ihn herum vorging. Er sagte kaum ein Wort, obwohl es ja sein Geburtstag war, sein Neunzigster.

Er stocherte im Erdbeerkuchen herum, guckte stumpf, gegen fünf sagte er: »Ick muss zurück.«

Wir setzten ihn ins Auto, packten den Rollator in den Kofferraum und fuhren ihn ins Heim.

Ich war fertig. Wie musste es erst Vater gehen?

Kurz danach brachte ich meine Freundin zum Flughafen, von wo aus sie nach Südamerika flog. Ihre Sachen hatten wir in einem Lagerplatz im Münchner Vorstadtviertel untergebracht. Am Gate regte sie sich maßlos auf, weil sie Aufgeld fürs Übergepäck zahlen musste. Darunter versackte der Abschiedsschmerz. Dann ging sie durch die Security, winkte, und weg war sie.

Wie machte man das jetzt: einfach »Schwamm drüber!« sagen?

Ich beschloss, es wie die Kriegsgeneration zu machen und mich in Aktivität zu stürzen. Es gab ja einiges zu tun.

Neue Heimat

Im Norden Münchens steht ein Seniorenstift, bei dessen Renovierung man sich Mühe gegeben hat, auf der Höhe der Zeit zu sein. Das Hauptgebäude, ein Altbau, wurde originalgetreu in hellem, freundlichem Ocker gestrichen, davor grünen frische Bäumchen. Die Cafeteria wurde mit viel dunklem Holz im Stil eines Altmünchner Wirtshauses hergerichtet. Die Anlage liegt in einem ruhigen, aber innenstadtnahen Viertel, um sie herum dehnt sich ein kleiner Park aus mit schattigen Ecken. Dort kann man unter Sonnenschirmen verweilen und die Jahrzehnte genüsslich im Kreise Gleichaltriger Revue passieren lassen und den Enten zusehen, wie Fotos im Werbeprospekt suggerieren. Wer noch fit genug ist, hat es nicht weit, um mit dem Gehwägelchen eine Runde ums Olympiagelände zu drehen. Die Gänge des Heims wirken hell und sauber. Trotzdem erschütterte mich der Besuch des Hauses nachhaltig.

Nach der Besichtigung verirrte ich mich auf dem Weg nach draußen, nahm versehentlich eine Tür in den Park und suchte dort eine Zeitlang vergebens nach dem Ausgang zur Straße. Dann sah ich die Bushaltstelle. »Ah, da muss es hinausgehen«, dachte ich. Doch die Haltestelle war unerreichbar. Sie war eingezäunt, hier fuhren keine Busse ab, und es kamen auch keine an. Sie war da, um den Alten vorzugaukeln, es gäbe noch eine Möglichkeit zu entkommen. Doch wer hier sitzt, hat den letzten Bus des Lebens verpasst. Die Haltestelle ist Teil des Bereichs, in dem Demente untergebracht sind. Wer darin lebt, tut das in der Regel aufgrund eines Gerichtsbeschlusses, der die Einschränkung seiner Freiheit zu seinem eigenen Schutz gestattet. Demente Menschen sind oft körperlich fit und neigen zum Weglaufen. Wie bereits eine leichte Demenz verborgene Kräfte zum Vorschein bringen kann, hatte ich bei Vater gesehen.

Scheinbushaltestellen, wie sie im Fachjargon heißen, gibt es an vielen Altenpflegeeinrichtungen. Sie sollen dem Drang der Alten wegzulaufen ein harmloses Ziel bieten. Die *Fake*-Haltestellen sind nicht unumstritten. Der Medizinische Dienst des Spitzenverbandes des Bundes der Krankenkassen stellt fest: »Wenn der Bus nicht kommt, werden Fragen laut wie: Wann kommt der Bus endlich? Der Kranke wird eher nervös als ruhig.« Der Mensch mit Demenz werde »in seiner Krankheit nicht ernst genommen«.[2]

Nicht ernst genommen? Ich stellte mir meine zwar gebrechlichen, aber nicht völlig verblödeten Eltern vor, wie sie hier in einem Apartment mit Balkon zum Park leben würden mit Blick auf die Scheinbushaltestelle. Wie sollte ich ihnen deren Existenz erklären? Als Blick auf die Zukunft? Ich ging zurück zum Auto, ohne einen Termin mit der Heimleitung zu vereinbaren. Ernst nehmen wollte ich meine Eltern schon noch.

Ich suchte ein Heim für sie. Das war etwas, was sie nie gewollt hatten und was ich nie für sie gewollt hatte. »Die Mama und ich, wir wollen mal nicht ins Heim«, hatte Vater beiläufig gesagt, da war er 65, es klang irgendwie drohend. Ich wusste nicht, was ich mit dieser Ansage anfangen sollte. Sie offenbar auch nicht, denn in den folgenden zwei Jahrzehnten unternahmen sie so gut wie nichts, um einen solchen Schritt zu vermeiden.

Was man dafür hätte tun müssen? Zumindest hätten sie sich klarmachen können, dass es eben nicht »immer so weitergeht«, wie sie offenbar annahmen; dass der Tod selten kommt wie ein Windhauch, sondern dass die Zeit davor ein eigener, langer, quälender und ungeheuer kostspieliger Lebensabschnitt sein kann. Dass das so ist, ist keine Überraschung, es steht in Zeiten des Pflegenotstands bald jeden Tag in der Zeitung. Und Zeitung gelesen hatten meine Eltern immer, sie waren keine Ignoranten, die blind in einen Lebensabschnitt hineintappten. Ich fand zu diesem Zeitpunkt, wenigstens hätten sie sich beizeiten umsehen können, welche Art von Betreuung es sein sollte.

Das tat ich nun für sie. Ich klapperte Senioreneinrichtungen ab, telefonierte mit Pflegediensten und Anbietern mobiler Haushaltshilfen. Ich tat es, weil ich das brennende Gefühl hatte, dass es eben so nicht weitergehen konnte.

Das zurückliegende halbe Jahr hatte ich in einem Zustand nervöser Überreizung verbracht, der nun auch meine Gesundheit bedrohte. Ich hörte die letzten Platten von Johnny Cash mit Sterbemusik, Songs über die Qualen der Existenz, über Gewalt, Angst, Hoffnung und Tod und das Wiedersehen im Jenseits.

Where the road is dark and the seed is sowed
Where the gun is cocked and the bullet's cold
Where the miles are marked in the blood and gold
I'll meet you further on up the road.[3]

Kein günstiger Allgemeinzustand.

Mich verfolgte in den Träumen die Vorstellung, Mutter eines Tages tot am Fuß der Kellertreppe aufzufinden. Hatte Vater in den Wochen, in denen ich es riskiert hatte, ihn sich selbst zu überlassen, nicht das Bewusstsein verloren? Nun saß er im Pflegeheim, fühlte sich abgeschoben, Mutter hockte allein zu Hause. Durfte man das zulassen?

»Ein Ehepaar gehört zusammen«, sagte die kroatische Ordensschwester im Caritas-Heim. Meine Eltern und ich saßen an einem Sonntag in der Cafeteria, umgeben von Gehwägelchen, Kuchentellern und mühsamen Schwerhörigengesprächen. Vater hatte versucht, sein Geschirr selbst zu tragen, und dabei eine zirkusnummerreife Zitterpartie hingelegt, die ich in der letzten Sekunde vor der Katastrophe beendete, indem ich ihm eiligst Teller und Tasse aus der Hand nahm, was von den anderen Besuchern der Cafeteria mit stillem Beifall quittiert wurde.

Ich entschloss mich, die rote Linie zu überschreiten.

»Wollen wir nicht etwas suchen für euch beide?«, wagte ich über einem Stück Mohnkuchen zu fragen.

Keine Antwort.

Das hieß zumindest nicht »nein«.

Wer sich zu diesem Schritt entschließt, muss eine Menge Widerstände überwinden, äußere und innere. Pflegeheimen laste der Makel von Siechenhäusern an, schreibt Pflegeexperte Thomas Klie.[4] Jedweder Skandal in einem Heim werde begierig von der Öffentlichkeit aufgesogen, um die gängige Version zu nähren, dass Heime desolate Abschiebestätten seien, in denen die Alten vor sich hinvegetierten, weil ihre Angehörigen zu bequem seien, sich um sie kümmern. Dabei betonen Fachautoren mittlerweile, dass ein Umzug ins Heim sogar einen Glücksfall darstellen könne.[5] Viele Menschen lebten nach Anlaufschwierigkeiten auf, sie könnten nach Jahren der Isolation wieder Gemeinschaft herstellen.

Meine Eltern hatten schon lange nicht mehr am sozialen Leben teilgenommen. Ihr Heimatort im Bayerischen Oberland war hügelig, ein Platz für Wanderbegeisterte und Radfahrer, nicht für Fußlahme. Die nächste Einkaufsmöglichkeit lag kilometerweit von ihrem Häuschen entfernt, die Krämerläden, die es anfangs in der Siedlung gegeben hatte, waren Versicherungsbüros und Immobilienagenturen gewichen.

Zuerst wärmten wir eine Idee auf, für die es eigentlich zu spät war: Göttingen. Das lag zwar Hunderte Kilometer entfernt. Aber

Mutter hatte entfernte Verwandtschaft dort, die einzige, die uns geblieben war. Die Seniorenresidenz, in der zwei ihrer Kusinen lebten, hatte ihnen bei ihren Besuchen doch gut gefallen? »Da war's schön«, sagte Vater, jetzt, da er in einem bayerischen Caritas-Heim unter grimmigen Bauern saß. Der Blick über das Tal, der Konzertsaal, die gediegene, norddeutsche Atmosphäre … ein Traum – im Vergleich. Mutter telefonierte am nächsten Tag mit ihrer Kusine. Sie fühle sich wohl in dem Haus, sagte die. Sie versprach, Prospekte und Informationsmaterial zu schicken.

Ich beschloss, selber hinzufahren.

Zur Hebung der Stimmung drehte ich auf dem Weg eine Runde durchs Weserbergland, diese Parklandschaft mit ihren sanft gewellten Hügeln und kuschligen Baumgrüppchen, ihren langgezogenen, sparsam bepflanzten Alleen, die im Dämmerlicht einen fast toskanischen Eindruck verbreiteten. Die Ereignislosigkeit der Landschaft tat gut.

Die Seniorenresidenz lag etwas oberhalb der Stadt auf einem Höhenzug, von Ferne sah es aus wie ein brutaler Betonklotz, aber wie so oft: Aus den scheußlichsten Häusern hat man die besten Ausblicke. Es gab eine noble Rezeption, im Konzertsaal war gerade eine Veranstaltung zu Ende gegangen. Die Zuschauer strömten heraus, es waren keineswegs nur Alte. Offenbar hatte die Heimleitung Erfolg mit dem ja oft beschworenen, aber selten geglückten Versuch, die Generationen zu mischen. Die Menschen grüßten einander auf eine Art, die ich als frisch und direkt empfand. Es gab sogar nagelneu eingerichtete Apartments für besuchende Angehörige mit Balkon und Blick auf die niedersächsische Toskana. Ich fühlte mich wie im Hotel.

Abends fuhr ich in die Stadt, bummelte durch die Studentenlokale und sah mir das Haus an, in dem ein mir unbekannter Großonkel einst ein Künstlercafé betrieben hatte. Es war ein bildungsbeflissener, lebhafter Ort, nicht zu groß, nicht zu klein. Ich kaufte die aktuelle Ausgabe der Lokalzeitung. Vielleicht könnte ich dort sogar arbeiten? Oder vielleicht gab es ja an der Universität Dozentenstellen. Immerhin hielt ich Gastseminare an der Universität

Barcelona, betrachtete mich also als qualifiziert für ein akademisches Dasein. Konnte das mögliche neue Leben meiner Eltern sogar ein neues Leben für mich bedeuten?

Ich musste zugeben, dass das Einbecker Bockbier, das ich in der Fußgängerzone getrunken hatte, diese Tagträumereien nachhaltig befeuerte. Auch am nächsten Morgen fühlte ich mich wohl im Frühstückssaal der Seniorenresidenz mit seinem Buffet voller Müsli und Obst. Sogar ein Glas Nutella stand da. Die Bildungselite des Städtchens schien hier versammelt zu sein. So stellte man sich einen schönen Lebensabend vor.

Und war Mutter nicht stets unternehmungslustig gewesen? Sie hatte schon geplant für einen Umzug: Man müsse gar keine Möbel mitnehmen, könne »alles neu kaufen!«

Die Dame, mit der ich einen Termin zur Besichtigung hatte, brachte mich auf den Boden der Tatsachen zurück. Sie war skeptisch.

»Normalerweise«, sagte sie, »holen Kinder ihre Eltern im Alter zu sich in die Nähe, nicht umgekehrt.« Und ich wollte sie hierherschaffen, obwohl ich in München wohnte? Das sei ja zumindest – sie machte eine Pause – »ungewöhnlich«.

Aus ihrem durchdringenden Blick meinte ich den Abschiebevorwurf herauslesen zu können, und in mir schnappte das Schlechte-Sohn-Gewissen zu. Schob ich meine Eltern nicht tatsächlich ab, all den schönen Begründungen und bockbiergetriebenen Visionen zum Trotz? War das nicht eine reichlich demente Idee? Nein, entschied ich, ich würde dem krakeelenden Gewissensmonster in meinem Inneren nicht recht geben. Ich suchte nur die beste Lösung, und dafür nahm ich auch Entfernungen in Kauf. Und was hieß schon normal? Waren wir vielleicht eine normale Familie?

Die Dame vom Haus wurde aus allerlei Nischen und Begegnungssitzgruppen heraus von alten Herren, die lebhaft wurden, wenn sie vorbeikam, mit Komplimenten für ihre Beine bedacht. Sie zeigte mir ein Apartment. Knapp fünfzig Quadratmeter, groß genug für zwei.

»Sie können das gleich haben, wenn Sie wollen.«

2500 Euro Miete im Monat mit Vollpension, das war mittlerer Normalpreis, so viel wusste ich inzwischen. Seniorenheime funktionieren etwa wie Tankstellenketten, es gab offiziell natürlich keine Preisabsprachen, trotzdem kosteten sie alle irgendwie ähnlich viel, zumindest innerhalb Deutschlands und in Ballungsräumen oder attraktiven Lagen. Und für den Fall der Fälle, wenn die ambulante Betreuung im Apartment mal nicht mehr ausreichte, gebe es hier neuerdings sogar eine Pflegestation, wurde mir mitgeteilt.

Doch trotz Vorrecherchen war ich noch nicht drin in der Materie. Ich hatte nicht wirklich eine Vorstellung, mit welchem Betrag man im Monat rechnen musste. Zur Miete kamen ja die Pflegekosten, und die waren schwer kalkulierbar. Da konnten leicht ein paar tausend Euro zusammenkommen, je nach Gesundheitszustand, der ständig schwankte. Was im Extremfall passiere, wenn ein Bewohner nicht mehr zahlen könne, wollte ich wissen.

Die Temperatur im Raum sackte ein paar Grad ab.

»Dann muss er ausziehen.«

Erstmals wurde mir klar, dass ich es nicht mit karitativen Einrichtungen zu tun hatte, sondern mit Wirtschaftsbetrieben, das pseudozärtliche Geflöte bei den Besichtigungen war wohlfeil. Bei den meisten Häusern musste man vor Einzug Zahlungsfähigkeit schriftlich garantieren. »Schon länger haben sich Alten- und Pflegeheime aus dem Bereich der Wohltätigkeit verabschiedet«, schreibt Experte Thomas Klie.[6] Tatsache war, dass die Mitarbeiterin des Hauses, die eben noch hilfsbereit und kommunikativ gewirkt und detailgenau erzählt hatte, wie sie selbst ihre alte Oma gepflegt hatte, durch meine Nachfrage misstrauisch geworden war. Hatte sie es hier mit einem Zeitgenossen zu tun, der sich die Premiumunterbringung seiner Eltern gar nicht leisten konnte? Da galt es, das Gespräch schnell zu beenden, alles andere wäre Zeitverschwendung gewesen. Es warteten bessere Kunden.

Ich fuhr nach München zurück und erhielt auf meine E-Mails und Anrufe keine Antwort mehr.

»Göttingen kommt nicht in Frage«, teilte ich meinen enttäuschten Eltern mit.

Je größer die Entfernung, desto besser müsse die Kommunikation mit der Heimleitung klappen. Und das war hier nicht der Fall.

Der Hauptunterschied zwischen uns und der Göttinger Bildungselite war: Meine Eltern hatten keine großzügige Beamtenpension. Vater hatte als Dienststellenleiter bei Siemens in den ersten Jahren gerade genug verdient, um uns ernähren zu können. Heute wäre das mit seinem damaligen Gehalt als Alleinverdiener sowieso unmöglich. Das Häuschen, das meine Eltern bauten, kostete 1966 etwas mehr als 80 000 D-Mark, die jahrzehntelang abgestottert wurden. Mutter klebte Rabattmarkenheftchen, Urlaub gab es die erste Zeit gar nicht. Erst in den letzten Jahren vor der Rente sah es besser aus, nicht zuletzt weil ich früh Geld verdiente. Vater und Mutter hatten beide schmale Renten, lebten im Alter von dem Ertrag einer Lebensversicherung, deren Ausschüttung Mutter durch jahrelanges Börsenspekulieren so vermehrt hatte, dass beide sich – eine Währungsreform mal ausgeschlossen – keine Sorgen zu machen brauchten, jedenfalls nicht, solange sie im eigenen Haus lebten.

Doch diese Sicherheit geriet ins Wanken. Meine Eltern hatten schlagartig einen gewaltigen Finanzbedarf. Mein Problem war, dass ich nie genau den Überblick über ihre Geldreserven erlangte, die hütete Mutter eifersüchtig.

Im Grunde hatte sie das getan, wozu man heutzutage aufgerufen ist, sie hatte sich nicht auf die staatliche Rente verlassen, sondern sich selbst um die Deckung der »Versorgungslücke« durch Aktien und Wertpapiere gekümmert. Dazu bezog sie allerlei kostspielige Börsenbriefe, denen sie bedingungslos vertraute. Die Volatilität der heutigen Wertpapiermärkte mit Sekundenhandel und jähen Abstürzen, all den undurchsichtigen Produkten, die auch Fachleute zur Verzweiflung bringen, überforderte Mutter jedoch. Ihr Amateurspekulantentum war in den Jahren gut gegangen, in denen die Börse nur eine lange Aufwärtsbewegung kannte, unterbrochen von temporären Abschwüngen. Sie glaubte noch an das Credo des greisen Börsengurus ihrer Generation, André Kostolany, wonach man Aktien am besten »kauft, liegenlässt und vergisst«. Das aber galt nicht mehr für Risikoprodukte wie etwa deutsche Solaraktien, die Mutter für eine hervorragende Anlage hielt und die in Windeseile auf null sackten, als die chinesische Konkurrenz stark wurde. 10 000 Euro weg, von heute auf morgen.

Das genau war meine Sorge: Was, wenn sie die Wahrheit über die Volatilität ihres Vermögens demenzbedingt zu vergessen begann? Wie forsch konnte ich auf Passwörter und Zugangsberechtigungen dringen, wie energisch durfte ich die Oberhoheit über ihre Finanzverhältnisse einfordern, die ja nun im Grunde auch meine waren?

Es ergab sich nach und nach das Bild, wonach meine Eltern zwar eine ganze Zeitlang zurechtkommen würden, aber nicht auf Dauer. Mit dem Alter sinkt ja keineswegs der Geldbedarf, wie manchmal behauptet wird, er steigt vielmehr explosionsartig. Welches Modell war überhaupt das richtige? Pflegeheim? Betreutes Wohnen? Osteuropäische Pflegekraft für daheim? Eines hatte ich gelernt: Beim Verwaltungspersonal eines privatwirtschaftlich arbeitenden Seniorenzentrums erkundigte man sich besser nicht, was passieren würde, wenn den Eltern das Geld ausginge. Tatsächlich können einen die absurden Kosten leicht dazu bringen, auszurechnen, wie lange das Geld reicht, also mit anderen Worten: wie lange die Eltern noch leben dürfen.

Mutter wartete mit einem für sie typischen Lösungsvorschlag auf.

»Wenn das Geld alle ist, kann man ja Schlaftabletten nehmen.«

Sie sagte so was in aller Trockenheit, und das Letzte, womit man antworten durfte, war Betroffenheit.

Also gab ich nüchtern zurück: »Ich hab ja auch ein Gehalt, und zur Not gibt es das Sozialamt.«

Sie schnaubte.

Dass sie noch mal über den Gang zum Sozialamt nachdenken müsste, damit hatte sie nach einem langen, selbstverantwortlichen Leben nicht gerechnet.

Vor allem galt es nun zu klären, welche Option in Frage kam für ein Ehepaar, bei dem eine Person pflegebedürftig war und die andere nicht. Es zeigte sich, dass das System darauf nicht vorbereitet war.

Ich machte eine Liste mit Beratungsstellen. Nützlich, ehrlich und empathisch, aber nicht immer kompetent waren kleine Stadtteilberatungsbüros. Am Telefon sagte mir eine nette Dame als Antwort auf meine Frage nach betreutem Wohnen: »Eine bereits vorhandene Pflegestufe ist in der Mehrheit der Häuser leider ein Ausschlusskriterium.« Wie? Man durfte nicht pflegebedürftig sein, wenn man einen Platz suchte, um betreut zu werden?

In einem Münchner Vorort besichtigte ich eine Seniorenresidenz voller braungebrannter Trachtenjankermenschen, die fit genug waren, um BMW zu fahren. Ich ließ Mutter aber schon seit Monaten nicht mehr ans Steuer ihres VW Polo. Das Modell zielte auf die größer werdende Schar rüstiger und zahlungskräftiger Premiumsenioren ab, denen ihr Eigenheim zu groß wird, die aber noch wandern, golfen und ins Konzert gehen. Über diese Phase waren meine Eltern längst hinaus. Außerdem war die Residenz – wie so viele – wegen finanzieller Unregelmäßigkeiten in Verruf geraten, las ich im Lokalblatt. Es waren eben Renditeobjekte, die die Betreiber reich machen sollten, nicht die Bewohner glücklich.

Eine Einrichtung für betreutes Wohnen zu suchen war eigentlich nichts anderes, als eine ganz normale Mietwohnung zu suchen – nur zu grotesk überhöhten Preisen. Der überwiegende Teil des Angebots war Mist, denn es beinhaltete an Betreuung nichts anderes als das, was wir schon zu Hause hatten – eine Notrufklingel und einen meist externen Pflegedienst, dessen Leistungen man einzeln dazukaufen musste. Jeder Handgriff wurde extra abgerechnet, das konnte bei Pflegebedürftigkeit enorme Kosten verursachen, zumal Leistungen im betreuten Wohnen zur Hälfte des Satzes abgerechnet wurden, der in sogenannten vollstationären Einrichtungen galt. Eine echte Pflegestation aber hatten nur wenige Residenzen. Da konnte man genauso gut daheim bleiben.

Was aber, wenn das nicht mehr ging?

Wer wie Vater pflegebedürftig war, dem war mit dem überwiegenden Teil des Angebots nicht gedient, der brauchte ein Heim alter Prägung, eben die erwähnte »vollstationäre Pflegeeinrichtung«, wie sie Caritas, Arbeiterwohlfahrt oder Diakonie anbieten. Wer in einem Zustand wie er war, der musste auf Mutter Kirche zurückgreifen oder einen der anderen klassischen Wohlfahrtsträger. Dort galt – anders als bei Häusern mit betreutem Wohnen – das Prinzip »all inclusive«, wie es ein Heimleiter am Telefon ausdrückte. Das bedeutete: Ein Pflegeplatz kostete knapp 3 000 Euro im Monat, die Pflegekasse zahlte etwas mehr als tausend Euro im Monat hinzu.

»Ein Schluck aus der Pulle«, wie es Vater in einem lichten Moment ausdrückte.

2 000 Euro im Monat Zuzahlung aus eigener Tasche, das musste man sich erst mal leisten können. Und: Man brauchte eine Pflegestufe. Sonst gab es keinen Zuschuss von der Kasse. Vater hatte eine, Mutter nicht, obwohl ihre sogenannte Alltagskompetenz seit der Herzoperation stark eingeschränkt war.

In dieser Kombination schien eine gemeinsame Unterbringung meiner Eltern fast unmöglich zu sein – auf dem Lande jedenfalls. Dabei brüsteten sich gerade dort Bürgermeister und Gemeinderäte besonders lautstark damit, was sie alles für die Senioren leisteten. Bei näherem Hinsehen entpuppte sich der größte Teil des Angebots jedoch als ungeeignet. Noch immer wurde hier stillschweigend vorausgesetzt, dass alte Menschen zu Hause blieben, solange es irgendwie ging; das Pflegeheim war die wirklich allerletzte Station für wenige Wochen. Entsprechend sahen die meisten Häuser aus.

Dann eben in die Stadt! Ich dachte an die Kneipenwirtin und Bettnachbarin, die Mutter nach der OP in München-Bogenhausen aufgemuntert hatte. Ich schleppte kiloweise Prospekte von Heimen und Stiften an, alles sah irgendwie gleich aus, große Versprechungen, schwer zu durchschauen. Es gab Häuser, für die hätte man rechtzeitig eine Art privater Pflegeversicherung abschließen können, dann blieben die Kosten überschaubar, so wie es der frühere SPD-Vorsitzende Hans-Jochen Vogel medienwirksam getan hatte. Meine Eltern hatten sich nie über solche Möglichkeiten informiert.

»Das war unser größter Fehler«, sagte Vater nun beim Mohnkuchen.

Ich suchte nach Trägern, die seriös aussahen und wenigstens einen Bezug zu einer Kommune hatten, so etwas gab es in der Großstadt. Doch dort waren die Wartelisten lang – oder sie hatten Scheinbushaltestellen. Lange wollte ich der räumlichen Trennung meiner Eltern aber nicht mehr zusehen. Da stieß ich auf ein privates Stift mit betreutem Wohnen in München-Perlach, das in der Werbung versprach, man könne dort im eigenen Apartment bleiben bis zum Tod. Das sei in der Tat so, sagte die freundliche Beraterin am Telefon, man bemühe sich, dass die Menschen nicht mehr ausziehen müssten. »Und wenn doch, gibt es im Haus selbst eine Pflegestation.«

Das war die Ausnahme. Und es kam etwas dazu: Mutter war mit dem Haus vertraut, Bekannte hatten dort ihre Lebensabende verbracht, sogar die Mutter einer alten Schulfreundin, die sie häufiger mal besucht hatte. Damals war meine Mutter in dem Alter gewesen wie ich jetzt. Nun war sie selbst an der Reihe.

Wir fuhren hin.

Das Stift gehörte einer Unternehmensgruppe, die sich etwas hochtrabend »Kuratorium« nannte, es lag am Rande eines 60er-Jahre-Viertels voller Plattenbauten, aber mit viel Grün drum herum. Als wir auf den Parkplatz fuhren, ging ein heftiger Gewitterschauer nieder, wir hatten Zeit, uns die sechs Stockwerke Beton von außen anzusehen, an denen das Wasser herabrann. Manche Apartments hatten schmutzig-orangene Markisen, manche Balkone waren mit Geranien bepflanzt. Aber es gab einen hell und freundlich wirkenden Neubau. Einige der Parkplätze waren reserviert für Ärzte und Physiotherapeuten, solcher Service wurde also geboten.

Im Eingangsbereich saßen alte Damen und blickten still auf einen Stein, der sich auf einem Wasserbett drehte. Die »Rezeption«

war ein langer Empfangstresen mit Postfächern, der Speisesaal sah aus wie eine Kantine, so stilvoll wie in Göttingen war das hier nicht.

Dafür war der Ton bei der Besichtigung ähnlich süßlich, nur der Dialekt süddeutsch. Die Marketingdame nannte Mutter fortwährend »die Mutti«.

»Kann die Mutti denn noch selber kochen und waschen?«

»Nehmen Sie meine Mutter gefälligst für voll«, wollte ich sagen, verbiss es mir aber.

Dazu kam, dass die Marketingfrau meine Mutter fortwährend antatschte. Sicher gab es Lehrgänge, in denen PR-Personal beigebracht wurde, dass alte Leute zwar einen erhöhten Bedarf an körperlicher Zuneigung hatten, letztlich aber einen Mangel daran erlebten.

Mutter ließ sich alles gerne gefallen.

Ich war baff.

War ihre physische Sprödigkeit letztlich nur ein Thema zwischen uns beiden?

Sie schien nicht abgeneigt, sich auf das Haus einzulassen.

Nebenan gab es einen großen Park.

»Hier könntest du spazieren gehen«, sage ich zu Mutter, die ihr Gehwägelchen schob und mich skeptisch anblickte.

Die Einwohnerschaft Neuperlachs hatte sich seit den 1960er Jahren komplett ausgewechselt, früher lebten hier kleine Leute, die aus der Innenstadt durch Spekulanten vertrieben worden waren – so wie die von Therese Giehse gespielte Oma Anna aus Helmut Dietls Serie *Münchner Geschichten*. Heute waren die meisten Einwohner Migranten. Hatte Mutter etwas gegen Migranten? Ich hatte nicht den Eindruck. Es bestand sogar die Chance, dass sie das Milieu interessant finden könnte. In ihrer Reihenhaussiedlung war seit Jahrzehnten kein Fremder vorbeigekommen. Sie war doch ein neugieriger Mensch? Oder wollte ich mir nur einbilden, dass sie ein neugieriger Mensch war?

Das Stift sah nach meinem Geschmack vernachlässigt aus. Die Teppiche waren ausgelatscht, in der Mitte waren in dem abgeschabten Maschengeflecht Trampelpfade entstanden. Es roch nach Essen. Jedoch gilt es in einer solchen Situation nicht, auf die eigenen Bedürfnisse Rücksicht zu nehmen. Mutter liebte plüschige Teppiche. Man setzte uns zu Werbezwecken zwei Bewohnerinnen vor, eine stellte sich als Schriftstellerin vor, sie trug eine Perücke. Sie wohnte im obersten Stock und genoss eine schöne Aussicht.

»Ich werde hier toll betreut«, schwärmte sie.

Die andere Dame hatte ein sehr viel weniger attraktives Zimmer nach hinten raus, man guckte in Koniferen, es war dunkel und vollgestopft mit Möbeln und Alte-Leute-Zeugs. Sie war eine Beamtenwitwe und wirkte resigniert.

Man zeigte uns ein freies Apartment, das mit 44 Quadratmetern sehr klein erschien. Es lag im dritten Stock, viel Licht, gute Aussicht. Aber wie sollte da das Zeug von zwei Leuten reinpassen? Mutter aber war wegen ihres Schwankschwindels froh, dass das Apartment klein war.

»Da kann ich mich an den Wänden festhalten.«

Ob die Pflege gut war, würde man ja erst wissen, wenn gepflegt wurde.

Da hatte sie einen Punkt.

Ich brachte Mutter nach Hause und beschloss, weitere Besichtigungstermine zu vereinbaren. Ich hatte von einer Einrichtung gelesen, die sich im Bau befand: Das versprach allerneueste Standards, keine alten Teppiche – und es sollte spezialisiert sein auf Ehepaare, in denen einer pflegebedürftig war, der andere nicht. Es füllte also genau die Lücke aus, ein Zugeständnis an die sich verändernde soziale Realität.

Am nächsten Morgen rief Mutter an.

»Ich finde, wir sollten das jetzt machen.«

Sie meinte das Stift in Neuperlach, in dem wir gewesen waren.

Ich war baff über ihre Schnelligkeit, aber ich widersprach nicht.

Es war eine ihrer größten Entscheidungen. Und eine ihrer letzten. Möglicherweise war ihr die Tragweite nicht recht klar.

Aber sie hatte einen Wunsch für die Zukunft: »Ich will ab jetzt endlich mal, dass einer für mich entscheidet.«

Der letzte Umzug

In den kommenden Tagen sah ich Mutter in ihrem Haus am Wohnzimmertisch vor dem Grundriss ihrer neuen Wohnung sitzen, der dem Stiftsvertrag beilag. Sie schnitt Pappkärtchen aus, die im Maßstab der Größe ihrer Möbel entsprachen. Die schob sie so lange auf dem Grundriss umher, bis sie eine Lösung gefunden hatte. Ihr räumliches Vorstellungsvermögen war ungetrübt, auch wenn sie nicht mehr in der Lage war, das Auto heil in die Garage zu bugsieren.

Den Umzugsunternehmer hatte uns die Heimleitung empfohlen. Er war wegen seiner Geduld und seines Einfühlungsvermögens auf Senioren spezialisiert. Der Packer konnte kaum glauben, was für ein Bild sich ihm bot. Die Platzverteilung im Apartment war genauestens kalkuliert, als er eintraf. Mutter saß auf einer Gartenliege und wartete, während die Arbeiter den Sprinter beluden.

»Das hab ich noch nicht erlebt«, sagte der Mann, der tränenreiches Feilschen um jeden liebgewordenen Gegenstand gewohnt war.

Dann fuhr Mutter in der Führerkabine mit in ihr neues Heim. Am Ziel bauten der Möbelpacker und seine Helfer alles auf, Mutter saß äußerlich ungerührt auf dem Balkon des Apartments und trank ein Bier, das die Männer ihr aufgemacht hatten.

Als alles fertig eingeräumt war, wirkte das Apartment hell und freundlich. Es war nicht zu voll, die aus rötlichem Rosenholzfurnier gefertigten Möbel sahen sogar ein wenig stilvoll aus, zumindest im Vergleich zum sonstigen Mobiliar des Hauses. Der neue Parkettboden roch nach Holz. Eine kleine Oase war entstanden. Draußen schien die Sonne.

Mutter setzte sich auf das Sofa und sagte: »Jetzt muss ich mich mal erholen von dem ganzen Stress.«

Der Umzugsunternehmer sagte nachher im Aufzug. »Eine bemerkenswerte alte Dame.«

Er war überzeugt, dass ihr letzter Satz ironisch gemeint war.

»Das hab ich noch nicht erlebt«, wiederholte er.

»Okay«, dachte ich, »das könnte funktionieren.«

Ihr Apartment wurde von der Heimleitung sofort in die Liste der Vorzeigeobjekte aufgenommen, wenn neue Interessenten zur Besichtigung kamen – allerdings blieb es nicht lange in dieser Auswahl. Mutters Sarkasmus war wohl weniger werbewirksam.

An einem feuchtwarmen Julitag holte ich Vater aus dem Caritas-Heim. Für seine Sachen reichte der Kofferraum des VW Polo. Wir sprachen nicht viel. Erst fuhren wir durch die Hügel des Oberlandes, in dem meine Eltern die meiste Zeit ihres Lebens verbracht hatten. Hier waren sie jedes Wochenende herumgeradelt, anfangs mit Rädern ohne Gangschaltung.

»Brauchen wir nicht. Alles nur Spielerei.«

Später hatten sie sich eines Besseren belehren lassen. Man wurde ja nicht jünger.

Sie hatten in Terrassencafés unter Frucade-Schirmen gesessen und das Alpenpanorama genossen. Jetzt tauchten in der Ferne statt des Wendelsteins die Betontürme des Viertels auf, wo sie von nun an leben würden. Es war das gleiche Viertel, in dem sie ihre süddeutsche Existenz begonnen hatten in den 1960er Jahren in einer Werkswohnung von Siemens mit Balkon und der Straßenbahn sowie einem Spielplatz vor der Tür. Mutter war mit mir im Sommer ins Freibad gegangen, es lag am anderen Ende des Parks, durch den sie nun ihr Gehwägelchen schob.

Vater hatte im Caritas-Heim einen guten Eindruck hinterlassen. Die Pflegeleitung hatte ihn in seiner neuen Umgebung telefonisch mit den Worten angekündigt: »Da kriegen Sie einen Netten.« Er wirkte zufrieden. Klar: Alles war besser als die Einsamkeit. Später würde er sich über die Enge in seiner neuen Behausung beklagen so wie Mutter über das Essen. Doch als wir an diesem Julitag im Stift ankamen und er das erste Mal in dem hellen, luftigen Apartment mit Aussicht stand, sagte er zu mir: »Gut gemacht.«

Dann blickte er zu Mutter, die schon ein paar Tage da war.

»Hat er doch gut gemacht, oder?«

Mutter schaute drein, als ob sie uns beide für Volltrottel hielt.

Sie schnauzte Vater an, weil er irgendetwas nicht gleich verstanden hatte. Die Wochen, in denen sie nicht zusammen gewesen waren, hatten Spuren hinterlassen.

»So richtig gewöhnt man sich nie daran«

Manche glauben, dass die Betreuungsaufgabe für Kinder durch einen Umzug der Eltern ins Heim erledigt ist. Weit gefehlt.

»Ihre Eltern sind doch eigenverantwortlich?«, fragte die Dame vom Empfang nach dem Einzug. Ein bisschen spät, wie ich fand, nämlich nachdem die Unterschriften unter den Stiftsvertrag gesetzt waren. Ständig wurde ich von nun an darauf hingewiesen, dass es sich hier im Prinzip um ein freies Mietverhältnis handelte, nicht um ein Pflegeheim. Das hatte am Telefon noch anders geklungen.

Nun wurde ich darüber belehrt, was alles nicht ging.

Arzttermine? Müssen Sie schon selbst vereinbaren!

WLAN? Da müssen Sie sich drum kümmern.

Müll rausbringen? Kostet extra.

Sieh zu, wie du zurechtkommst.

Im Caritas-Heim hatten sie Vater rundum verwaltet, jetzt brauchte er einen Spezialisten zur Kontrolle seines operierten Auges. Wo bekam man in diesem Viertel einen Augenarzt her, wie bekam man Vater dorthin?

»Mit dem Taxi?«, schlug die »Rezeption« vor.

Da das neue Heim in Sichtweite meiner Arbeitsstelle lag, konnte ich wenigstens ausbüxen, um Dinge zu erledigen. Größere Arbeiten überließ ich dem Hausmeister, der aber oft nicht zur vereinbarten Zeit kam.

Mutter war bald überzeugt: »Ein Saftladen ist das hier.«

Eine dicke Pflegedienstleiterin rückte an und besah sich die Medikamentenlisten meiner Eltern. Zum Glück hatte ich daran gedacht, die mitzubringen.

Die Frau redete unaufhörlich. Wann immer Vater etwas erklären wollte, wofür er altersbedingt sehr lange brauchte, unterbrach sie ihn, um sich über dieses und jenes Unbill zu beschweren, das ihr Job mit sich brachte.

Vater saß im Sessel und schaute abwesend vor sich hin.

»Gell, er ist noch nicht angekommen?«, sagte die Pflegedienstleiterin plötzlich.

Wie sollte er auch?

Ich dachte: »Wohin habe ich meine alten Eltern nur verfrachtet?«

Die Pflegekräfte kamen aus Kenia, dem Kosovo, der Ukraine. Die meisten sprachen Deutsch, aber sie beschränkten ihre Aktivitäten streng auf das, was auf der To-do-Liste stand. Meist griffen sie nach kurzem Klopfen zum Schlüssel und rumpelten mit Pillenschachtel oder Wischmopp ins Apartment; Privatsphäre, die Mutter so wichtig gewesen war, garantierte das nicht.

Ein sicherer Ort ist ein Altersheim auch nicht zwingend. Bekannte meiner Eltern waren in einem anderen Heim desselben Trägers gewesen. Mutter erzählte, dass Herr H. eines Morgens über seinen im Gang geparkten Rollator gestürzt sei. An den Folgen des Unfalls war er gestorben.

Immerhin: Mutter hatte jetzt zumindest die Chance, soziale Kontakte zu knüpfen. Sie gewann an Sicherheit und begann, das Gehwägelchen zu Penny zu schieben. Ich lernte, dass die Anwesenheit eines Supermarkts ein zentrales Kriterium für die Auswahl eines Heimes sein sollte, zumindest wenn der Bewohner mobil ist.

Wenn sie sich beschwerte über die Qualität der salzlosen und verkochten Speisen aus der Großküche, nahm ich sie mit in einen nahen Biergarten.

»Da kriegst du deinen Zwiebelrostbraten.«

Sie konnte sich still Leute angucken, das tat sie am liebsten.

Mutter schubste den Rollator durch den Park, fasziniert von den vollen Biergärten und den grillenden Familien mit biografischem Bezug zur Türkei auf der Wiese. Eines Tages fuhr sie mit dem Bus in ein Einkaufszentrum, nur bewaffnet mit einem Stock. Für die Einkäufe besorgte ich ihr einen Rucksack.

Im Speisesaal setzten meine Eltern sich natürlich an einen separaten Tisch. Von den Nachmittagsrunden schlossen sie sich damit aus. Manche Heimbewohnerinnen hatten nach und nach den ganzen Freundeskreis nachgeholt, nun trafen sich fidele Grüppchen zum Kaffeeklatsch. Mutter beobachtete das fasziniert, ohne Anstalten zu machen, auf jemanden zuzugehen.

Als im Speisessaal ein Holzboden verlegt wurde, kamen neue Schwierigkeiten hinzu. Das sah zwar besser aus, aber ein harter Fußboden hallt stark – für den Träger eines Hörgerätes wie Vater eine akustische Folter. Sie begannen, im Zimmer zu essen. In das Terrassencafé gingen sie nur, wenn ich dabei war. Ich stellte fest, dass für sie ästhetische Kriterien weniger wichtig waren als die Frage, ob ein Zahnarzt ins Haus kam, der Vaters Gebiss richten konnte. Vater hielt geduldig Wache vor der Tür des praktischen Arztes, der zweimal die Woche Sprechstunde in einem schäbigen Büroraum hielt.

Vater wog jetzt noch 48 Kilo, zwölf weniger als am Ende seiner Kriegsgefangenschaft. Seine Nieren hatten den Dienst praktisch eingestellt. Aber er lebte, saß die meiste Zeit im Sessel.

Wenn ich kam, sagte er »Grüß dich« und lachte.

»Vater, willst du was lesen?«

»Ich kann's mal probieren.«

Ich brachte ihm den *Oblomow* mit, einen Gesellschaftsroman des 19. Jahrhunderts, den mir unser Russland-Korrespondent geschenkt hatte. Für Russland hatte Vater eine geheimnisvolle Schwäche seit seiner Kriegsgefangenschaft. Und wer konnte Vaters Lebenssituation besser reflektieren als der in Russland sprichwörtliche Gutsbesitzersohn Oblomow, der dem irdischen Streben entsagt hat und seinem Ende entgegenlebt, umsorgt von Bediensteten und Bekannten, »aber nicht, weil er ein Faulpelz ist, sondern ein anarchischer, jede Ordnung und jeden Zwang ablehnender Mensch«, wie ein Rezensent schrieb.[7]

Vater versenkte sich in den *Oblomow*, ein paar Wochen später gab er mir das Buch zurück.

»Bin durch.«

»Was«, rief ich, »du hast den komplett gelesen, 671 Seiten?«

Ich dachte daran, wie man ihn vor wenigen Monaten in der Kreisklinik für dement erklärt hatte.

»Ja.«

»Und wie hat es dir gefallen?«

»Ganz gut, der tut ja nicht viel den ganzen Tag.«

Während Vater sich mit der Oblomowisierung seines Lebens abgefunden zu haben schien, galt für Mutter eher, was der Autor über Oblomows unruhigen Freund und Gegenpart namens Stolz schreibt: »Für Träumereien, Rätselhaftes und Geheimnisvolles war kein Platz in seiner Seele. Was sich nicht der Analyse des Versuchs und der praktischen Wahrheit unterwerfen ließ, war in seinen Augen eine optische Täuschung.«[8]

Ich besorgte Mutter einen Computer von einer auf Senioren spezialisierten Firma. Dazu gehörte eine Fernwartung. Die brachte das WLAN zum Laufen. Sie war erleichtert. Endlich wieder virtuelle Einkaufsbummel! Sie las Zeitung, im Fernsehen guckte sie *Verbotene Liebe* und kommentierte alle Folgen. Als die Serie abgesetzt wurde, war sie am Boden zerstört. Ich zeigte ihr ersatzweise, wie man *Downton Abbey* streamte. Sie kam zurecht, mengte allerdings die Folgen durcheinander, was sie aber nicht wirklich störte. Sie vergaß den Inhalt ohnehin von einem aufs andere Mal.

Ihre Bankgeschäfte am Rechner erledigte sie weiterhin. Das war riskant, aber es schien mir der bessere Demenzschutz als Bastelnachmittage.

Eine ruhige Phase brach an.

Ich schrieb Tagebuch.

25. Dezember 2013: Die Pflegerin lässt Vater beim Rasieren Koteletten stehen. Sieht cool aus. Mutter achtet auf sein Äußeres, er trägt an Feiertagen Anzug, der ein bisschen an ihm herumschlottert. Sie beschwert sich: »Der Papa sieht immer so gut aus, und ich seh' total verboten aus.« Sie hat arge Hautprobleme. »Der Arzt behauptet, ich war in meinem Leben zu viel draußen.«

4. Januar: Mutter klagt, sie könne den Kindle nicht betreiben, den ich ihr zu Weihnachten geschenkt habe. Ihr fehle ein Pass-

wort. Ich solle mich drum kümmern. Sie will Anna Karenina lesen.

6. Januar: Vater will eine Decke aus seinem Haus, die ich leider weggeworfen habe. Schlechtes Gewissen: Ich habe dem alten Mann eine Decke weggeworfen.

2. März: Vater empfiehlt mir, in die Politik zu gehen. Ist das Demenz oder Spott?

1. April: Ich habe begonnen, ein Buch über Südeuropa in der Eurokrise zu schreiben. Vater fragt, wie ich mit meinem Buch über Österreich vorankäme. Mutter lacht. Ich frage: Vater, wie kommst du auf Österreich? Er schaut mich aus seinen großen, blauen, von keiner Netzhauttrübung mehr verschleierten Augen nett an.

12. April: Mutters Computer funktioniert, sie verwaltet ihre Konten, aber sie verheddert sich in ihren Passwörtern, ich auch, wir fliegen aus dem System. Sie will aber weiterzocken an der Börse. Ich sage, sie soll lieber die Papiere, die gut stehen, verkaufen. Ihre Augen sagen: Feigling.

Wie lange reicht das Geld?

21. April: Vater kramt in seinen Sachen, findet das Taschenmesser, das seine Mutter ihm zum achtzehnten Geburtstag geschenkt hatte. Willste haben? Er gibt es mir.

27. Mai: Vaters Geburtstag, der 91. Ich habe heute keine Lust, sie herumzukutschieren. Es gibt Blumen im Altersheim. Wir essen Eis im Terrassencafé. Vater fragt, wie ich mit meinem Buch über Österreich vorankäme.

12. Juni: Ich bringe Wein, Kuchen, Bücher mit. »Danke« gehört nicht zu Mutters Wortschatz. Ein elektronischer Fotorahmen vergammelt im Schrank. DVDs mit alten Ufa-Filmen stehen im Regal herum. Mutter findet es offenkundig lästig, dass sich jemand um sie kümmern muss. Es ist einfach so schwer, herauszufinden, was sie wollen.

16. Juni: Mutter berichtet, sie habe auf dem Weg zu ihrem Weinlager im Keller des Stifts drei Männer beobachtet, die einen Sarg trugen. Sie erzählt das, als wäre es eine lustige Anekdote.

Bild 2: Meine Eltern zu Weihnachten 2013

Wie es meinen Eltern mit der Situation ging? Keine Ahnung. Mit mir sprachen sie nicht darüber. Ich entnehme es Briefen, die Mutter an Bekannte schrieb:

Liebe Christel,
Vielen Dank für Deine guten Wünsche zum Weihnachtsfest und für das Neue Jahr. Wir sind nun schon ein paar Monate in München im G.-Haus. Man kann es hier schon aushalten, wenn es auch nicht wie zu Hause ist. Man muß die Vorteile sehen. Es gibt für alles Hilfe und wir sind wieder zusammen. In unserem Haus war ich zuletzt allein. Ich muß nicht mehr putzen, einkaufen, kochen und mein Mann hat eine Pflegestufe, und kann jederzeit nach der Schwester klingeln. Langeweile habe ich trotzdem nicht. Gegenüber ist der Ostpark, in dem ich viel spazieren gehe. Im Haus sind viele Veranstaltungrn (sic) und Betreuungen. In unserem Haus wohnt jetzt unser Sohn und betreut den Garten. Viele herzliche Grüße

Kann man seinen letzten Lebensabschnitt lakonischer schildern?

Mutter bestellte weiterhin Kram im Internet, nahm an jedem Gewinnspiel teil, wurde aber langsam gewahr, dass der Platz für Gegenstände begrenzt war. Manchmal ergab sich ein unfreundlicher Briefwechsel:

An
Schöner Leben
Postfach

Wo bleibt mein Hauptpreis????
Schon Dreimal habe ich etwas bestellt, immer kamen neue Bestellscheine, niemals ein Scheck. Mehr kann ich nun nicht bestellen.

Voller Enttäuschung
I.S.

Mutter glaubte tatsächlich, sie könnte gewinnen. Sie schloss sinnlose Pseudo-»Rentenversicherungen« und jedes greifbare Abo ab, ich versuchte, das Schlimmste zu verhindern, indem ich ihre Antwortbriefe mitnahm und wegschmiss, anstatt sie wie versprochen in den Briefkasten zu werfen. War sie in eine Abo-Falle getappt, sagte sie: »Kannst ja da anrufen und sagen, dass ich alt und verblödet bin.« Das Ergebnis waren Mahnungen, dubiose Anwaltsschreiben aus Bulgarien und Abos, Abos, Abos.

Doch hinter diesem Verhalten steckten nicht nur Überheblichkeit und Realitätsverlust. Meine Eltern waren in einer Zeit sozialisiert worden, in der man Verträge noch unterschreiben musste und nicht ein hingenuscheltes »Ja« am Telefon zum Abschluss reichte. Sie waren gewohnt, dass man mit Menschen verhandeln konnte, nicht mühsam im Internet auf Foren nach Hilfe suchen musste. Sie vertrauten auf eine gewisse Redlichkeit. Sie passten, obwohl sie sich der digitalen Moderne cleverer angepasst hatten als die meisten Alten, nicht mehr in die Zeit.

Am Ende erging es mir und meinen Eltern so, wie Arno Geiger es in seinem Buch über seinen dementen Vater beschreibt: Als der Schriftsteller das Heim, in das er ihn gebracht hat, zum ersten Mal betritt, »hatte ich einen Augenblick lang Mitleid für alle Menschen empfunden, die gelebt hatten und noch leben werden. Mit der Zeit jedoch gewöhnte ich mich an die eigenwillige Situation, und schließlich fand ich diese Lebensweise auch nicht seltsamer als andere Lebensweisen. Aufgrund der ständigen Wiederholungen herrschte im Großen und Ganzen eine ruhige und gleichmäßige Geschäftigkeit.«[9] Diese Geschäftigkeit war es, die meinen Eltern ein Gefühl der Ruhe und Sicherheit bescherte, das sie lange entbehrt hatten – wenn Mutter auch im Gespräch mit einer Bekannten einschränkte: »Ach ja, so richtig gewöhnt man sich nie daran.«

Displaced Persons

Wer in der oberbayerischen Kleinstadt, in der meine Eltern vier Jahrzehnte gelebt haben, am Bahnhof steht, braucht keinen Fahrplan, um zu wissen, wann der Zug kommt. Es gibt eine langgezogene S-Kurve vor der Stadt, auf der der Zug eine Steigung zu bewältigen hat wie die Schwarzwaldbahn. Das erzeugt ein weithin hörbares Kreischen und Pfeifen, das viele der rund 10 000 Einwohner Tag und Nacht daran erinnert, dass sie an die Welt angeschlossen sind. Wer im Zug sitzt und auf der langen Fahrt von München eingedöst ist, wacht davon auf und bekommt einen Blick serviert, den die *Münchner Neuesten Nachrichten* einst zur Einweihung der Strecke so beschrieben: »Die Aussicht wird immer schöner: ein weites, hügeliges Gelände, besät mit Bauernhöfen und Dörfern, unterbrochen von Wäldern, und im Hintergrund begrenzt von der Gebirgskette, dehnt sich weit vor den Blicken der Fahrgäste aus.« Daran hat sich hundert Jahre lang wenig geändert, bis jetzt, da genau hier die Umgehungsstraße durchführt.

Der Ort genoss Stadtrecht seit den 1950er Jahren, war jedoch im Grunde ein größeres Bauerndorf mit früherem Kloster geblieben. Eine erste Zuwanderungswelle gab es nach dem Krieg, als sudetendeutsche Flüchtlinge Bauland auf den Äckern im Westen des Ortes zugesprochen bekamen und ihre spitzgiebeligen, einstöckigen Häuschen bauten, die nach böhmischen Dörfern aussahen. Eine Reminiszenz an die verlorene Heimat. Es entstand eine evangelische Kirche, damals unerhört in Bayern. Die alteingesessene Bevölkerung hatte sich – gelinde gesagt – nicht sehr integrativ gegenüber den Vertriebenen gezeigt. Als Lokalreporter am Anfang meiner Laufbahn sammelte ich Daten und Zeitzeugenberichte über die *displaced persons* und Flüchtlinge in der Gegend und stellte fest, dass es nicht nur Anfeindungen, sondern sogar pogromartige Ausschreitungen gegeben hatte gegen diese Menschen aus dem Osten, die ja alles verloren hatten.

Doch durch die Vertriebenen war Bewegung in die verkrustete altbayerische Gesellschaft gekommen. Die Emsigkeit der Neubürger fügte dem Agrarland eine industrielle Komponente hinzu. In der Kreisstadt entstand eine Handschuhfabrik ehemaliger Sudetendeutscher ganz in der Nähe des Hauses, das meine Eltern 1966 bauten.

Sie waren Teil einer zweiten Zuzugswelle. Bayern wurde in den 1960er Jahren als Industriestandort attraktiv, noch nicht so sehr wegen der Schönheit der Natur. Damals war man von der Freizeitgesellschaft und ihrem Drang, Landschaft in ein Sportgerät zu verwandeln, weit entfernt. Das Land war leer und billig, es gab keine Industriealtlasten wie im Ruhrgebiet und nur wenig Kriegsschrott und Zerstörungen. Für die alteingesessene Bevölkerung kam die Popularität ihres Landstrichs etwas überraschend. Das Leben war jahrhundertelang bäuerlich-hart gewesen, wie hart, kann jeder bei Autoren wie Lena Christ nachlesen, die in einem Dorf ganz in der Nähe der Kreisstadt gelebt hatte. In diese Gegend also zogen meine Berliner Eltern nach einer kurzen Übergangsphase in München. Es muss eine Art Kulturschock gewesen sein. Das Haus meiner Eltern war eine billig gebaute Doppelhaushälfte aus Ytong-Steinen und Gipskarton, manche Wände gaben ein hohles Geräusch, wenn man dagegen klopfte. Isolierung wurde für überflüssig erachtet.

»Energie wird jetzt immer billiger, heizen Sie einfach mehr«, behauptete der Architekt 1966. Die Küche war winzig, aufwändiges Kochen wurde als überholt angesehen, die moderne Hausfrau schwenke ja nun ganz auf Fertiggerichte um. Es gibt Fotos meiner Eltern kurz nach dem Einzug, beide tragen dunkle Sonnenbrillen mit spitzigen Gestellen, die fünfzig Jahre später wieder modern werden sollten. Sie sitzen auf einer noch unfertigen Terrasse, alles um sie herum ist kahl und hell und weiß und quadratisch. Auf vorgezogene Dachfirste hatte man bei den Häusern verzichtet. »Sehen aus wie Hühnerställe«, grummelte Mutter. Menschen stören ein wenig auf diesen Bildern einer hufeisenförmig angelegten Siedlung. Die Szenerie erinnert an einen Jacques-Tati-Film.

Die neue Doppelhaushälfte war der größtmögliche denkbare Kontrast zu der verfallenden Villa meines Großvaters in Berlin, aus der das Paar gekommen war. Alles war gerichtet für einen Neuanfang. Und ich war ja auch schon da. Auf manchen Fotos sieht man meinen zweijährigen Hintern im Garten aufblitzen.

Bild 3: Neuanfang mit klarer Linie: die Doppelhaushälfte meiner Eltern, Ende der 1960er Jahre

Vater musste jeden Tag mit seinem Opel dreißig Kilometer weit zur Arbeit nach München fahren. Die S-Bahn war noch nicht erfunden, sie kam erst sechs Jahre später mit Olympia in die bayerische Landeshauptstadt und leitete den bis heute anhaltenden Boom ein. Heute werden in der Kreisstadt mit die höchsten Immobilienpreise Deutschlands gezahlt. Als Vater 1965 einen Kredit brauchte, hatte er Mühe, eine Bank zu finden. Ein Haus da draußen? Das sei ja kein Gegenwert.

Den örtlichen Handwerkern brachte die rege Bautätigkeit Wohlstand. Gegenüber der Siedlung meiner Eltern schossen die Eigenheime der Installateur- und Zimmerermeister in die Höhe, wuchtig, groß, kantig, mit dunklen Balken verkleidet. Auf die kleinbürgerlich wirkenden Doppelhaushälften gegenüber sahen die reichen Handwerker herab, auf meine Eltern auch, denn die hatten aus Sicht der Einheimischen mehrere Makel: Sie waren nicht nur Zugreiste, sie waren auch noch Akademiker. Mussten die nicht hochnäsig sein? Und musste man dieser vermuteten Hochnäsigkeit nicht vorsorglich noch größere Hochnäsigkeit entgegenhalten? Wieso wohnten die feinen Leute überhaupt in so einem Hühnerstall?

Kurzum: Meine Eltern wurden geschnitten, was sie selbst aber nicht mitbekamen, Vater war ja den ganzen Tag bei Siemens und Mutter für solche Schwingungen unempfänglich. Nur ich bekam es über Spielkameraden zu spüren.

»Meine Eltern meng deine Eltern ned.«

Wieso?

»Weil's Preißn san. Und Studierte.«

Ich lernte eiligst Bayerisch.

In den katholischen Kindergarten ließ man mich als Kind von Lutheranern erst, als das Erzbischöfliche Ordinariat eine Sondergenehmigung erteilte. Der Kindergarten wurde vom Orden der Armen Schulschwestern mit eiserner Faust geführt. Wer es im Angesicht eines Marienbilds an Respekt fehlen ließ oder sich schlampig bekreuzigte, konnte sich auf Kopfnüsse und ausgerissene Haarbüschel gefasst machen. Ich war als Evangelischer allerdings vom Bekreuzigen befreit. Mein erster richtiger Jugendfreund war ein Türke, den ich in der Grundschule kennenlernte, wir trafen uns in der Ungläubigenklasse aus Protestanten, Muslimen, Atheisten.

Trotzdem wuchs ich in dem Städtchen froh und behütet auf, vielleicht allzu behütet. Wer eine schöne, harmonische Jugend zwischen Wäldern und Feldern verbringt, hat es später im Leben manchmal schwer, Widrigkeiten und Feindseligkeit zu ertragen – es lief bei mir genau umgekehrt wie bei meinen Eltern, die die schwerste Zeit in jungen Jahren durchlitten hatten.

Nach dem Abitur und ein paar akademischen Wanderjahren erhielt ich einen Redakteursposten bei der Lokalzeitung. Die Etats waren groß, die Belastungen klein. Überstunden wurden durch Freizeit ausgeglichen. Es war ein durch und durch angstfreies Arbeiten nach Konditionen des ausgehenden 20. Jahrhunderts, letzter Nachhall einer zu Ende gehenden Epoche, der Nachkriegszeit.

Doch nach zehn Jahren hatte ich den Eindruck, es sei Zeit für einen Wandel. Ich knüpfte an die iberoamerikanische Lebensphase meiner Studienjahre an, schrieb mich für einen Masterstudiengang in Barcelona ein. 2005 trat ich in die Nachrichtenredaktion einer großen deutschen Tageszeitung ein – mit dem Themengebiet Spanien und Lateinamerika. Der Horizont lag nun im Westen, die atlantische Welt lockte, die Anden, der Amazonas, der Panamakanal und die Straßenschluchten Mexiko-Stadts oder Rios. Ich lebte in der Großstadt und reiste, sooft ich konnte, über den Atlantik. Die Kreisstadt lag im Geiste weit weg, auch wenn es nur dreißig Kilometer aus München dorthin waren. Doch oft hatte ich das Gefühl, durch eine Art Schleuse zu fahren, wenn ich auf der Autobahn nach Osten brauste.

Diese Lebensphase endete, als ich meine Eltern ins Heim gebracht hatte und meine Freundin allein nach Südamerika geflogen war. Ich saß nun in einer leeren Wohnung in München-Haidhausen, die ich mir allein nicht leisten konnte. Ich wusste nicht, was an monetären Belastungen durch Heim und Pflege auf mich zukommen würde. Nur ein selbst genutztes Häuschen gehörte zum Schonvermögen, auf das das Sozialamt nicht zugriff, las ich und dachte: Aha. Der anerzogene Sicherheitsinstinkt sprang an.

So entschloss ich mich – etwas hektisch –, die Münchner Wohnung aufzugeben und nach dreißig Jahren Abwesenheit ins Haus meiner Kindheit zurückzukehren, das meine Eltern gerade verlassen hatten. Es war mit etwa neunzig Quadratmetern Wohnfläche etwas kleiner als die Münchner Wohnung, Platz also im Übermaß, ein Garten, Garage, Rasenmäher, Heckenschere, Bastelkeller, alles da.

Dort geschah etwas Unerwartetes.

Ich fühlte mich miserabel.

»Geschlagen kehre ich zurück«

Der französische Philosoph und Soziologe Didier Eribon hat in seinem Buch *Rückkehr nach Reims* eindringlich beschrieben, was Wiederbegegnungen mit der eigenen Vergangenheit auslösen können.

»Es tritt dann ins Bewusstsein, wovon man sich gerne befreit geglaubt hätte, das aber unverkennbar die eigene Persönlichkeit strukturiert: das Unbehagen, zwei verschiedenen Welten anzugehören, die schier unvereinbar weit auseinanderliegen und doch in allem, was man ist, koexistieren. Eine Melancholie, die aus einem gespaltenen Habitus erwächst (…). Dieses unterschwellige, diffuse Unbehagen, und mit ihm eine noch stärkere Melancholie, drängt genau dann an die Oberfläche, wenn man glaubt, es hinter sich gelassen oder zumindest neutralisiert zu haben. Diese Gefühle waren nie ganz weg, und man entdeckt dann, oder besser, man entdeckt wieder, wie sie, tief in unserem Selbst verkrochen, in uns arbeiten und auf uns wirken. Kann man ein solches Unbehagen jemals überwinden? Kann man der Melancholie entkommen?«[10]

Ich konnte ihr nicht entkommen. Dabei wusste ich nicht mal genau, was das von Eribon angesprochene »Unbehagen« überhaupt auslöste.

War es, weil ich meine Eltern ins Heim verpflanzt hatte?

War es, weil ich mich nach der Trennung von meiner Freundin und der Rückkehr ins Elternhaus als Versager fühlte?

Mir spukte die Zeile eines Tangos im Kopf herum: »Vuelvo vencido a la casita de mis viejos ... geschlagen vom Leben kehre ich zurück ins Häuschen meiner Alten.«[11]

Gelangte da vielleicht auch ein Gefühl des Ausgegrenztseins als Kind von Zugezogenen an die Oberfläche? Vielleicht fiel mir ja auch einfach nur meine Überheblichkeit der »kosmopolitischen« Jahre auf den Kopf, die Borniertheit dessen, der weggegangen war und der deshalb denkt, er könnte sich über die erheben, die geblieben sind. Ich merkte, dass ich mich vom handwerklichen Fleiß und der bodenständigen Verwurzelung der Nachbarn eingeschüchtert fühlte, obwohl sie freundlich zu mir waren.

In seinem Buch *Nach Hause gehen* unternimmt der Autor Jörn Klare eine 600 Kilometer lange Wanderung von seinem Wohnort Berlin in seine alte Heimat Hohenlimburg, um sich darüber klar zu werden, wo er hingehört. Am Ende stellt er sich die Frage, wer eigentlich das breitere Kreuz hat: der, der geht, oder der, der geblieben ist? – er findet ebenso wenig eine Antwort wie ich. Meine Freunde aus der Schulzeit und ich saßen nun wieder am selben Ort mit dem Unterschied, dass sie sich eine Menge nerviger Umzüge erspart hatten. Und wer wollte schon die Anekdoten aus Barcelona oder Buenos Aires hören? In der Siedlung zählten akkurate Gartengestaltung, Sorgfalt bei der Mülltrennung und eine saubere Fassade.

Wäre ich wirklich so ein Kosmopolit gewesen, hätte ich dann nicht eine kosmopolitischere Lösung gesucht? Vielleicht war ich doch einfach nur ein Junge aus der Kleinstadt, der sich mit der großen weiten Welt überhoben hatte.

Oder wurzelte die Melancholie tiefer und trat hier eine Störung im Verhältnis zu meinen Eltern zu Tage?

Ich nehme an, mein Unbehagen speiste sich aus einer Mischung aus alledem. Ich begegnete meinem früheren Selbst und brachte es nicht mit dem aktuellen in Übereinstimmung. Ich schnappte nach Luft wie zuletzt auf 4800 Metern Höhe in den Anden.

Mit bulldozerhafter Besinnungslosigkeit begann ich, das Haus meiner Eltern auszuräumen, um ihm meinen Stempel aufzudrücken. Ich veranstaltete Topflappenmassaker und Geschirr-Massenmord, es war die schiere Menge an Dingen, die mich zur Raserei trieb, ich hatte den Eindruck, einen riesigen Augiasstall voll wertloser Gegenstände vor mir zu haben, mit denen das ganze Haus vom Keller bis zum Dach vollgestopft war. Die Zeichnerin Roz Chast hat diese »schwere, herzzerreißende und extrem gruselige Arbeit«, die Sachen aus fünfzig Lebensjahren zu durchstöbern, eindringlich beschrieben: »Es gab keine Schätze, keine Hermès-Tücher, keine Chanel-Handtaschen, keine Erstausgaben, keine Radierungen von Braque. Meine Mutter vertraute auf Plastik: war leicht und zerbrach nicht. Alles war nur staubiger Sperrmüll.«[12]

Dass meine Eltern hin und wieder nach Besuchen in ihrem alten Haus verlangten, bremste meinen Eifer nur mäßig. Wenn das Schicksal schon entschieden habe, dass ich hier wohnen sollte, dann müsste ich es auch nach meinem Geschmack tun können, befand ich. Wenn ich das Haus vermietet hätte, hätte ich es ja auch ausräumen müssen?!

Das Haus gehörte meinen Eltern nicht mehr, aber mir noch nicht.

Es gab Schubladen voller Stifte, ausgetrockneter Kleber und Schränke voll klebriger Küchengeräte aus Plastik. Ich brachte kistenweise Bücher zur Stadtbibliothek, bis die Annahmestelle dort streikte. Blümchengeschirr schmiss ich in den Bauschuttcontainer. Beim Roten Kreuz wurde ich bergeweise muffige Bettwäsche und speckige Decken los. Ich strich Wände, Türen und Decken weiß an, um das hartnäckige Braun zu übertünchen, das die Zimmer verdunkelt hatte. Woher nur die Vorliebe dieser Generation für braun? Ich montierte Regale und Gardinenstangen ab, die für die Ewigkeit befestigt zu sein schienen, jede Halterung mit mindestens fünf Schrauben. »Generation Führerbunker« schoss mir durch den Kopf, als ich den Akkuschrauber ansetzte.

Ich rief die Diakonia, einen örtlichen Sozialbetrieb, an, doch naserümpfend zog der zuständige Mann durch die Räume. »Was glauben Sie, wie viele Eichenholzfurnier-Wohnzimmer wir ausräumen?« Nicht mal sozial Schwache wollten das Zeug, das eigentlich generationenlang halten sollte. Gnadenhalber nahm er eine Kommode und ein Schränkchen sowie ein paar Bücher mit.

Ich dilettierte in Gartenarbeit, doch die im Frühjahr explodierende Biomasse in Hecken und Sträuchern wuchs mir über den Kopf. Die gepflanzten Radieschen blieben mickrig, ich versäumte es, die Tomaten auszugeizen, woraufhin sie im Gewächshaus wucherten wie ein Dschungel. Die Rosen schnitt ich ohne Sachkenntnis, der Teich wuchs zu, im Vorgarten wogte ein Meer von Unkraut. Eine Freundin sagte es geradeheraus, als sie mich werkeln sah mit Strohhut und einer gelben Harke: »Wie bei *Pettersson und Findus* – nur ohne Findus.«

Es kam stattdessen ein fetter getigerter Kater, der sich jedoch als weniger kommunikativ erwies als die schwedische Comic-Katze. Ich taufte ihn nach einer anderen, weniger romantischen Katzenkarikatur Garfield. Garfield hinterließ hie und da seine Markierung an den Gartenmöbeln und schlich ins Haus, um sich unter Schränken und Sofas zu verstecken, wo man ihn nur mit Hilfe eines Besenstiels wieder herausbekam. Dann verließ er unwirsch miauend die Wohnung.

Der Mann vom Umzugsdienst hatte mich gewarnt: »Räumen Sie das Haus bloß nicht gleich aus.«

Ich ignorierte seinen Rat in der Meinung, ja ohnehin nur altes, grindiges Zeug wegzuwerfen; Dinge, die mir wertvoll erschienen, Kleidung, alte Bücher oder Bilder, stapelte ich in einem Raum. Doch ich hatte nicht mit Mutters Vorlieben gerechnet: »Bring mir das doch mal mit!«, dieser Befehl wurde nun zu ihrem Standardsatz, wenn ich sie im Stift besuchte. Und sie wollte nicht etwa Gemälde oder alte Pelzmäntel, sondern genau die verklebten Rührgeräte, löchrigen Stofftaschentücher, alten Plastikbecher, verstopften Siebe, angebrannten Topflappen, fleckigen Untersetzer, speckigen Tupperschalen und benutzten Staubwedel, an die sie sich in Jahrzehnten gewöhnt hatte.

Vater bestand auf einer abgesägten Zahnbürste, mit deren Stiel er sein Gebiss entfernen konnte, und ließ nicht locker, bis ich ihm eine angefertigt hatte. Und wo überhaupt seine Rasierapparate seien? Drei kaputte Geräte hatte ich weggeworfen. Wenigstens war der ranzige Fernsehsessel noch da, auf dem Mutter bestand. Ich stellte Transporte zusammen, der Polo wurde zum Umzugswagen. Ich schleppte Kisten, hängte im Heim Vorhänge auf, suchte nach Ösen in Schubladen. Gegenstände, die ich gerade angeekelt entsorgt hatte, musste ich im Internet nachbestellen, weil Mutter danach fragte.

»Guck mal, ganz neu«, sagte ich und zeigte auf den frisch nachgekauften, noppenbewehrten Gummiball, mit dem sie ihre schmerzenden Hände trainierte.

Sie brummte, der abgenutzte Vorgänger hatte ihr besser gefallen.

Bei Besuchen in ihrem alten Haus schlurfte sie grummelnd durch die Räume, vermisste die alten Teppiche und Möbel. Diese neuen Parkettböden, die ich gelegt hatte, so kalt! Für sie zählte nur, was sie selbst eingebaut hatte, was andere taten, war stets Mist, was ich tat, großer Mist. Vater zeigte sich immerhin angetan von der neuen Helligkeit des Hauses. Er verriet mir flüsternd, er hätte die Räume auch lieber etwas leerer gehabt, aber Mutter habe ja jeden Winkel vollstopfen müssen.

Warum hatten sie so viel Zeug gehortet? Ihre Lebenserfahrung müsste sie doch gelehrt haben, dass man nichts behalten, dass alles verbrennen und geplündert werden konnte. Doch meine Eltern waren in einem vorkonsumistischen Zeitalter groß geworden. Der Massenverbrauch von Dingen, die ständig erneuert werden mussten, begann erst in den USA der 1930er Jahre, als es darum ging, Scharen von Arbeitslosen zu Jobs zu verhelfen. Präsident Franklin D. Roosevelt wollte der Wirtschaftskrise durch einen New Deal beikommen, der neben öffentlichen Investitionen auch den massenhaften Einbau von Sollbruchstellen in Industrieprodukte vorsah, damit diese nicht ewig hielten. Geplanter Verschleiß, die sogenannte »Obsoleszenz« von Gütern, schuf Arbeit und kurbelte die Nachfrage an. Meine Eltern, die im nach Autarkie strebenden Nazideutschland der 1930er Jahre aufgewachsen waren, hatten das entgegengesetzte Modell kennengelernt. Alles musste ewig halten. Sie gewöhnten sich nie an das Überangebot der Nachkriegszeit, als das amerikanische Modell Deutschland eroberte. Sie kauften, was ihnen irgendwie nützlich erschien, warfen aber aufgrund ihrer Mangelerfahrung nichts weg. Das Ergebnis solcher Leben an der Bruchstelle der Epochen war die Überladung deutscher Elternhäuser mit Tand.

Am traurigsten war das Entsorgen eben angeschaffter Pflegeutensilien. Der Treppenlift, der mal 10 000 Euro gekostet hatte, brachte bei der Rückgabe 300 Euro. Da das Gestänge genau ans Haus angepasst war, wollte es niemand. Ein Freund riet mir sarkastisch grinsend: »Lass ihn am besten gleich drin, bald brauchst du ihn selbst.« Roz Chast hat die Szene gezeichnet, als sie in die Wohnung ihrer Eltern zurückkommt, die diese gerade auf Nimmerwiedersehen mit leichtem Gepäck Richtung Altersheim verlassen haben: Auf dem Sofa sitzt der Sensenmann.[13]

Nach zwei Jahren gab ich entnervt auf. Das Experiment Heimkehr war vorläufig gescheitert, ich zog wieder in die Stadt. Dort fand ich eine Wohnung, in die ich alles stellte, was ich zu brauchen glaubte, darunter als einzige Reminiszenzen an die Familie ein paar Bilder, die Großvater gemalt hatte, Vasen aus dem Haus in Berlin, das Hochzeitsgeschirr meiner Eltern. Sonst herrschte der Minimalismus des 21. Jahrhunderts, die Lebensform der Konsummüden, eine Karikatur der Mangelgesellschaft, die meine Eltern nach dem Krieg vorgefunden hatten. Ich wusch im Waschraum im Keller, eine eigene Waschmaschine brauchte ich nicht, ebenso wenig wie einen Geschirrspüler. Draußen unter dem Fenster brauste der Verkehr vorbei, Geräusch und Geschäftigkeit des öffentlichen Raums empfand ich als belebend. Wollte ich Blumen sehen, ging ich in die Isarauen, sie lagen nur ein paar Minuten entfernt. Mir kam das besser vor, als in einen Garten zu starren, eine von Büschen umwachsene Scholle, auf die sich vom Krieg gezeichnete Menschen zurückgezogen hatten, um in Gesellschaft von Koniferen, Forsythien und Zierrosen zu leben.

Doch ich konnte mich vorerst auch nicht dazu entschließen, das Haus zu verkaufen. Irgendetwas band mich daran, vielleicht das Gefühl von Sicherheit, als mir alle anderen Pfeiler wegzubrechen begannen. Ich würde das Haus behandeln wie einen Goldbarren, spottete ein Freund. Doch anders als bei Goldbarren musste man hier Müllabfuhr zahlen, die Heizung warten, Wasserhähne reparieren. Und durfte man Wohnraum leer stehen lassen? Bekannte mahnten, ich solle syrische Flüchtlinge aufnehmen.

Ich entschied mich nach langem Hin und Her für ein junges Paar aus Australien, das eine Firma für trendige Designerlampen in Bayern aufbauen wollte. Dafür erschien mir eine günstige Unterkunft in dem alten Haus die geeignete Starthilfe. Ein Zimmer im Erdgeschoss behielt ich jedoch, als Datsche fürs Wochenende sozusagen. Meine jungen Mieter sagten: »We love the house.« Sie veranstalteten ein schamanisches Ritual nach dem Einzug, luden Freunde und Verwandte ein, kochten jeden Abend, kifften hin und wieder, legten anfangs sogar ein paar Beete von Unkraut frei. Die Australier und ihre Feierlust, ihre nächtelangen, lautstarken Skype-Gespräche mit *Down Under,* ihre Schlamperei, ihre Grillnachmittage, ihre Gitarrenmusik halfen, die Geister zu vertreiben.

Und ich beschloss, die Vergangenheit etwas genauer auszuleuchten. Irgendwo musste dieses Missbehagen doch seinen Ursprung haben.

Sieh zu, wie du zurechtkommst

Das Leben meiner Mutter

»Da, wo alle Empfindungen erfroren,
konnte auch kein Haß mehr lodern.«
C. W. Ceram[1]

Entlang der Pommerschen Bucht an der Ostsee führt ein Fahrradweg durch die Laubwälder der Endmoränenlandschaft. Man passiert all die aufwändig renovierten historischen Ostseebäder wie Heringsdorf oder Ahlbeck, in denen das schicke Berlin Urlaub macht wie vor hundert Jahren – in den weiß getünchten Villen im Stil der Bäderarchitektur des ausgehenden 19. Jahrhunderts. Man isst Dorsch und trinkt Aquavit, mietet sich einen weißen Strandkorb und blickt aufs Meer. An die Zeit vor der Wende erinnern nur die alten Selbstbedienungslokale der DDR-Zeit, wo das ölige Schnitzel 7,90 Mark kostet und das Bierchen gegen die Ostalgie 2,50.

Viele Urlauber radeln gemütlich über die deutsch-polnische Grenze nach Swinemünde, das vor dem Krieg ein wichtiger Hafen der deutschen Marine und ein beliebtes Seebad war, in den letzten Kriegsmonaten jedoch komplett zerstört wurde. Fast 5 000 Menschen kamen in der Kleinstadt bei alliierten Bombenangriffen um.

Nur die wenigsten Feriengäste besuchen den Golm, einen der größten Kriegsopferfriedhöfe Deutschlands. Dort, im Hinterland, liegen in den Hügeln unter mächtigen Buchen Tausende Menschen, deren Leichen die Überlebenden von Swinemünde mit Pferdewagen hierherkarrten, viele der Opfer waren bis zur Unkenntlichkeit verbrannt. Die Swinemünder begruben ihre Toten, bevor die Nachkriegsordnung eine Grenze zwischen die Gräber und den Ort zog. Der Golm kam zur DDR, Swinemünde wurde polnisch und heißt heute Świnoujście. Nur wenige Deutsche durften dort bleiben, sie waren für Jahrzehnte von den letzten Ruhestätten ihrer Angehörigen abgeschnitten.

Auf der östlichen Seite der Swine liegt die Halbinsel Wollin. Auf der Landkarte sehen Usedom und Wollin aus wie ein Schmetterling, sagte Mutter immer. Auf Wollin befindet sich das Seebad Misdroy, umgeben von großen Buchenwäldern. Vor dem Krieg war Misdroy ein typischer Badeort der Berliner gewesen. Heute heißt er Międzyzdroje. In meinem Schlafzimmer hängt ein Gemälde meines Großvaters, des Vaters meiner Mutter, der als Hobbymaler dilettierte. Er malte Sandburgen und Handtücher und plaudernde Menschen, die an Strandkörben lehnen. Schwarz-weiß-rote Fahnen flattern im Wind, am Horizont sieht man die Ostsee in schattierten Blautönen. Das Bild ist signiert, am Rand steht »Misdroy 1940«. Hier verbrachte die Familie meiner Mutter ihre Ferien, während das nahe Polen schon von Deutschland besetzt war und die Wehrmacht sich anschickte, Frankreich zu überrollen.

Bild 4: Mutter und ihr Vater in den 1930er Jahren in Misdroy an der Ostsee

Es gibt Fotos aus Misdroy, die Mutter als junges Mädchen in Strandkleidung zeigen, wie sie neben ihrem fast kahlköpfigen Vater den Steg entlangspaziert. Er hat einen altmodischen Badeanzug mit Trägern über den Schultern an, wirkt vital und kräftig, ein forsches Urlaubslächeln blinkt unter dem kurzgeschnittenen Bürstenschnurrbart hervor. Mutter sieht frisch und dynamisch aus, setzte man sie in eine Zeitmaschine, würde sie heute unter jungen Mädchen ihrer Altersgruppe nicht auffallen, sie wäre ein blondes *Girlie* in kurzen Hosen und Sandalen. Ihr Schritt wirkt auf dem Foto zielstrebig und positiv der Zukunft zugewandt.

Die Zukunft sollte meiner Mutter in späteren Jahren weitere Aufenthalte an der Ostsee bescheren, allerdings in anderer Funktion. Auf der gegenüberliegenden Seite der Pommerschen Bucht liegt Peenemünde, wo die Deutschen im Krieg Raketen herstellten, die »Wunderwaffen«, die die Wende im Krieg bringen sollten, aber nur massive Zerstörung in London und anderen Städten Europas anrichteten. Ungefähr zur selben Zeit, da sich mein Vater in seinen Feldpostbriefen an seine Eltern darüber ausließ, die Wunderwaffen würden den »Feind schon zur Vernunft« bringen, war Mutter an der Herstellung von solchem kriegerischen Präzisionsmaterial beteiligt.

Aus diesem Grund radelte ich nun hier an der Ostsee entlang. Das vorpommersche Hinterland ist überraschend bergig, man leistet schon etwas mit einem panzerschweren Leihrad. Ich war hergekommen, um die mir bekannten Mosaiksteine des Lebens meiner Mutter zu einem Ganzen zusammenzusetzen. Die Tour war erholsam, nichts schien an die grausige Geschichte dieses Landstrichs zu erinnern – bis kurz vor Peenemünde ein Schild vor Phosphorresten am Strand warnte, die Wälder dürften nicht betreten werden, weil sie voller Munitionsreste seien. Ostsee, Meer des Leidens.

Der ehemalige Rüstungskomplex liegt als düsterer Flachbau an einer kleinen Bucht in der Peenemündung, ein Technikmuseum ist hier untergebracht, der Ort wirkt desolat und düster, die Nazis hatten damals alle Bewohner vertrieben, die Fischerhäuser geschleift und Versorgungsbauten und Wohnblöcke für Bedienstete gebaut. Im Wald stehen Reste der Baracken für Zwangsarbeiter, ein Stück weiter die alten Reetdachhäuser für die Ingenieure; heute sind das schmucke Feriendomizile, deren Bewohner wenig Gedanken an die schauerliche Vergangenheit zu verschwenden scheinen. Die AfD erhielt in Peenemünde im September 2016 bei der Landtagswahl in Mecklenburg-Vorpommern Rekordergebnisse. Im Hafen dümpelte ein sowjetisches U-Boot vor sich hin, das man besichtigen konnte, worauf ich verzichtete. Lieber radelte ich durch die Wiesen rundherum, vorbei an geduckten Ruinen von geschleiften Bunkeranlagen, in denen die Nazis Raketen versteckt hatten. Es war flirrend heiß, man wurde von Mücken schier aufgefressen, ein insgesamt ungastlicher Ort. Hier hatte Mutter als junge Frau gearbeitet? Ein gruseliger – und irriger – Gedanke, wie sich herausstellen sollte.

Mutter hatte nach dem Abitur 1943 Chemie studiert, doch mit ihrem naturwissenschaftlichen Verständnis war sie in der Rüstungsindustrie gefragt, weshalb sie das Studium nach nur einem Semester abbrechen musste. Ich war stets davon überzeugt gewesen, dass sie in Peenemünde eingesetzt war, allerdings war das ein typisches Missverständnis, wie es im Gespräch mit sehr alten Leuten leicht entsteht. Ich war zu ungeduldig gewesen in meinem Wissensdrang. Ich hatte mit Fragen gedrängelt, denn viel Zeit blieb nicht, so schien es mir, um nachzuholen, was wir das ganze Leben lang versäumt hatten.

Ballistische Kurven und Schussbahnen von Torpedos habe sie im Krieg berechnet, erzählte sie.

»Wo? In Peenemünde?«, fragte ich, weil ich den Namen kannte. Peenemünde hätte zu ihr gepasst.

»Ja, ja«, sagte sie, ohne richtig hingehört zu haben.

Oder hatte ich wie so oft zu forsch gefragt, anstatt zu warten, bis sie ihre Erzählungen selbst abschloss?

Bild 5: Mutters Arbeitsdienstausweis 1943

Erst viel später, nach ihrem Tod, fand ich Briefe, die sie kurz vor Kriegsende nach Hause geschrieben hatte. Daraus ging hervor, dass Mutter Anfang 1945 nicht in Peenemünde, sondern weiter östlich in den Deutschen Werken in Gotenhafen bei Danzig gearbeitet hatte. Peenemünde war mehrmals das Ziel schwerer Bombenangriffe der Alliierten gewesen. Weiter östlich glaubte man sich sicherer. Das war ein Trugschluss. Im Januar 1945 rückte die Rote Armee näher, Gotenhafen wurde evakuiert. Die Koffer meiner Mutter und ihrer Kameradinnen wurden auf ein Schiff gebracht, das im Hafen vor Anker lag und Tausende Flüchtlinge nach Westen bringen sollte: die Wilhelm Gustloff.

Ich stieg vom Rad und blickte auf die Ostsee, die sich tiefblau unter dem Augusthimmel ausbreitete. Da draußen, auf dem Meer, das jetzt so friedlich dalag, war die Wilhelm Gustloff im bitterkalten Januar 1945 versunken, torpediert von einem U-Boot; mehr als 9 000 Menschen ertranken in den eisigen Fluten, die größte Schiffskatastrophe aller Zeiten. Auch Mutters Koffer gingen unter.

Dass sie selbst nicht an Bord gewesen war, war einem Zufall zu verdanken. In letzter Sekunde hatten die Behörden entschieden, dass nur Familien und Frauen mit kleinen Kindern mit dem Lazarettschiff fahren durften, aus humanitären Gründen. Nur wegen dieser Entscheidung einer Marinedienststelle konnte ich jetzt hier am Strand von Heringsdorf stehen und darüber sinnieren, welch haarscharfen Zufällen es zu verdanken war, dass man überhaupt auf die Welt kam: Die letzte Kugel in Vaters Pistole, die er sich dann doch nicht in den Kopf schoss; Mutters Koffer auf der Wilhelm Gustloff, die ohne sie auf den Meeresgrund sanken – meine Eltern waren beide nur äußerst knapp dem Tode entronnen.

Anstatt mit dem Schiff fuhr Mutter mit dem Zug gen Westen, in Viehwaggons. Der Zug musste häufig stoppen, weil die Strecke durch Luftangriffe beschädigt war und immer wieder angegriffen wurde von alliierten Fliegern, die die Flüchtenden aus Bordkanonen unter Beschuss nahmen. So dauerte die Reise eine lebensgefährliche Woche lang. Die pommerschen Dorfbewohner brachten den Reisenden Essen an die offenen Waggons, wenn der Zug stillstand. Nur kurze Zeit später mussten diese hilfsbereiten Menschen selbst vor der anrückenden Roten Armee fliehen.

Mutter gelangte heil bis Lübeck und wurde gleich wieder in die Rüstungsproduktion geschickt. Man setzte sie im Erprobungszentrum der Luftwaffe im Seefliegerhorst auf der Halbinsel Priwall bei Travemünde ein, wo sie im Februar 1945 eintraf. Ihr Dienstausweis weist sie als Laborgehilfin aus. Bis Kriegsende waren auf dem Priwall etwa 1 600 Menschen mit der Entwicklung und dem Bau von Flugzeugen beschäftigt, vor allem Seekampffliegern. Die Anlage war der in Peenemünde nicht unähnlich, abgelegen und abgeschirmt auf einer Halbinsel, diente sie der Herstellung hochtechnisierten Kriegsmaterials – bis Anfang Mai 1945 britische Truppen Travemünde besetzten. So erlebte Mutter das Kriegsende. Sie verband mit Travemünde offenbar keine unangenehmen Erinnerungen, denn sie kehrte später öfter dorthin zurück.

Das alles habe ich mühsam zusammengestückelt, aus Briefen und aus erratischen Antworten auf meine schüchternen Fragen. Je älter Mutter wurde, desto mehr brannte ich darauf, das Lebensbild meiner Eltern abzurunden. Doch ich traute mich nicht recht, was mich verwirrte. War ich nicht Journalist, war Fragen zu stellen nicht mein Beruf? Hunderte Zeitzeugen hatte ich interviewt. Doch bei meiner eigenen Mutter versagte ich.

Erst als die Zeit auslief, Mutter schon allein in dem Stift in München lebte, kam sie aus der Reserve. Mag sein, dass nicht nur die Demenz, sondern auch die Einsamkeit sie öffneten. Wenn ich hineinkam in ihr Apartment, die alten Familienfotos in einer Ecke, Gemälde ihres Vaters an der Wand, saß sie meist in ihrem abgeschabten Lieblingsfernsehsessel. Es war der einzige Platz, in dem sie wegen ihrer Osteoporose bequem sitzen konnte. Sie betrachtete die ziehenden Wolken. Wir hockten nebeneinander und blickten gemeinsam in den Winterhimmel, auf dem sich Kondensstreifen vorbeifliegender Flugzeuge abzeichneten.

»Schön, was sich da so abspielt«, sagte Mutter.

Dann fing sie manchmal an, von sich aus zu erzählen, bruchstückhaft und sparsam. Oder ich wartete eine längere Gesprächspause ab, um eine Frage in einen Packen unverfänglicher Bemerkungen einzuschmuggeln. Bei diesem Mal eine Frage, beim nächsten Mal eine andere. So zog sich das über Wochen und Monate hin, abtastend, vorsichtig, auf Distanz bedacht.

»Was hast du bei Kriegsende gemacht?«, fragte ich.

»Na, ich hab mir gesagt: *Sieh zu, wie du zurechtkommst*«.

Was in Berlin los war, wusste Mutter, oder sie konnte es sich ausmalen. Die NS-Propaganda hatte den Deutschen ja unentwegt eingehämmert, was passieren würde, wenn sie den Russen in die Hände fielen, vor allem den Frauen. Nach Berlin konnte sie vorerst also nicht zurück. Mutter entschloss sich, in der britischen Zone zu bleiben. Doch wo sollte sie hin? Sie erinnerte sich an ihre frühere Mitbewohnerin aus Studientagen. War die nicht aus Holstein?

Wenn ich sie so ausfragte, schien es mir fast, als habe sie die Herausforderungen der Zeit begrüßt, einmal deutete sie an, sie habe das Kriegsende als eine Art Abenteuer empfunden.

»Ja, aber die Bomben?«, bohrte ich nach. Mutter hatte in Berlin Flächenangriffe erlebt, viele Nachbarhäuser in Berlin-Steglitz waren ausgebrannt oder stark beschädigt worden. Wie durch ein Wunder war das Haus am Eichgarten stehen geblieben.

»Ach, war halb so schlimm.«

Und dann fiel ein verräterischer Satz: »Man löschte das, packte an und machte weiter.«

Löschen. Anpacken. Weitermachen. Zusehen, wie man zurechtkommt.

»Trauer nicht zu leben, sondern so zu tun, als gäbe es sie nicht«: Diese Methode hätten viele Kriegsteilnehmer angewandt, »das half ihnen zu überleben«, schreibt der Psychiater Udo Baer, der sich mit dem »Kriegserbe in der Seele« der deutschen Nachkriegsgesellschaft auseinandergesetzt hat.[2] Es sei ein Schutzmechanismus, »die schlimmsten Erfahrungen einzuschließen und möglichst den Schlüssel wegzuwerfen«.[3] Denn das Wesen des Traumas sei: »Die Mutter erinnert sich nicht an Kriegssituationen, sie erlebt sie *jetzt*«, schreibt Baer.[4] »Traumatische Erfahrungen bleiben nachhaltig lebendig.«

Was also *erlebte* Mutter hier im Altersheim, wenn sie von den letzten Kriegstagen erzählte und in den rötlichen Himmel blickte? Warum schilderte sie alles so lückenhaft, emotionslos, frei von Hass, Trauer und Aufregung?

Vielleicht weil Erinnerung eine tückische Angelegenheit ist. »Die Operation des Übersetzens von Erinnerung bedeutet immer gleich auch Veränderung, Verlagerung und Verschiebung«, schreibt die Kulturanthropologin Aleida Assmann in ihrem Buch *Der lange Schatten der Vergangenheit*. »Was einerseits als eine Form des Lebendighaltens betrachtet werden kann, kann auch als eine Gefahr und Bedrohung aufgefasst werden.« Sie zitiert Christa Wolf als Kronzeugin der »Erinnerungsskepsis« mit dem Satz: »Wie man es erzählen kann, so ist es nicht gewesen.«[5] An dem Problem der Subjektivität machen viele Historiker auch ihre Kritik an der medialen Mode der Zeitzeugenbefragung fest.[6] In seinem letzten Buch *Die Untergegangenen und die Geretteten* reflektierte der Auschwitz-Überlebende Primo Levi über die Schwierigkeit, vom Abgrund alles Menschlichen zu erzählen – wer sich um »größtmögliche Objektivität« bemühe, werde unweigerlich mit der eigenen Ohnmacht der Darstellung konfrontiert. Alles Erlebte sei immer schon Erinnerung und jede Erinnerung fern, mithin eine »verdächtige Quelle«, die für den Überlebenden dennoch die einzige bleibe.[7]

Aleida Assmann spricht einerseits von sogenannten Blitzlichterinnerungen, die »einschneidende historische Veränderungen« ins Bewusstsein zurückrufen, welche bei den Zeitzeugen »mit schmerzhafter Plötzlichkeit ins Bewusstsein treten«. Solche Erinnerungen seien für die Betroffenen oft »unerzählbar«; es sind sinnliche Erlebnisse, wie sie etwa Vater heimgesucht haben mögen, wenn er auf dem Krankenbett die Toten von 1945 sah und nicht darüber sprechen konnte. Oder wenn vor Mutters geistigem Auge die Bomben in Berlin explodierten. Davon unterscheidet Assmann andererseits die »sprachlich vermittelten Erinnerungen«, die sich durch wiederholtes Erzählen verfestigen, jedoch dabei über die Zeit ihre »sinnliche Kraft einbüßen«. Während Wissen sprachlich mittelbar sei, »bleiben die körperlich gespeicherten Erfahrungen in ihrer Eindruckskraft und Absolutheit letztlich unvermittelbar und unaustauschbar«.[8] Die Anthropologin zitiert dazu den italienischen Schriftsteller und Philosophen Italo Svevo mit den Worten: »Die Vergangenheit ist immer neu. Sie verändert sich dauernd, wie das Leben fortschreitet. Teile von ihr, die in Vergessenheit gesunken schienen, tauchen wieder auf, andere wiederum versinken (…) Die Gegenwart dirigiert die Vergangenheit wie die Mitglieder eines Orchesters.«[9]

Die These der sich verändernden und verschiebenden Erinnerungen wäre Mutter sicher unwissenschaftlich erschienen. Dem Nichtexakten misstraute sie.

Die Psychiatrie unterscheidet gegensätzliche Arten, Traumata zu verarbeiten. Meine Eltern gehörten zwei konträr veranlagten Gruppen an, das mag auch das Gespräch zwischen ihnen erdrückt haben. Vater hatte nach dem Krieg die Rolle des geschlagenen Soldaten, des gedemütigten Opfer-Täters eingenommen, der seine Erinnerungen in leiser Schwermut begrub. Mutter hingegen wollte offenbar auf diesen Lebensabschnitt zurückblicken als Phase der Bewährung. Sie gehört zur Gruppe der Kriegsteilnehmer, die laut der Kriegskinderforscherin Sabine Bode stets so taten, als »hätten sie nichts besonders Schlimmes erlebt«, als seien der militärische Zusammenbruch, die völlige Rechtlosigkeit gegenüber den Besatzungssoldaten, die apokalyptischen Zerstörungen eben ein »Abenteuer« gewesen.[10] Vielen Zeitzeugen sei Jahrzehnte später gar nicht bewusst, dass ihnen der Krieg noch in den Knochen steckte, stellt Sabine Bode fest.[11]

Laut Udo Baer ist die Gruppe derer, die ihre Kriegserlebnisse als Heldengeschichte eingeordnet sehen wollen, gar nicht so klein. »Auf der einen Seite war das Grauen so groß, dass sie dafür keine Worte finden und nicht darüber reden wollen.« Auf der anderen Seite dränge es sie, »das, was sie so sehr belaste, herauszulassen und mit anderen zu teilen«, schreibt der Psychiater.[12] Dieses Dilemma lösten Zeitzeugen »unbewusst«, indem sie sogenannte »Deckgeschichten« erzählten. »Darunter verstehen wir Geschichten, die in Bezug zu den erlebten Traumata stehen, aber die mit dem traumatischen Grauen verknüpften Gefühle verdeckt lassen.« Das erklärt, warum viele Kriegsteilnehmer sich in belanglosen und ständig wiederholten Anekdoten mitteilen – oder im Gegenteil in absurd detaillierten und für Außenstehende nicht dechiffrierbaren Schlachtenschilderungen, die jedoch das Wesentliche auslassen: ihre Gefühle.

»Wer von anderen Mitgefühl erfährt, wird getröstet. Wer seinen Zorn hinausschreien kann, wird sich danach erleichtert fühlen. Doch all dies gab es für die Kriegsgeneration nicht, und deswegen leben Gefühle auf Sparflamme oder bleiben verborgen im Herzen«, folgert Baer.[13] Dinge herausschreien, das gab es für Mutter tatsächlich nicht, weder früher noch jetzt; die einzigen Götter, an die sie glaubte, waren Vernunft und Mäßigung.

Lagen darin auch die Störungen in unserem Verhältnis begründet, fragte ich mich jetzt, die emotionale Distanz? Die Forschung hält das für wahrscheinlich. »Eltern, die sich von schweren seelischen Verletzungen nicht erholt haben, sind in der Regel nicht in der Lage, auf ihren Säugling emotional offen zu reagieren«, stellt Sabine Bode fest.[14] Ihre Beziehungsfähigkeit sei gestört, viele entwickelten aufgrund ihrer eigenen Verkapselung auch »kein Sensorium für die seelischen Leiden ihrer eigenen Kinder«.[15] Kinder, die so aufwüchsen, hätten oft das Gefühl, sie müssten »sich die Liebe ihrer Mutter erst noch verdienen«.[16]

Die Fachliteratur stellt auch klar, dass das nicht heißen müsse, Eltern oder Großeltern mit Kriegserlebnissen hätten ihre Nachkommen weniger geliebt. Aber es waren eben Familien, in denen das ewige »du weißt gar nicht, wie gut du es hast«[17] regierte, Standardrepertoire auch im Hause meiner Eltern: »Stell dich nicht so an«, hieß es stets, man hatte sich ja auch nicht so angestellt. Die Familienpsychologin Alice Miller schrieb, viele in ihrer Kindheit und Jugend beschädigte Menschen versuchten, »sich durch Vergessen zu heilen. Sie tun es entweder auf Kosten ihres eigenen Körpers oder auf Kosten anderer, ihrer Kinder.«[18]

»Es geschah überall«

Will man als Sohn wirklich das Kästchen der grausamen Erinnerungen wieder aufschließen? Will man die Traumata der Eltern wachrütteln? Will man wissen, ob der eigene Vater im Krieg wehrlose Menschen erschossen hat? Will man wissen, ob die Mutter zu Kriegsende vergewaltigt wurde? Was würde das auslösen? Den Schlüssel zur Erinnerung wegzuwerfen ist nicht immer die schlechteste Lösung. »Manchmal kann Nichtwissen gnädig sein«, schreibt Udo Baer.[19]

Ich spürte, dass ich einerseits glauben *wollte*, was Mutter mir auftischte. Andererseits misstraute ich ihrer Version. Ich versuchte also, mich an die Fakten zu halten.

Wenn man die historischen Mosaiksteine zusammensetzt; wenn man von dem Freibrief weiß, den Stalin seinen vorrückenden Truppen gegeben hatte; wenn man weiß, dass es zur Kriegspsychologie gehörte, den Gegner zu demütigen – vor allem diesen Gegner, der sich gegenüber anderen Völkern als Herrenmensch aufgespielt hatte; wenn man gelesen hat, dass die im Krieg gängige Methode der Demütigung ist, dass man die Frauen des Gegners nimmt; wenn man also die historischen Gegebenheiten erforscht und Zeugenberichte gelesen hat: Dann kann man eigentlich keinen Zweifel daran haben, dass es östlich der Elbe zu Kriegsende kaum einer deutschen Frau gelungen sein dürfte, sich Vergewaltigungen zu entziehen.

So war es Mutters Klassenkameradinnen in Berlin ergangen. Das sagte sie bei einem unserer bruchstückhaften Gespräche vor dem Abendhimmel. Drei wurden ermordet von sowjetischen Soldaten. Eine von ihnen wurde dabei »so zugerichtet, dass nicht mal ihr eigener Vater sie nachher erkannte, als er sie im Leichenschauhaus identifizieren sollte«. Mutter erzählte das mit äußerem Gleichmut – ähnlich wie beim Thema Bombennächte. Trotzdem klang es so, als wolle sie etwas loswerden.

Mutter war bei Kriegsende nicht in der sowjetischen Zone gewesen, sicher. Doch gab es in der britischen Zone eine Garantie für eine allein reisende, hübsche, blonde Zwanzigjährige, die im Frühjahr 1945 zwischen Lübeck, Hamburg und Kiel umherirrte? Vergewaltigungen kamen auch bei den Westalliierten vor, sie sind nur wesentlich weniger dokumentiert, denn sie passen nicht zum Befreiungsmythos im Westen – ebenso wenig wie die sowjetischen Vergewaltigungen in der Ostzone zum Befreiungsmythos der DDR gepasst hatten. »Auch in der britischen, der französischen und der amerikanischen Besatzungszone kam es zu Massenvergewaltigungen, manchmal über mehrere Tage hinweg«, schreibt Miriam Gebhardt in ihrem Buch *Als die Soldaten kamen.*[20] Genaue Zahlen gebe es nicht, weil die Taten praktisch nie angezeigt worden seien. Doch Gebhardt ist sich sicher: »Es geschah überall.«

Es habe auf Behördenseite eine hohe Loyalität zu den Befreiern gegeben und eine geringe Bereitschaft, diese anzuklagen. Bei der Sichtung der Vernehmungsakten stieß Gebhardt auf regelrechte »Freinächte«, vor allem in Süddeutschland, bei denen sich »Soldaten bis zu 48 Stunden lang beim deutschen Feind in jeder Hinsicht bedienen«. Doch der Aufbaumythos der Nachkriegszeit in beiden Teilen Deutschlands schloss es aus, dass man solche Wunden pflegte.

Mutter blieb zunächst in Lübeck, fuhr dann, sobald es wieder Züge gab, über Hamburg nach Brokstedt in Holstein, wo ihre frühere Kommilitonin wohnte. Die Bauern nahmen sie auf, so überstand Mutter den schlimmen Winter 1945/46.

»Die Bauern, die hatten ja alles.«

Sie machte sich nützlich und revanchierte sich für Kost und Logis mit Sockenstricken. In einem Brief schrieb sie am 16. November 1945 (es war der erste, der wegen der Zensur nicht mehr in Sütterlin verfasst war): »Am nächsten Sonntag haben wir wieder einen Festtag mit Kuchenessen in Erwartung. Gestern waren wir zum Schlachtersuppe-Essen eingeladen. Der Bruder von Frau Hartung hat geschlachtet und ich habe zugeguckt. Vor einigen Tagen bekam ich für meine Strickerei einen ganzen Hasen geschenkt, er hat uns prima geschmeckt. Ihr seht also, dass es mir hier nicht schlecht geht. Aber trotzdem hoffe ich, dass es bald nach Hause geht.«

Zimperlich war Mutter von Natur aus nicht, sie war ein erstaunliches zwanzigjähriges Mädchen, das interessiert beim Schlachten zusah und dem es trotz Nachkriegswirren nicht schnell genug mit der Heimkehr nach Berlin gehen konnte.

Sie hoffte auf einen Rücktransport für Flüchtlinge, der immer wieder angekündigt wurde.

»Aber es ging nichts voran.« Das konnte sie am allerwenigsten ertragen. So ergriff sie selbst die Initiative. Im Herbst 1947 fuhr sie mit der Bahn nach Hamburg, von dort aus weiter nach Hannover (»ganz schwarz war man von dem Ruß der Dampflok«). Von dort aus ging sie zu Fuß über die grüne Grenze und durch die sowjetische Besatzungszone, bis sie wieder auf einen Zug stieß, der sie tatsächlich nach Berlin brachte.

»Da habe ich auch Schlepper gehabt, so wie die Flüchtlinge heute«, sagte sie, ein wenig stolz sogar. Sie konnte mitreden, auch bei den Herausforderungen des Jahres 2015.

Ihr Rucksack war vollgepackt mit Würsten aus Holstein. »Den habe ich durch mehrere Kontrollstellen geschmuggelt.« Ihre Cleverness siegte. Ein Abenteuer, eine Bewährungsprobe.

Sie kam unversehrt bei ihren Eltern an; Steglitz gehörte inzwischen zur amerikanischen Zone. Da fühlte sie sich sicher.

Alles prima also? Noch mal davongekommen?

Mutter folgte offensichtlich dem Narrativ der deutschen Nachkriegszeit. Ich muss zugeben, dass ihre mitunter in Prahlerei mündende Selbstdarstellung in mir gemischte Gefühle hinterließ. Einerseits war ich stolz auf sie. Andererseits wurde sie mir fremder.

Bild 6: Mutter (Mitte) beim »Organisieren« nach Kriegsende in Berlin

Dass Mutter sich mehr mit den Schattenseiten des Kriegsendes auseinandersetzte, als es den Anschein hatte, zeigte ein Fund in ihrem Bücherschrank. Dort stand das Buch einer namenlosen Autorin, einer »Anonyma«, die das Schicksal einer »Frau in Berlin« kurz vor und nach der Kapitulation beschrieben hat.

Es ist ein erschütterndes Buch, das zeigt, wie alltäglich in den ersten Tagen nach der Einnahme durch die Rote Armee Massenvergewaltigungen gewesen waren. Die Autorin benutzt ausdrücklich das Wort »schänden«, denn darum sei es ja gegangen: dem geschlagenen Gegner weitere Schande zuzufügen. Frauen auf der Straße fragten einander nur noch: »Wie oft?«

Die »Anonyma« hat einen für die Generation typischen Tonfall, dem meiner Mutter nicht unähnlich.

Sie war eine offenbar weitgereiste Frau, intelligent und schreiberfahren und in der Lage, ihr Schicksal zu reflektieren und historisch einzuordnen. Nach späteren Recherchen der *Süddeutschen Zeitung* handelte es sich um die 1911 geborene Journalistin Marta Hillers.[21] Ihre Reaktion auf die »Schändungen« durch eine Vielzahl von russischen Soldaten beschreibt Hillers so: »Mein Ich lässt den Leib, den armen, verdreckten, mißbrauchten, einfach liegen. Es entfernt sich von ihm und entschwebt rein in weiße Fernen. Es soll nicht mein Ich sein, dem dies geschieht. Ich schiebe all das aus mir hinaus.«[22] Den Ansatz kontrastiert sie aber sofort mit einem schnoddrigen: »Ob ich wohl spinne?« Sie habe versucht, den »Schändungsbetrieb«, wie sie es nannte, »humoristisch zu nehmen, galgenhumoristisch«, schreibt Hillers.[23] Und dann wieder: »Muss anstehen nach Grütze. Ich habe keine Zeit für ein Seelenleben.«[24]

Doch die Kaltschnäuzigkeit lässt sich nicht durchhalten. »Ich bin bloß Beute, muß es den Jägern überlassen, was sie mit der Beute tun wollen«, klagt die Autorin an anderer Stelle.[25] Und berichtet von einer Frau, die von zwanzig Russen nacheinander vergewaltigt wurde: »Kann's kaum hinschreiben, es würgt mich wieder.«[26] Wenn die Erinnerungen dieser Frau aber schon so unerträglich sind, dass es einen auch als Leser heute würgt – wie hätte ich es dann fertigbringen können, meine eigene Mutter zu fragen, ob sie eventuell von einem oder mehreren Soldaten vergewaltigt worden war? Vielleicht hatte sie ihr damaliges Ich ja auch irgendwo liegen lassen müssen? Manchmal muss man einander wohl tatsächlich vor Erinnerungen schützen.

Das Buch der Anonyma wirft noch eine andere Frage auf: nämlich die, was es für eine Gesellschaft bedeutet, wenn eine Generation Frauen Opfer von Massenvergewaltigungen wird, wie das ihr Verhältnis zu den Männern beeinflusst hat, die geschlagen davonrannten oder in Gefangenschaft gingen, nachdem sie von der NS-Propaganda jahrelang zu unbesiegbaren Helden hochgejubelt worden waren (was viele Frauen allerdings auch gerne hatten glauben wollen).

Hillers notierte ihre Gefühle, nachdem die letzten geschlagenen deutschen Soldaten an ihr vorbeigelaufen waren: »Immer wieder bemerke ich in diesen Tagen, daß sich mein Gefühl, das Gefühl aller Frauen den Männern gegenüber ändert. Sie tun uns leid, erscheinen uns so kümmerlich und kraftlos. Das schwächliche Geschlecht. Eine Art Kollektiv-Enttäuschung bereitet sich unter der Oberfläche der Frauen vor. Die männerbeherrschte, den starken Mann verherrlichende Naziwelt wankt – und mit ihr der Mythos Mann.«[27]

Hillers konnte ihre schmerzlichen Erinnerungen erst 1959 und zunächst nur in der Schweiz veröffentlichen, nach Vermittlung durch den damals sehr bekannten Schriftsteller C. W. Ceram. Nach einem Sturm von Anfeindungen geriet ihr Buch in Vergessenheit. Als *Eine Frau in Berlin* 2003 neu aufgelegt wurde, wurde der Band hingegen zum Bestseller und mit Nina Hoss in der Hauptrolle verfilmt. Der Film ist ein arger Schmachtfetzen, seine Existenz zeigt aber, dass die deutsche Gesellschaft nach der Jahrtausendwende einen deutlich höheren Aufklärungsbedarf entwickelt zu haben schien, was das Schicksal ihrer Mütter und Großmütter anging, als ein halbes Jahrhundert zuvor. Offenbar brauchte Deutschland mehrere Generationen, um sich einem Thema zu stellen, das in praktisch allen Familien präsent war – wenn auch verborgen hinter Mauern des Schweigens, ein Schweigen, das, wie Daniel Schreiber meint, Ausdruck einer »unbewussten Vorstellung« gewesen sein mag, »man könnte dem Geschehenen die Kraft nehmen oder es in gewisser Hinsicht sogar ungeschehen machen, indem man nicht darüber spricht«.[28]

Die Erfahrung mit dem Bedürfnis nach Schweigen machte noch eine andere Zeitzeugin, deren Werk in Mutters Bücherschrank stand: Hitlers Privatsekretärin Traudl Junge. Die Journalistin Melissa Müller, Co-Autorin von Junges Buch, schreibt im Vorwort: Die Erinnerungen Junges seien kurz nach dem Krieg auf keinerlei Resonanz in Deutschland gestoßen. »Nicht einmal ihre Mutter will Näheres wissen«, wie es im Führerbunker zuging, »geschweige denn irgendwelche Erklärungs- oder Rechtfertigungsversuche«.[29] Dabei erzählte Traudl Junge sogar gerne, sie wollte sich mitteilen. 2002 sei das Buch »in einer völlig veränderten Atmosphäre« doch noch erschienen, so Müller, als sich alle Welt auf die letzten Zeitzeugen zu stürzen begann.

Dass Rechtfertigungsversuche nach dem Krieg nicht gefragt waren, erklärt die Co-Autorin unter anderem damit, dass es bei den Deutschen üblich war, »Hitler und seine engsten Helfer zu Monstern ohne menschliche Züge zu stilisieren und sich damit selbst zu beruhigen«.[30] Über die Generation meiner Eltern, der ja auch Traudl Junge (Jahrgang 1920) angehörte, schreibt Müller: »Die Einstellung der Heranwachsenden zum Dritten Reich in ein klares Pro oder Contra zu fassen, ist so unmöglich wie wahrscheinlich beim Großteil der deutschen Bevölkerung und erst recht der Jugend dieser Zeit.«[31] Junge habe sich von der »Ästhetik der Großveranstaltungen betören« lassen. Wie »existenziell die Bedrohung für politische Gegner und Juden war«, realisierte sie nicht – oder wollte es nicht realisieren. Die Verdrängung habe funktioniert.[32]

Junge selbst schreibt: »Das war zu einer Zeit, als ›wir alle‹ nach vorne schauten und das Erlebte – übrigens erstaunlich erfolgreich – verharmlosten und verdrängten.«[33] Doch sie gibt in Bezug auf das Dritte Reich zu: »Dieses Gefühl, irgendwo hinzugehören, ist mir später nie mehr auf diese Weise begegnet.«[34] Ihre Bewusstseinswerdung erfolgte erst in dem Moment, schreibt Junge, als sie viele Jahre später an einem Denkmal für die hingerichtete Widerstandskämpferin Sophie Scholl vorbeikam. »Sophie Scholl war ursprünglich ja auch ein BDM-Mädchen, ein Jahr jünger als ich, und sie hatte sehr wohl erkannt, dass sie es mit einem Verbrecherregime zu tun hatte. Mit einem Mal kam mir die Entschuldigung abhanden.«[35]

Anders als Traudl Junge hatte meine Mutter nie die Notwendigkeit gesehen, nach einer Entschuldigung zu suchen. Sie fühlte sich von dem, was andere »Vergangenheitsbewältigung« nannten, schlicht nicht gemeint.

»Alle ausgewandert«

Bei einem Thema beschloss ich jedoch, nicht lockerzulassen.

»Mutter, wie war das mit den Juden?«

Sie guckte aus dem Fenster, dann sagte sie, ohne Scheu oder Zurückhaltung: Die seien »ganz schön selbstbewusst aufgetreten«.

Ich antwortete nicht, sondern wartete, bis sie von alleine fortfuhr. Einmal wenigstens wollte ich sie nicht durch die schulmeisterliche Einmischung des Nachgeborenen stoppen. Nach einer Weile erzählte sie, sie sei eines Tages bei einem Spaziergang im Grunewald von einer »jüdischen Mischpoke«, wie sie das nannte, von einer Parkbank geschubst worden.

Knatsch wegen einer Parkbank? Reichte eine solche Nichtigkeit, um Antisemitismus zu entwickeln? Vielleicht nicht. Aber in der Gesellschaft vorhandenen Antisemitismus konnten solche Bagatellen durchaus »triggern«, wie die Psychologen sagen.

Ich fragte sie danach.

Es dauerte eine Weile, bis die Antwort kam, und sie war nicht ganz kohärent.

»Nach dem Holocaust (sie meinte wohl die Fernsehserie von 1979) durfte man ja nichts mehr sagen.«

»Hat man denn gewusst, was mit den Menschen passiert ist?«, hakte ich nach.

»Man konnte nichts machen«, sagte Mutter ausweichend.

Dann erzählte sie, dass ihr Hausarzt Jude gewesen war.

»Und was ist mit dem passiert?«

»Hm. Der war dann weg.«

»Wie weg?«

»Na ausgewandert.«

Das war eine typische Deckgeschichte. »Ausgewandert« – damit konnte man sich arrangieren, alles halb so schlimm, vielleicht sogar interessant? Ausgewandert waren aus ihrer Sicht anscheinend alle jüdischen Mitschülerinnen am Karin-Göring-Gymnasium. Mit einer war sie sogar befreundet gewesen, »der Ruth«.

Was aus der geworden sei?

»Ausgewandert.«

»Die Mutter vom Bubi war auch Jüdin«, sagte sie plötzlich.

Bubi? Das war ihr Spielkamerad gewesen in ihrer Kinderzeit, ihr bester Freund, ganz oft hatte sie von ihm erzählt, als ich klein war. Ihre Kindheit mit »Bubi« muss ihr viel bedeutet haben.

»Aber hör mal«, sagte ich, »wenn die Mutter von Bubi Jüdin war, dann war der Bubi auch Jude.«

Mutter hatte ihre ganze Kindheit mit einem jüdischen Jungen verbracht und erzählte erst jetzt davon.

»Der Blockwart hat das immer notiert, wenn ich mit dem spielte.«

»Bubi« hieß in Wirklichkeit Wolfgang L., auch das wusste sie noch. »Ganzmacher« habe der werden wollen, »das hat er immer gesagt, Ganzmacher, haha«.

Und die Eltern?

Bubis Mutter habe ständig geweint, alle Verwandten seien »abgeholt« worden.

Von wegen »ausgewandert«.

»Was ist dem Bubi passiert?«

»Die sind dann umgezogen.«

»Wohin denn?«

»Nach Lankwitz, da waren so Laubenpieper.«

Ich setze mir ein Bild zusammen: »Bubis« Mutter war Jüdin, der Vater nicht. Mischehen hatten eine Überlebenschance. Offenbar hatte »Bubis« Familie sich vor der NS-Verfolgung in einer Gartenlaube in Lankwitz im Südwesten Berlins versteckt – viele verfolgte Juden wählten diesen Weg, tauchten unter, trotzten misstrauischen Blicken, Kälte und Wind in den oft nur mit Teerpappe bedeckten Hütten, harrten aus in jahrelanger Angst, angewiesen auf das, was wohlmeinende Menschen ihnen zusteckten. Da es aber offenbar den Behörden nicht gelang, den Überblick über die »Dauerlogierer« in den vielen Lauben der Hauptstadt zu behalten, entgingen viele Verfolgte so der Deportation – wie der spätere Quizmaster Hans Rosenthal und der Vater der Schauspielerin Inge Meysel.[36]

Auch »Bubi« scheint den Krieg in einer Gartenhütte überlebt zu haben. Sicher war aber auch, dass meine Großeltern nicht zu denen gehört hatten, die halfen. Ihr Vater, so erzählte Mutter nun, habe »Bubi« nach Kriegsende eines Tages auf der Straße getroffen.

»Und«?

»Er hat ihn zu uns nach Hause eingeladen.«

»Ist er gekommen?«

»Nein.«

»Warum?«

»Wird wohl keine Zeit gehabt haben.«

Ich will sie am liebsten schütteln, aber ich lasse es gut sein. Man schüttelt seine neunzigjährige Mutter nicht.

Erziehung zur Unerbittlichkeit

Die Deutschen, so schrieben Alexander und Margarete Mitscherlich in ihrem Buch *Die Unfähigkeit zu trauern*, waren durch die Zerstörung ihrer Städte »zunächst in ihrem Selbstwert getroffen, und die Abwehr des Erlebnisses einer melancholischen Verarmung des Selbst war die drängendste Aufgabe für den psychischen Apparat«.[37] Das mag für Mutter ebenso gegolten haben wie die Ausführung des Historikers Florian Huber über die Mentalität der Nachkriegszeit: »Den Untergang der eigenen Welt erlebt zu haben, empfanden sie als Strafe genug. Nun wollten sie nicht auch noch vor ihren Kindern die Schuld dafür tragen.«

Ich vermute jedoch, dass im Falle meiner Mutter – und vieler anderer Angehöriger ihrer Generation – die Tendenz zur Abwehr von Erinnerungen, die Blockade von Emotionen, nicht erst im Krieg entstanden war. Sie waren wohl schon in einer zeittypischen Erziehung angelegt, in der Gefühle als Kitsch und Sentimentalität galten. Vielleicht war es diese Erziehung zur Unerbittlichkeit, die es möglich machte, dass die Deutschen später tiefer fielen als jedes andere Volk in der Geschichte, wie es Florian Huber ausdrückt.[38]

Mutter wurde 1925 in Berlin geboren. Ihre Mutter entstammte einer einfachen Familie aus der Gegend von Magdeburg, die einen Bauernhof hatte. In Mutters Zimmer hing eine Sepia-Fotografie, die sie als kleines Mädchen mit Zöpfen auf einem gepflasterten Hof zeigt, ihre Großmutter hat einen Topf auf dem Schoß, eine einfache Bauersfrau in einem Kittel, Gänse laufen umher. Das Mädchen steht neugierig vor der Großmutter, die jedoch keine Notiz von ihr zu nehmen scheint. Eine verhärmt aussehende Frau, die eine Gans rupft; insgesamt ein Ambiente, in dem um Kinder nicht viel Aufhebens gemacht wurde.

Ihr Vater war bürgerlicher Herkunft. Er hatte zwei Brüder, von denen einer eine künstlerische Ader besaß, er führte vor dem Ersten Weltkrieg ein »Wiener Kaffee« in Göttingen, in dem Sänger und Dichter auftraten, und er gab sogar eine kleine Zeitschrift heraus. Dieser Großonkel fiel im Ersten Weltkrieg, ein Foto von ihm in Mutters Ahnenecke zeigte einen bartlosen Mann mit skeptischem Dichtergesicht in Heeresuniform. Sein jüngerer Bruder, mein Großvater, war ein eher bürokratischer Mensch, er arbeitete zeitlebens als kleiner Angestellter bei der Dresdner Bank. Künstlerisches Talent kam bei ihm aber auch zum Ausdruck. Er kopierte in seiner Freizeit Stillleben und Landschaftsbilder aus Brandenburg, von der Ostsee und der Lüneburger Heide, als Vorlage benutzte er Ansichtskarten. In den 1930er Jahren unternahm er für die Bank eine Dienstreise nach Brüssel und Paris, wie ich Stempeln in seinem alten Pass entnahm, und malte nachher van Goghs Gemälde »Caféterrasse am Abend« nach.

Das Leben meiner Großeltern war kleinbürgerlich, sie hatten eine Wohnung am Teltow-Kanal in Steglitz, wo sie die Lastschiffe vorbeituckern sahen. Das Haus hat den Krieg überstanden, es trägt noch immer die schmucke rot-weiße Bemalung, die ich von Vorkriegsfotos kenne. Außerdem besaßen sie eine Laube in Wilhelmshorst bei Potsdam, dort wurde Gemüse gezogen, man war sparsam, streng und kleinlich, bei Ausflügen bekam das Kind kein eigenes Getränk, sondern musste am Bier des Vaters nippen, auch wenn es eklig schmeckte.

Bild 7: Mutter und ihre Großmutter auf dem Bauernhof bei Magdeburg, Mitte der 1930er Jahre

Großvater starb in den 1950er Jahren, ich weiß weder wann noch wie. Um den Tod wurde nicht viel Aufhebens gemacht, man war ihm wohl schon zu oft begegnet. Das Bild, das Mutter von ihrem

Vater zeichnete, blieb schemenhaft und blass. Meine Großmutter entdeckte nach seinem Tod wie viele Witwen ganz neue Seiten an sich. Sie, die Norddeutschland zuvor nie verlassen hatte, ging nun auf Reisen bis nach Portugal und Marokko, und zwar als Passagierin auf Frachtschiffen, eine sehr ungewöhnliche Freizeitbeschäftigung für eine Witwe in den 1950er Jahren. Von diesen Touren zeugten Mitbringsel, die ich später als Kind staunend betrachtete: eine afrikanische Decke, Schwarz-Weiß-Fotos von Städten mit Palmen, hölzerne Affen, die in den Zimmerpflanzen herumturnten. Ich konnte dieses Bild von Weltoffenheit nie in Einklang bringen mit der Askese, der preußischen Strenge, die ich als Kind an Großmutter kennengelernt hatte, ihrer Kleinlichkeit und Engherzigkeit. Kinder mussten bei ihr »parieren«. Ich galt als aufsässig und frech. Selbst ihre Katze war abweisend, wehrte sich gegen Streichelversuche durch Kratzen und Beißen.

Mutter hat nie einen Hehl daraus gemacht, dass es streng zuging bei ihr zu Hause. Sie flüchtete davor offenbar in ihre eigene Welt, ging als junges Mädchen zum Ruderklub an die Havelseen. Nach der Machtergreifung der Nazis musste sie zur NS-Jugendorganisation BDM, was sie hasste – wie alle Massenveranstaltungen und Aufmärsche. Dem lag wohl weniger politische Kritikfähigkeit zugrunde als ihr im Grunde scheues Wesen. Die verordnete Begeisterung, das Jubelgeschrei, die Zwangsgemeinschaft, der Drill passten nicht zu dem introvertierten, skeptischen und einzelgängerischen Kind. Ihre Geschlechtsgenossinnen hatte sie später kollektiv in Verdacht geringer Distanz zum Regime. »Wenn es um Hitler ging«, so sagte sie häufig, seien »die Weiber am schlimmsten gewesen«.

Großvater hängte, wenn Beflaggung angeordnet war, die kleinste Hakenkreuzfahne aus dem Fenster, die er finden konnte. Sie war handtellergroß. Das war so seine Art Widerstand.

Mutters Schulzeugnisse am Karin-Göring-Gymnasium in Berlin beschreiben sie als intelligentes, aber verschlossenes Kind mit einem damals bei Mädchen für absonderlich gehaltenen Interesse an Naturwissenschaften. Hatte dieses Außenseitertum sie zu dem Menschen gemacht, der später oft die Isolation suchte? Oder war sie einfach nur begabt und deshalb überheblich, weil sie etwas konnte, was ihre Klassenkameradinnen nicht konnten? Mutter machte 1943 Abitur. Düstere Zeiten. Die Abizeitung wurde eingeleitet durch eine Art Gedicht, verfasst von einer anonymen Autorin, die die sehr naheliegende Frage stellte:

»Dürfen wir lachen und fröhlich sein
in dieser schweren Zeit?
Da der Krieg über der Heimat liegt
und Tod bringt, Kummer und Leid?
Das große Völkerringen
lässt seine Spuren zurück
und auch bei uns in der Heimat
verebbt das jauchzende Glück
Doch klagend, weinend und traurig
woll'n wir nicht abseits stehen
Es sollen ja uns're Soldaten
eine lachende Heimat sehn.«

Für Mutter kam der Abschied von der Schule einer Art Befreiung gleich. Nach der Abiturprüfung wurde sie zum Reichsarbeitsdienst eingezogen, davon ist ein Ausweis erhalten, das Foto zeigt sie nun nicht mehr als Mädchen mit Zöpfen, sondern als junge Frau von achtzehn Jahren, die Hakenkreuzbinde am Arm. Sie wurde in Berlin zu AEG und Osram in die Kriegsgüterproduktion geschickt, woran sie wohl Gefallen fand, endlich wurde ihr technisches Interesse geschätzt. Weniger Freude bereitete ihr der Arbeitseinsatz bei Bauern in Schlesien, harte Plackerei auf dem Feld. Doch auch da konnte man ja »Abenteuer« erleben. Eine ihrer Lieblingsgeschichten war, dass die Baracken, in denen sie wohnten, gegen Ungeziefer mit Blausäure ausgeräuchert wurden.

»Das roch so schön nach Bittermandel.«

Warum sie so was erzählte? Ich vermute, vor allem wollte sie sich über die heutige Angst in der Gesellschaft vor schädlichen Substanzen in Luft, Essen, Kleidung oder Möbel lustig machen.

Die sollen sich mal nicht so anstellen.

Im Sommersemester 1944 ging Mutter zum Studieren nach Göttingen, wo ihr die örtliche Verwandtschaft eine Studentenbude besorgte. Dort lebte sie mit einer Freundin – eine WG, nicht viel anders als bei Studentinnen heute. Doch nach nur einem Semester Chemie wurde Mutter erneut zum Rüstungseinsatz einberufen; bevor sie nach Gotenhafen kam, schraubte sie Granaten im Salzstollen von Gorleben zusammen. Dort arbeitete sie Seite an Seite mit Russinnen, Zwangsarbeiterinnen.

Wie das gewesen sei?

»Die haben immer viel gesungen.«

Singen war nicht Mutters Stärke.

»Was Praktisches«

Nach ihrer Heimkehr aus Holstein handelte Mutter mit Zigaretten und selbstgebranntem Schnaps auf dem Schwarzmarkt in Berlin. Tabak baute sie selbst in der elterlichen Laube in Wilhelmshorst an, »solange man von Berlin aus noch in die Zone fahren konnte«.

Mit Zigaretten bestach Großvater auch das Personal an der Humboldt-Universität, um Mutters Aufnahme durchzusetzen – »eigentlich wurden Kriegsveteranen, also Männer, bevorzugt«. Mutter fuhr nun jeden Tag mit der Straßenbahn von Steglitz ans Chemische Institut an der Hessischen Straße. Das machte ihr Spaß. Am Chemischen Institut musste man sich vor explodierenden Chemikalien hinter Ruinenwänden in Sicherheit bringen. Aus dem Spreekanal krochen nachts die Ratten durch die Rohre und flitzten am Morgen durch die Labore. Da war was los.

Warum Chemie?

»Ich wollte was Praktisches machen. Reden über Goethe und so – das lag mir nicht.«

Sie ließ keine Gelegenheit aus, ihre Geringschätzung gegenüber den geisteswissenschaftlichen Fächern, die ich studiert hatte, loszuwerden.

Das Chemische Institut befand sich in Ostberlin, aber die Mauer stand noch nicht. Man konnte ohne viel Aufhebens zwischen Ost und West hin und her reisen. Bedingung für die Aufnahme an der DDR-Uni war jedoch eine Prüfung in Marxismus-Leninismus, die Mutter ohne Weiteres bestand.

Sieh zu, wie du zurechtkommst.

Mutter war in jeder Hinsicht eine gute Studentin. Ein Kriminalistikprofessor wurde auf sie aufmerksam, wollte sie für die forensische Wissenschaft gewinnen.

»Doch dafür hätte ich in den Osten ziehen müssen.« Das kam nicht in Frage.

Sie wechselte an die Freie Universität Berlin, die im Westteil lag. Dort lernte sie den Mann kennen, der mein Vater werden sollte.

Liebe auf den ersten Blick war es eher nicht. Mutter ging gerne auf Partys. Ihre Lieblingsanekdote: Zu Karneval setzte sie sich einen Papierhut aus einer Schreibtischunterlage auf und ging allein in die Kunstakademie, weil dort die besten Feten stiegen. Sie traf einen jungen Herrn, der sie begleitete. Es war nicht mein Vater. Nach der Party warf sie den Hut zerknüllt in den Papierkorb, so dass die Putzfrauen am nächsten Morgen sagten: »Na die muss ja wild gefeiert haben.« Hatte sie wohl auch. Es gibt Fotos von Mutter aus dieser Zeit an der Seite verschiedener junger Männer.

»Dein Vater ist ja nie mitgegangen.«

Dafür hatten sie andere gemeinsame Interessen, die Chemie etwa. Zu ihren Professoren unterhielten sie ein enges Verhältnis, ein klassisches akademisches Leben, wie man es heute kaum noch kennt. Das Professorenpaar J. nahm sie auf fast elterliche Weise unter ihre Fittiche, man besuchte einander auch privat, es entstand eine Freundschaft, die bis zum Lebensende hielt. Professor J. war für meine Eltern eine hochgeachtete Persönlichkeit, eine moralische Autorität und eine wissenschaftliche Referenzgröße. Sein Tod kam jäh und unerwartet in sehr unpassender Umgebung.

Auf dem Dachboden fand ich unter alten Briefen einen Ausschnitt aus einer Boulevardzeitung von 1973, in dem berichtet wird, der »bekannte Berliner Uni-Professor J.« (es folgt der volle

Name) sei tot in einem Pornokino aufgefunden worden, der 68-Jährige sei »mitten im Spiel der textilarmen Akteure« einer Herzattacke erlegen.

Der Sexladenbesitzer gibt zu Protokoll: »Der Herr Professor war Stammgast bei uns.«

Muss ich betonen, dass diese Geschichte nie ihren Weg aus der elterlichen Mottenkiste herausgefunden hatte? Ich hatte vieles über Professor J. gehört, aber nur gute, bewundernde Worte.

Die wenig rühmlichen Umstände des Ablebens wurden schamhaft verschwiegen – der Zeitungsausschnitt aber trotzdem aufgehoben, verschlossen in einer Kiste.

Was ich dort ebenfalls fand, war ein Bericht von Frau Professor J., seiner Witwe, mit dem Titel »Warum ich Nationalsozialis-

Bild 8: Mutter als Studentin in Berlin

tin wurde«, verfasst 1989. Sie schilderte darin als inzwischen alte Dame die Verführungskraft der Nazis und wie sie sich als junge Frau bereitwillig der Ideologie hingegeben hatte. Der Bericht solle den Nachgeborenen zum besseren Verständnis der Zeit dienen, hieß es darin, aber er wirkt eher wie eine Rechtfertigung. Auch darin ein verräterischer Satz: »Habe ich eigentlich gewusst, daß die Juden abgeholt wurden? Aus der Tatsache, dass ich es nicht mehr weiß, nehme ich an, daß ich es verdrängt habe.«

Frau Professor war eine in jeder Hinsicht typische Vertreterin ihrer Zeit. Verdrängung bildete das Leitmotiv der 1950er Jahre. Krieg? Judenverfolgung? Das durfte in der Studentenzeit meiner Eltern keine Rolle spielen. Es ging aufwärts. Bilder von Exkursionen und Ausflügen zeigen eine fröhliche Schar, jederzeit zu Unsinn aufgelegt, »Daffke« sagte man als Berliner. Die Vergangenheit war nur als Schatten präsent.

Nach dem Studium fand Mutter rasch eine Stellung bei Siemens-Halske in Berlin in der Röhrenfertigung. Es herrschte Vollbeschäftigung, auch Frauen bekamen ganz neue Chancen. »Mein Aufgabengebiet war dort, ein Verfahren zu suchen, um Keramik mit Metallen hochvakuumdicht und temperaturbeständig zu verbinden«, schrieb sie stolz an ihre früheren Klassenkameradinnen. »Ich begann im Labor als Einfraubetrieb und verfolgte später das Verfahren bis zur Fertigungsreife.«

1957 machte Vater ihr einen Heiratsantrag, sie ließ sich tagelang Zeit mit der Entscheidung. Meine Tante erzählte später: »Wir mussten immer mit deinem Vater Skat spielen, um ihn abzulenken, so nervös war er.« Schließlich sagte Mutter ja.

War es Liebe?

»Unverheiratete Frauen wurden damals nirgendwo eingeladen, weil die Gastgeberinnen um ihre Männer fürchteten«, sagte Mutter. Das galt vor allem, wenn eine Frau so gut aussah und so intelligent war wie sie. Aber sie war schon über dreißig, für damalige Verhältnisse uralt.

War die Heirat Torschlusspanik? Nahm sie nur deshalb diesen schüchternen, umständlichen, blumenliebenden, gezeichneten

Kriegsheimkehrer? Ihre spätere Lieblosigkeit meinem Vater gegenüber mag für diese These sprechen.

Die Fotos der Hochzeitsgesellschaft zeigen eine im Stil der 1950er Jahre gekleidete, ernst dreinblickende Familie, die Damen tragen Petticoats unter den Kleidern und Handschuhe bis zum Ellbogen, die Herren bauschige Anzüge wie Humphrey Bogart, alle rauchen mit Zigarettenspitze. Mutter sah entzückend aus im weißen, wallenden Hochzeitskleid, etwas burschikos vielleicht, aber »sehr sinnlich«, sagte sogar der evangelische Pfarrer, dem ich die Fotos nach Mutters Tod zeigte. Obwohl die Aufnahmen eine gewisse Gelöstheit verströmen, wollte Mutter später partout nicht an den Hochzeitstag erinnert werden. Kam Vater darauf zu sprechen, quittierte sie das mit Nichtachtung.

Ach Gottchen, ja, Hochzeitstag.

Doch es muss nicht immer so gewesen sein. Auf den Fotos aus den 1950er Jahren sind sie beide als unternehmungslustiges, modern wirkendes Paar zu sehen, immer lachend, an der Nordsee, der Riviera, in Südtirol. Die Hochzeitsreise führte auf einem argentinischen Dampfer ins spanische Vigo an der Atlantikküste, für die 1950er Jahre ein überaus exotisches Ziel.

»Außer uns waren auf dem Schiff fast nur Auswanderer.«

Vater trug stets Anzug, auch im Urlaub, Mutter gebügelte Kleider, außer am Strand natürlich. Da posierten sie in geringelter Freizeitkleidung, beide hatten schmetterlingsförmige Sonnenbrillen auf. Man sieht sie häufig lachen.

Zwei Menschen, die das Schlimmste hinter sich hatten.

Eine Notgemeinschaft?

Das Geschlechterverhältnis in Deutschland war durch den Krieg nachhaltig gestört. Der Historiker Florian Huber berichtet von »in die Höhe geschnellten Scheidungsraten«[39] in der Nachkriegsgesellschaft. »Die Frauen waren das zentrale Kraftfeld der Familie geworden. Ihre Männer und Familien aber waren durch den Krieg nicht mehr dieselben.«[40] Der Mann als Alleinernährer sei »angesichts von Millionen Kriegsgeschädigten zur Fiktion geworden«.[41] Gesellschaft und Politik hielten mit der Veränderung nicht mit. Die Formulierung im deutschen Grundgesetz, wonach Männer und Frauen gleichberechtigt seien, stellte weite Teile des alten Bürgerlichen Gesetzbuches auf den Kopf, laut dem Frauen die Zustimmung ihrer Männer brauchten, um eine Arbeitsstelle anzutreten oder ein Konto zu eröffnen. Es habe Jahre gedauert, bis der Verfassungsgrundsatz in praktische Gesetzgebung überführt worden sei, schreibt Huber: »Erst im Juni 1957 erfüllte das Gleichberechtigungsgesetz den Verfassungsauftrag.«[42] Allerdings brauchten Frauen bis 1977 noch die Zustimmung der Ehemänner, wenn sie erwerbstätig sein wollten.

Der Kolumnist und Schriftsteller Walther von Hollander wurde in diesen Jahren der zerbrechenden Traditionen zum Familienberater der Nation, wie Huber schreibt, unter anderem über seine Kolumne »Fragen Sie Frau Irene« in der Fernsehzeitschrift *Hörzu*, die auch bei meinen Eltern jede Woche ins Haus kam. Das Abo war fester Bestandteil der Familienroutine, man riss einander das Heft förmlich aus den Händen.

Die Tragödie aus Missverständnis, Desillusion und Abwendung wurzelte laut Hollander in der »Heimkehr des besiegten Mannes«.[43] Ausgezogen als Eroberer, war er als Verlierer zurückgekehrt: »Was war das Ideal vom Beschützer noch wert, wenn in der Realität gebrochene Kreaturen zurückkamen?« Daraus leitete Hollander die Weigerung vieler Frauen ab, »sich ihren Männern unterzuordnen wie ehedem«.[44] Ganz unerträglich sei die Lage, wenn der hilflose Mann mit den Allüren und Gewohnheiten des tyrannischen Hausvaters auftrat.[45] Der Regisseur Rainer Werner Fassbinder hat diese Bruchlinien in deutschen Nachkriegsehen in seinen Filmen ebenso nachgezeichnet wie Heinrich Böll in seinem Roman *Haus ohne Hüter*. Doch solche kulturellen Aufarbeitungsversuche sprachen nur eine intellektuelle Minderheit an, meine Eltern gehörten nicht dazu.

Vielen Frauen fiel es darüber hinaus nach ihren Gewalterfahrungen zu Kriegsende schwer, eine »liebevolle Zuneigung zum

Ehemann und die damit verbundene Sexualität« zu entwickeln, »auch das Verhältnis zu den Kindern bestand in der Hauptsache aus der sich gehörenden Versorgung«, schreibt die Psychoanalytikerin Luise Reddemann.[46] Die verklemmte Atmosphäre der 1950er und 1960er Jahre war also direkte Folge der Verheerungen des Krieges, die – und auch das muss man ja auch immer wiederholen – sich die Deutschen selbst eingebrockt hatten.

Viele Frauen hätten ihre wenig bewunderten Prätendenten nur deswegen geheiratet, weil es »nach dem großen Sterben in Deutschland zu wenige Männer gab«, nimmt der Historiker Huber an.[47] Man schloss Notgemeinschaften. »Sie richteten sich darin ein, ein Leben in Häusern mit Kleingarten und niedrigen Decken zu führen und sich im Versandhauskatalog ihre nicht mehr versiegenden Wünsche zu erfüllen.«[48] Auch bei meinen Eltern war die Ankunft des Quelle-Katalogs bis in die 1970er Jahre ein Hochamt des Konsums, alle Familienmitglieder steckten eifrig ihre Nasen hinein, es quollen Bestellungen hervor, die Bohrmaschine für Vater (der Baumarkt war noch nicht erfunden), Sommerkleider und Strumpfhosen für Mutter (in der kleinen bayerischen Kreisstadt gab es in großer Auswahl nur Kittelschürzen für die Landfrau); für den Sohnemann Legosteine und Plastiksoldaten.

Sie guckten Filme mit Ruth Leuwerik und O. E. Hasse, später Hannelore Elsner oder Wolfgang Kieling, keinen Schund, aber auch nichts, was mit Krieg zu tun hatte. Eine Ausnahme bildete *Des Teufels General* nicht nur, weil Curd Jürgens gar so ein schneidiger Bursche war. Er verkörperte den guten Deutschen, der zwar dem »Teufel« als General diente, aber seine Seele nicht hergeben wollte und sie verteidigte bis hin zum Suizid. Sie lasen Peter Bamm, Hans Hellmut Kirst, C. W. Ceram, aber auch Jean-Paul Sartre und Erich Fromm fand ich in ihrem Bücherschrank. Sie hatten die LPs »Spitzenreiter« von 1958 im Plattenschrank, auch die von 1959, 1960, 1961, mit Derbymotiven auf dem Cover und Schlagern von Alexandra, Bill Ramsey, Freddy Quinn, Conny Francis, der Amerikanerin, die Deutsch genauso überzeugend sang wie Portugiesisch oder Spanisch. Und natürlich Hildegard Knef. Sonntags drehten sich schwarze Vinyl-LPs auf dem Plattenteller der Grundig-Musiktruhe.

> »Gib mir noch einmal den Strand meiner Kindheit,
> mit Muscheln und Bernstein auf trockenem Weiß.
> Gib mir den salzigen Wind meiner Ostsee,
> das Jammern der Möwe, die hoffnungsvoll kreist.«[49]

Vieles spricht dafür, dass die Ehe meiner Eltern in der Tat eine Notgemeinschaft war. In späteren Jahren meinte ich bei Mutter – wie bei vielen Frauen ihrer Generation – eine herablassende Geringschätzung für meinen Vater als Mann zu spüren. »Deine Leute da bei Siemens, die kannste anblaffen, aber nicht mich«, herrschte sie ihn an, als er ein energisches Wort wagte. Bei Wochenendausflügen saß sie am Steuer des Opels, sie regierte nicht nur das Haus, sondern entschied auch über Finanzen, Umbauten sowie Urlaubsziele. Vater nahm alles hin. Seine Zärtlichkeitsversuche wehrte sie brüsk ab, sein Lob für ihre Mittagsgerichte und Gartengestaltung nahm sie kommentarlos zur Kenntnis.

Als Pubertierender fragte ich mich, wie sie je hatten Sex haben können. War ich überhaupt ihr Sohn?

Im höheren Alter wurde es für Vater immer schwieriger, sich durchzusetzen, weil Gebrechlichkeit und Schwerhörigkeit zunahmen. Lange habe ich gebraucht, ihn zu einem Machtwort zu bewegen, um etwa Mutters Angewohnheit Grenzen zu setzen, sich am Telefon Dinge aufschwatzen zu lassen. Ich übernahm erst ganz am Ende ihres Lebens das Kommando, was Mutter brummig erduldete.

Laut Sabine Bode hat dieses gestörte Geschlechterverhältnis der Nachkriegszeit auch direkte Auswirkungen auf das Männlichkeitsbild der folgenden, nämlich meiner Generation gehabt. Sie führt die »verunsicherte männliche Identität« vieler Kriegskinder und -enkel auf das erschütterte Vatervorbild zurück wie auch deren Wunsch, dem Männerideal der NS-Zeit einen Pol entgegenzusetzen. Manche Babyboomer meinten, »als langhaariger

Softietyp mit Latzhose bei den Frauen punkten zu können«.[50] Latzhosen habe ich nie getragen, aber Orientierungspunkte männlicher Identität fand ich im Elternhaus auch nicht. Ich versuchte, das später bei Aufenthalten in Spanien und Lateinamerika nachzuholen – es war ein Crashkurs in *Machismo* mit schwankendem Erfolg.

Die Illusion vom Glück

Ob Mutter glücklich war? Für sie galt wohl eher das Wort von Sigmund Freud, wonach Glück im Schöpfungsplan des Menschen nicht vorgesehen ist.[51] Das Wort »Glück« verwendete Mutter stets nur in einem Zusammenhang wie beispielsweise: »Da haste aber Glück gehabt, dass dir der Ziegelstein nicht auf den Kopf gefallen ist.« Von dieser Art Glück hatte sie eine Menge gehabt, im Krieg und danach. Die heute in den USA so populäre Glücksforschung hätte Mutter sicher nicht unter die exakten Wissenschaften eingereiht.

Es gab aber sicher glückliche Momente: bei der Rast auf einer Radwanderung an der Donau; beim Rosenpflanzen im Garten; bei ihrer Dienstreise nach New York 1962, wo sie stolz vor der Skyline im Pelzmantel posierte; auf einem Berggipfel in den Münchner Voralpen. Mutter mag empfunden haben wie die Literaturkritikerin und Autorin Elke Heidenreich, deren Urteil sie sehr schätzte: »Glück ist Sonne auf der Hoteltapete.«[52] Oder so, wie es ein kurzes Gedicht von Nikolaus Lenau ausdrückt, das sie in einem Ordner mit Altenheimunterlagen abgeheftet hatte und das ich nach ihrem Tode fand:

»O Menschenherz, was ist dein Glück?
Ein rätselhaft geborner,
und, kaum gegrüßt,
verlorner, unwiederholter Augenblick.«[53]

Bild 9: Auf Stippvisite in der Welt: Mutter auf Dienstreise in New York 1962

Im Labor bei Siemens dürfte sie ebenfalls so etwas wie Glück empfunden haben. Sie fühlte sich als Frau angenommen, respektiert und wohl auch begehrt. Vater tat sich schwerer. Nach der Promotion überlegte er, Lehrer zu werden, fand dann aber Anfang der 1960er Jahre eine Anstellung in der Industrie bei Auer-Chemie in Berlin. Mutter machte da schon Karriere. Als Siemens einen wichtigen Teil seiner Produktion und Entwicklung nach dem Bau der Berliner Mauer 1961 nach München verlegte, bot man ihr in der bayerischen Hauptstadt einen Job an, »um hier in der Röhrenfabrik ein chemisches und technologisches Laboratorium zu übernehmen«, wie sie früheren Klassenkameradinnen berichtete.

Sie aber sagte: »Ich gehe nur, wenn für meinen Mann auch etwas herausspringt.« Vater erhielt 1962 prompt ebenfalls eine Stelle in München, sein Abschiedsbrief an die Eltern in Berlin, vor allem an seine geliebte Mutter, lässt einiges an Schwermut erkennen. Doch er folgte seiner Frau.

Diese Form von Protektion stellte das vordergründige Geschlechterverhältnis der Zeit natürlich auf den Kopf. Doch ich habe diese Konstellation bei Bekannten meiner Eltern häufiger beobachtet: die aktive, lebens- und unternehmungslustige Frau und der eher widerwillig hinterhertrottende Mann, auf eigenartige Weise gelähmt und geschlagen wirkend, oft dem Alkohol zugetan.

Von der Mutterrolle rieten ihre Chefs ihr ab: »Kinder kriegen können doch andere.« Sie sei begabt, habe eine große Karriere vor sich. Beruf und Familie zu vereinbaren galt in den frühen 1960er Jahren noch nicht als Option. Mutter hat auch nie an diese Option geglaubt, wie sie später stets betonte. Entweder das eine oder das andere. *Da muss man sich entscheiden.*

Sie entschied sich nach kurzer Zeit trotzdem fürs Kinderkriegen, nicht ohne Zögern und inneren Widerstand. Als ich 1964 auf die Welt kam, war sie 39, damals eine Spätgebärende. In Briefen an ihre Freundinnen klingt es so, als habe sie sich mit der neuen Rolle arrangiert: »Ich finde, dass es gar keine schlechte Lösung ist, erst das Berufsleben mit seinen Anregungen und Abwechslungen auszukosten und sich erst später in die Familie zurückzuziehen.«

Der Beruf war damit allerdings hin, Rückkehr an den Arbeitsplatz war damals nicht vorgesehen. »Man verlor den Anschluss.«

Als ich Jahrzehnte später wegen meiner kranken Eltern auf den Karrieresprung nach Buenos Aires verzichtete, fand sie, das sei nur recht und billig.

»Ich habe für dich ja auch auf Karriere verzichtet.«

So richtig wollte sie nicht hineinfinden in die neue Hausfrauenrolle, sie betrachtete ihr Kind eher wie ein wissenschaftliches Experiment, das es zu beobachten galt. Das »Tagebuch«, das sie in meinem ersten Lebensjahr führte, liest sich wie eine Versuchsanordnung mit Auswertung. In Briefen an ihre Freundinnen bezeichnete sie mich als »kleinen Kerl«, als sei ich eine Puppe oder ein Kobold. Kleine Kerle aber treiben Schabernack oder machen Unsinn, sie sind ungeschickt und tapsig, lassen Dinge zu Bruch gehen und benehmen sich unvernünftig. Darauf war Mutter nur bedingt vorbereitet. Ich sei sehr lebhaft und hätte viel Fantasie, heißt es in den Briefen, das war nicht unbedingt eine Lobpreisung. Aber es gefiel ihr, wenn ich unternehmungslustig an den Gitterstäben meines Laufstalls rüttelte. »So nach dem Motto:

Wann geht's endlich los?« Da projizierte sie ihre eigene Lebensvorstellung auf ihr Kind.

Ungeduldig wartete sie auf den Moment, das Leben mit Ausflügen und Reisen wieder aufzunehmen. Der kleine Kerl musste mit. Die erste Bergtour machte ich mit vier, auf Bäume kletterte ich mit fünf, Skifahren konnte ich mit sechs, Rudern lernte ich mit sieben. Doch kindgerecht waren die Unternehmungen nicht immer. Wandern und Stadtbesichtigungen gehören ja nicht gerade zu den Lieblingsbeschäftigungen von Kindern. Skifahren verleideten mir meine Eltern durch ihre Pedanterie. Ob bei Schneetreiben oder minus fünfzehn Grad Kälte, morgens musste der erste Lift hinauf und abends der letzte hinunter genommen werden. »Sonst lohnt es sich ja nicht.« Der kleine Kerl konnte trotzig und jähzornig sein, hin und wieder lief er in eine Ohrfeige oder eine Tracht Prügel hinein. Er war hektisch und unkonzentriert. Als Jugendlicher stotterte ich. Der ohnehin spärliche körperliche Kontakt riss gänzlich ab. Mutters Liebe war auch keineswegs bedingungslos. Manchmal strafte sie durch stundenlanges Schweigen. Bei der Suche nach Zuneigung die richtigen Kniffe anzuwenden erwies sich als schwierig. Es war unmöglich, die Eltern gegeneinander auszuspielen. Zusammen bildeten sie trotz aller Disharmonien eine Art Trutzburg, eine »Burgfamilie«, wie man das in der Familientherapie nennt.

Burgfamilien sind dem Namen zum Trotz nicht immer Kraftzentren. Die Abwehrhaltung gegenüber der Welt erzeugt bei Kindern unter Umständen eine diffuse Angst vor Dingen, die außerhalb der familiären Zugbrücke liegen.

Wo sie Sinnhaftigkeit erkennen konnte oder Hindernisse und Ungerechtigkeit witterte, da griff Mutter ein. Als ich in der zehnten Klasse mit einer Sechs in Mathe sitzenblieb, versuchte sie alles, um durchzusetzen, dass ich wegen guter Noten in sprachlichen Fächern trotzdem vorrücken dürfte. Sie legte sich mit der Ministerialbürokratie an, wovon angespannte Briefwechsel zeugen. Der Lehrer sei schuld, hieß es darin. Das war nicht nur eine äußerst moderne Haltung für die Zeit, es stimmte exakt. Bei

Studiendirektor J. hatte man, wenn er im eisigen Weißkittel die Klasse betrat, stets den Eindruck, er habe Mühe, nicht den rechten Arm zum Gruß hochzureißen. Die Temperatur in der Klasse sackte gefühlt um ein paar Grad ab. Er riss Blätter aus Schulheften, wenn ihm die Schrift nicht schön genug erschien, demütigte Schüler mit kaum verhohlenem Genuss, nannte sie schroff beim Nachnamen und hatte eine schneidende Stimme wie ein Feldwebel.

Ich begann, die Schule zu schwänzen.

Mutter schrieb in einem Brief an die Schulleitung, ich reagierte eben sensibel auf meine Umgebung, dieser Mensch habe in mir Panikzustände erzeugt, die sie sonst nicht an mir kenne.

Die Bürokratie blieb stur, man warf Mutter vor, sie habe den Lehrer »unschön abqualifiziert«, man hielt mich erwiesenermaßen für »faul«, ich wiederholte die Klasse – und bekam diesmal eine Zwei in Mathe. Mutter war zufrieden, auch eine Art Sieg. Ihr Hausfrauendasein langweilte sie; die Kleinstadt strafte sie, die geborene Großstädterin, mit leiser Verachtung. Im Krämerladen gebe es »nur zwei Sorten Käse«, beim Metzger hielten die schwatzenden Bäuerinnen den Betrieb auf, der Eisenwarenhändler sei ein kleinlicher Schraubenzähler, der Uhrmacher aufgedunsen (»nimmt sicher Medikamente«); Bayern erschienen ihr grundsätzlich tranig, selbst München empfand sie als Kaff. Als dort 1972 wegen der Olympischen Spiele die U-Bahn gebaut wurde, verwies sie hochmütig darauf, dass Berlin schon eine solche gehabt habe, »als man in Bayern noch die Oma im Handwagen durch die Gegend schob«.

Sie suchte Zerstreuung, lernte Heimwerken, baute selbst ein Gewächshaus, nahm Reitunterricht (hörte erst damit auf, als sie vom Pferd fiel), besuchte Sprachkurse in der Volkshochschule, die allerdings keine hörbaren Ergebnisse zu Tage brachten.

Während der Woche, wenn Vater bei Siemens war, kam häufig Herr G. zu Besuch. Er war im Ruhestand, hatte nicht nur einen Opel Rekord wie Vater, sondern einen Kapitän mit Sechszylindermotor, der allerdings häufig kaputt war, weshalb Herr G., der in München wohnte, fast jede Woche die Dienste der örtlichen Werkstatt in der Kreisstadt in Anspruch nahm, was mir nur in der Rückschau als arg häufig erscheint. Herr G. war bei Siemens gewesen, anders als Vater aber in leitender Stellung, er hatte einen Kinnbart und einen knochentrockenen Humor, der mir gefiel. Er war Sohn eines Erfinders, nach dem sogar ein Mondkrater benannt war. Herr G. konnte gut erzählen und besaß – warum, weiß ich nicht – eine Pistole, mit der er ein »Fünfmarkstück von der Dachrinne schießen« konnte, wie er behauptete. Ich gewöhnte mich daran, dass Herr G. im Haus war, wenn ich aus der Schule kam. Einmal unternahm ich mit Mutter eine Reise ohne Vater an die Ostsee, die in Herrn G. s dortiger Zweitwohnung endete – in Travemünde, Mutters alter Wirkungsstätte.

Nach ein paar Jahren kam Herr G. nicht mehr. Eines Abends verabschiedete er sich am Telefon und ward nicht mehr gesehen. Was vorgefallen war – darüber wurde in meiner Gegenwart zu Hause kein Wort verloren. Dafür machte Mutter fortan Ausflüge mit Herrn M., ebenfalls leitender Siemens-Mann im Ruhestand. Herr M. hatte nicht nur einen Opel Kapitän, sondern einen Porsche. Entscheidungsträger, Mannsbilder, Cheftypen: Wenn sie mit Herrn M. telefonierte, klang Mutter wie ein junges Mädchen.

In Herrn M.s Porsche durfte ich anders als in Herrn G.s Opel Kapitän nicht mehr mitfahren, ich bekam ihn nie zu Gesicht. Stattdessen erhielt ich mit dreizehn einen Schlüssel für das Haus und Geld für Tiefkühlpizza, was ich sehr schätzte. Die Nachmittage verträumte ich im Garten, bei Regen schaute ich aus dem Fenster, lauschte dem Ticken der Wanduhr wie Oblomow und vermisste nichts. Meine schulischen Leistungen waren unterirdisch. Ich wurde wegen meiner Nervosität mit homöopathischen Kügelchen der Marke »Zappelin« behandelt.

Auch Mutters Ausflüge mit Herrn M. endeten abrupt, dafür ging sie nun wieder am Wochenende mit Vater wandern. Es war wie bei Arno Geiger, der über die emotional zerrüttete, aber institutionell eherne Ehe seiner Eltern berichtet: »Über eine Ehe zu schreiben, die gescheitert ist, mutet an, als kehre man alte Asche zusammen. Für einige Zeit muss den beiden gelungen sein, sich durch Kompromisse so etwas wie Seelenfrieden zu erkaufen.«[54] Doch auf den Fotos, die fortan in der Auvergne, im Steigerwald oder auf Sizilien entstanden, sieht man weder meine Mutter noch meinen Vater lächeln, grimmig stieren sie in die Kamera.

Vaters Appelle »Nun lach doch mal« quittierte Mutter mit Grimassen.

Warum sie sich nicht scheiden ließen? »Die alten Paare erleiden alles, was alle erleiden«, schreibt Wilhelm Genazino, »aber sie schreien nicht wie die Jungen, sie verhalten sich still.«[55]

Als Mutter schon im Heim war, berichtete ihr eine Pflegerin, sie wolle sich von ihrem Mann trennen. »Heute lassen sich alle scheiden«, schnaubte Mutter da, »das hat man früher nicht gemacht, da blieb man zusammen.« Das Geheimnis einer lebenslangen Beziehung *according to mother*: sich einfach nicht trennen.

Mutter schätzte selbstbewusste Frauen ihrer Generation wie die FDP-Politikerin Hildegard Hamm-Brücher, *Zeit*-Herausgeberin Marion Gräfin Dönhoff und Helmut Schmidts Ehefrau Loki. Franz Josef Strauß war ihr zu plebejisch, Rainer Barzel zu spießig. Die Grünen verachtete sie. Angst vor »Chemie« im Essen? Das nahm sie als studierte Chemikerin persönlich.

Zu Themen der Zeit hatte Mutter eine dezidierte Meinung, die kantiger wurde im hohen Alter:

Frauenquote? – »Wäre mir peinlich gewesen.«

Horst Seehofer? »Dem sehe ich an der Nasenspitze an, dass er lügt.«

Sebastian Edathy? »Haben wir eigentlich keine anderen Probleme, als dass der sich nackte Jungs anguckt?«

Wladimir Putin: »Die Russen könnten zusehen, wie sie ohne den zurechtkommen würden.«

Political Correctness? »Die Leute nehmen alles zu genau. Es gab zu lange keinen Krieg.«

Mehrere Frauen im Büro? »Funktioniert nicht, die kämpfen bloß um einen Mann.«

Flüchtlingskrise? »Da haben sie sich was Schönes eingebrockt.«

Berlusconi? »Die Italiener mögen den, der macht ihnen Spaß.«

Die anderen Frauen im Stift? »Alles Beamtenwitwen, denen sieht man an, dass sie im Leben nie gearbeitet haben.«

Muss man dazu sagen, dass es Mutter schwerfiel, Anschluss zu finden? Es macht einen nicht unbedingt liebenswert, wenn man sich selbst in allen Dingen für die allerhöchste Autorität hält. Eine aus Polen stammende, sehr ehrgeizige junge Dame von der Stadtsparkasse, die regelmäßig zu ihr ins Apartment kam, half ihr bei den dringendsten Geldgeschäften. Das war die einzige Person, mit der Mutter sich wirklich gut verstand. Sie waren auf gleicher Wellenlänge.

Was ihr Altwerden anging, so empfahl Mutter, die Situation »mit Humor« zu nehmen, was bei ihr hieß: mit Sarkasmus. In einer Zeitung las sie eine positive Besprechung des Buches *Meine Eltern und ich* der amerikanischen Zeichnerin Roz Chast. Sie schenkte mir das Buch zu Weihnachten. »Weil du ja auch so Probleme mit deinen alten Eltern hast.« Selbst las sie es nie.

Ihrem körperlichen Verfall konnte Mutter mit Cleverness und Sarkasmus allerdings nicht begegnen. Für eine Neunzigjährige war sie erstaunlich gesund, litt jedoch unter starken Schmerzen wegen ihrer Osteoporose. Dagegen musste sie hohe Dosen Opiate nehmen. Erst fielen die Spaziergänge im Park weg, dann der Gang zum Supermarkt, schließlich sogar der Speisesaal. Besuch kam spärlich. Ihre wachsende Unselbstständigkeit betrachtete sie als Drama.

Wie da noch optimistisch sein?

Zum ersten Mal kam sie nicht mehr zurecht. Damit aber verlor sie die Lust am Leben. In einer ihrer letzten Wochen schrie sie einer Bekannten am Telefon einen Satz entgegen, der klang wie ein Vermächtnis:

»Werd' bloß nie so alt!«

Das Haus in Berlin

Geschichte eines Verlusts

»Über allen Gipfeln
Ist Ruh'
In allen Wipfeln
Spürest du
Kaum einen Hauch;
Die Vögelein schweigen im Walde.
Warte nur! Balde
Ruhest du auch.«

Johann Wolfgang von Goethe

Lichterfelde im Südwesten Berlins gehört nicht zu den angesagten Modestadtteilen. Es war und ist ein bürgerliches Wohnviertel mit Kopfsteinpflaster, Alleen und viel märkischem Sand neben den Gehwegen, die mit quadratischen Steinen gepflastert sind, welche sich leicht lockern. Es gibt Parks, mehrere Friedhöfe und villenartige Gebäude aus der Gründerzeit, Backsteinkirchen, den Teltowkanal als Anschluss an das Wassersystem der Havel, das Berlin umgibt. Zwischendurch säumten die Chausseen, wie man hier sagt, ein Friseurladen, ein Discounter, eine Vorstadtpizzeria, ein Kiosk oder eine der Wurstbuden, an denen früher stark berlinert wurde. Lichterfelde ist Teil des guten alten »Buletten-Berlin«, wie Sven Regener den früheren Westteil der Stadt mal genannt hat. Mittlerweile hat sich die eine oder andere Dönerbude dazwischen geklemmt.

Die Bevölkerungszusammensetzung ist lange nicht mehr so erlesen wie vor dem Zweiten Weltkrieg. Viele der ehemals noblen Wohnungen sind aufgeteilt in kleinere Einheiten, in denen es sich jedoch weiterhin vorzüglich lebt. Mitarbeiter der Berliner Ministerien und Behörden oder der Medienhäuser finden hier einen Rückzugsort vom wichtigtuerischen Gewimmel des Parlamentsviertels.

Vom S-Bahnhof Lichterfelde-Süd führt eine Chaussee südwärts Richtung Teltowkanal. Dort liegt der Schlosspark Lichterfelde mit dem alten Gutshaus unter riesigen Laubbäumen, nicht weit davon das Denkmal für den Flugpionier Otto Lilienthal, als Kind mein Idol, auch wenn ich nicht recht verstand, warum er nackt mit Flügeln auf dem Sockel stehen musste.

Von der Chaussee zweigen kleinere Straßen ab, die in eine Wohngegend führen. Eine davon hieß früher mal Gerichtsstraße. Sie ist ein wahrhaft gefährliches Pflaster – für Radfahrer. Bestes Berliner Katzenkopfpflaster schüttelt einen kräftig durch. 1953 wurde die Gerichtsstraße umgetauft nach einer der typischen fragwürdigen »Helden«-Gestalten des Kalten Krieges, einem Anwalt, der für den sogenannten Westberliner Untersuchungsausschuss Freiheitlicher Juristen gearbeitet hatte, der Menschenrechtsverletzungen in der DDR dokumentieren sollte. Am 8. Juli 1952 wurde er vom Ministerium für Staatssicherheit nach Ostberlin entführt und im Dezember 1953 in Moskau hingerichtet. 1996 wurde er durch den russischen Generalstaatsanwalt rehabilitiert. 2007 wurde allerdings bekannt, dass der Rehabilitierte historisch auch noch eine andere Rolle gespielt hatte. In der Zeit des Nationalsozialismus war er bei der Handelskammer für die »Arisierung« jüdischer Unternehmen zuständig.

Ungefähr auf halber Strecke der früheren Gerichtsstraße steht leicht nach hinten versetzt eine Gründerzeitvilla mit drei Stockwerken, hellgelb gestrichen und behängt mit grünen Fensterläden. Sie wurde 1908 erbaut und macht einen repräsentativen Eindruck. Bauliche Details sind im Original erhalten, da fast ein halbes Jahrhundert lang in dem Haus so gut wie nichts verändert worden war. Früher war es umgeben von einem 3000 Quadratmeter großen Garten voller Bäume, Brombeeren, Brennnesseln, Goldraute und verwildertem Spalierobst, der heute zugebaut ist mit Reihenhäusern. Jeder Quadratmeter muss genutzt werden, die Grundstückspreise sind auch in Lichterfelde explodiert. Da in der Nachbarschaft ein paar hohe Schulbauten dazugekommen sind, wirkt das alte Haus inzwischen etwas eingezwängt. Ein schmaler Weg führt dorthin, das Zufahrtsrecht ist umstritten, um die Nachbarschaft steht es nicht zum Besten, die Stimmung ist angespannt. Das merke ich, als ich den Weg entlanglaufe, an dem früher Weißdorn, junge Ahornbäume, Schlingpflanzen und Knallerbsen wucherten. Aus dem Küchenfenster eines neuerbauten Hauses schallt eine Stimme herüber, ob man »helfen« könne, was ja nichts anderes heißen soll als: »Was suchen Sie hier?«

»Da, wo Sie gerade stehen, bin ich früher auf die Bäume geklettert«, sage ich. Der Rufer entspannt sich, bleibt aber misstrauisch.

Die Villa habe ja mal einem reichen Chemiefabrikanten gehört, der sich im Osten verspekuliert habe, sagt er lauernd. So jedenfalls erzähle man es sich in der Nachbarschaft.

Ich muss lachen.

»Chemiefabrikant«, ja, so kann man Großvaters Geschichte wohl auch erzählen.

Ich verabschiede mich und fahre mit dem Bus zum Lichterfelder Friedhof, suche eine Zeitlang zwischen verwildertem Buchs und Koniferen, bis ich es gefunden habe: Großvaters Grab ist überwuchert und doppelt so groß wie die anderen. Es sollte einstmals einer großen Familie Platz bieten. Tatsächlich liegen nur drei Leute darin, wie man winzigen Emailleschildchen entnehmen kann, die ich im Gestrüpp finde, nicht ohne mir die Hände an Brennnesseln zu verbrennen, die nirgends so aggressiv wuchern wie auf märkischem Sand. Der Grabstein enthält keine Namen, nur eine in Stein gemeißelte Inschrift, wie eine Warnung an die Vorbeigehenden: »Warte nur! Balde ruhest du auch.«

Das war einerseits Großvaters Humor. Andererseits verlieh Goethes Memento mori auch einer Sehnsucht Ausdruck. Vom Tod seiner Frau Hedwig hat Großvater sich nicht mehr erholt. Zu ihrem Todestag um Ostern herum versank er noch Jahre danach in Tränen und Verzweiflung, sein brennendster Wunsch war es, ihr *balde* nachzufolgen. Er sollte sie jedoch um mehr als zwei Jahrzehnte überleben.

Ich gehe zur Friedhofsverwaltung und suche den Gärtner.

»Können Sie das Grab wieder herrichten?«

»Dafür bin ick ja da.«

Wir einigen uns auf eine pflegeleichte Lösung mit Zwergmispel; oft werde ich wohl nicht mehr herkommen.

Schäfer, Bankrotteure und ein Rittergutsbesitzer

Die Villa in der Gerichtsstraße hatten meine Urgroßeltern nach Ende des Ersten Weltkriegs gekauft. Mein Urgroßvater Otto Döhrendahl hatte ein gut gehendes Bau- und Malergeschäft im Rheinland gehabt, als Berufsbezeichnung führte er »Fabrikant«. Er besaß mehrere Mietshäuser in Essen, die ihm offenbar ein komfortables Leben ermöglichten. 1916 starb seine Frau. Er siedelte nach Berlin um, wohl um Abstand zu gewinnen und weil er sich vom Immobilienmarkt der Reichshauptstadt als Priva-

Bild 10: Die Großeltern mit ihren beiden Kindern Lothar und Hannelore, Mitte der 1920er Jahre

tier Verdienstmöglichkeiten erhoffte. In Charlottenburg lernte er die verwitwete Restaurantbesitzerin Martha Schoepp kennen, deren gut gehendes Lokal von Bediensteten des nahen kaiserlichen Schlosses frequentiert wurde. Sie waren eine gute Partie füreinander. Martha Schoepp brachte Geld von ihrem Großvater mit in die Ehe, einem Rittergutsbesitzer aus Niederschlesien, sowie ihren 1893 geborenen Sohn, Ernst Felix Walter Schoepp, der sich nur »Felix« nannte, weil ihm das am besten gefiel. Otto Döhrendahl hatte eine Tochter Hedwig und einen Sohn, der wie er selbst Otto hieß.

Nicht nur die Eltern liebten sich, auch die Kinder fanden Gefallen aneinander, so dass wenig später eine Über-Kreuz-Hochzeit stattfinden würde. Felix Schoepp sollte mein Großvater werden, Hedwig Döhrendahl meine Großmutter. Meine Großeltern waren also gleichzeitig Stiefgeschwister.

Diese Konstellation verwirrte zeitlebens nicht nur Verwandte und Nachbarn, sondern später auch die Bürokraten des Dritten Reiches, wie Streichungen und Korrekturen im Nazi-Ahnenpass zeigen. Die komplizierten Verwandtschaftsverhältnisse waren ein Affront für das krankhafte Ordnungsverständnis der Nazis, jedoch nicht verboten, denn Stiefgeschwister sind ja keine Blutsverwandten. Tatsächlich wurde die Geschichte in der Familie mitunter auch umgekehrt erzählt, wonach sich Hedwig und Felix zuerst in Berliner Salons begegnet waren und sich erst danach ihre verwitweten Elternteile kennen- und lieben lernten. So genau weiß es niemand mehr, denn es sind keine Verwandten übrig.

Felix Schoepp war Kriegsheimkehrer, er hatte 1914 in den Ersten Weltkrieg ziehen müssen, zunächst an die Ostfront bei Wilna. Nach allem, was er »im Felde«, wie er das nannte, erlebt hatte, meldete er sich 1915 freiwillig zur noch jungen Luftwaffe an der Westfront. Da er selbst nicht flugtauglich war, wie sich bald herausstellte, blieb er am Boden und in der Etappe, was ihm das Leben gerettet haben mag. 1918 kehrte er mit einer leichten Ruhr und einer Mauserpistole am Gürtel zurück – sowie einem durch die Niederlage keineswegs erschütterten Glauben an den Kaiser. Großvater blieb Wilhelminiker – sein Leben lang. Einen Schuldkomplex trug er anders als später die Soldaten des Zweiten Weltkrieges nicht mit sich herum. Man hatte verloren, ja. Aber ehrenhaft. Und außerdem: Trugen nicht Sozialdemokraten und Kommunisten eine Mitschuld an der Kapitulation, die der im Feld unbesiegten Truppe den Dolch in den Rücken gerammt hatten? Großvater war, was seine Kriegserlebnisse anging, sozusagen mit sich im Reinen.

Er heiratete seine Stiefschwester Hedwig im Februar 1920 im Standesamt Charlottenburg. Genau neun Monate später wurde ihre Tochter Hannelore geboren, meine Tante, und drei Jahre später Lothar, mein Vater. Man zog um in das neu erworbene Haus in Lichterfelde, es bot genug Platz für die Familie – und für einen für die Zeit sagenhaften Komfort. Es gab zwei Salons und einen Wintergarten im Erdgeschoss, zwei Bäder mit fließendem Wasser, eine Heißluftzentralheizung, gespeist von einem riesigen Kohlenkessel im Keller, von dem Rohre in alle Zimmer führten, die mit kleinen Emailleschildern beschriftet waren, um Wartungsarbeiten zu erleichtern. Im ersten Stock gab es mehrere Schlafzimmer, eines davon mit einem riesigen Balkon. Eine schmale Treppe führte in den zweiten Stock, wo ein Billardzimmer mit einem runden Fenster auf Müßiggänger wartete. Darüber gab es noch einen Dachboden unter dem gewaltigen Dachstuhl. Ein wahrhaft stattliches Anwesen mit riesigem Obstgarten, das anfangs sogar von Bediensteten bewirtschaftet wurde. In einem Zwinger wurde der Wachhund gehalten, Lotti, ein Dobermann-Weibchen. Das Vorderhaus, das direkt an der Straße stand, wurde vermietet. Das Restaurant in Charlottenburg gab man auf, es war ja kein Kaiser mehr da, also auch keine Schlossbediensteten. Was allerdings bald fehlen sollte, war das Geld, die Pracht zu unterhalten.

Mein Großvater Felix hielt es nicht für nötig, nach dem Krieg ein Studium aufzunehmen, es sollte schneller gehen auf dem Weg zum eigenen Geschäft. Gleich nach seiner Rückkehr von der Front versuchte er, die Besitzer einer nach der Niederlage nutzlos gewordenen Pulverfabrik zur Umstellung der Produktion auf Präservative zu überreden. Das Unternehmen scheiterte, und Großvater widmete sich in einer gänzlich anderen, aber ähnlich unsoliden Branche: dem Import von Kokosmatten, einem exotischen Produkt, das damals offenbar Mode war in Berlin. »Coma« nannte er die Firma, »Gesellschaft zur Fabrikation von Cocos-Erzeugnissen mbh, Berlin-Lichterfelde«. Seine Stärke war die Lebenslust, das Haus in der Gerichtsstraße wurde in den 1920er Jahren Schauplatz so dilettantischer wie lustiger Theaterabende, wie alte Fotos belegen, die die Bewohner in allerlei Kostümierungen zeigen.

Sein eigentlicher Traum war es jedoch, Erfinder zu werden. Er versuchte sich an der Neumischung von Farben, erwarb sogar ein paar Patente, die ihm erlaubten, in den 1930er Jahren größer in die Produktion einzusteigen. Deswegen war er aber noch lange kein »Chemiefabrikant«. Es handelte sich eher um eine Farbenklitsche. Seine Betriebsstätten bestanden aus zwei gewächshausgroßen Baracken im Garten, in denen Großvater Stoff- und Eierfarbe zusammenrührte, nun unter dem Firmennamen »Lifa«, Lichterfelder Farben. Die Familienseele aber war Großmutter, die dem Chaos ihres Gatten Realitätssinn entgegensetzte, eine liebevolle, fürsorgliche und weiche Frau, die ihren Sohn Lothar noch als Achtzehnjährigen »Bübele« nannte.

Dass Großvater überhaupt arbeiten musste und das Privatiersdasein der Familie nach kurzer Blüte beendet war, hatte damit zu tun, dass sein Stiefbruder und Schwager Otto in Geschäftsdingen noch untauglicher war als er. Beide ergänzten sich auf unheilvolle Weise. Onkel Otto, wie er stets genannt wurde, war Kürschner und sehr aktiv in der Berliner Halbwelt der wilden Zwanziger. Dort stattete er unter anderem Edelprostituierte in den Bordellen mit Pelzen aus. Onkel Otto war damals schon dick, wenn auch noch nicht ganz so dick wie im Alter, ich kannte ihn nur mit Zigarre im Mund und Cognacglas in der Hand, phänotypisch Ludwig Erhard nicht unähnlich. Allerdings in wirtschaftlichen Belangen weniger begabt.

Onkel Otto wollte seine Geschäfte Anfang der 1920er Jahre ausweiten und lieh sich Geld, erlitt aber geschäftlich Schiffbruch, wie man das ausdrückte. Urgroßvater, der für ihn gebürgt hatte, musste zahlen, und verlor dadurch das Vorderhaus und mithin die Mieteinnahmen – und das in der Inflationszeit. Das verkomplizierte nicht nur den Unterhalt, sondern schädigte den Familienfrieden nachhaltig. Vater und Söhne prozessierten jahrelang gegeneinander, eine in der Familie sehr häufige Angewohnheit, und ich bin sehr froh, dass sie offenbar nicht genetisch bedingt ist. Großvater verrannte sich sein Leben lang in so langwierige wie aussichtslose Prozesse: gegen Konkurrenten, Nachbarn, Banken, den Staat, Gott und die Welt; gewonnen hat er, soweit ich weiß, nicht einen. Man kann sagen, dass die Stiefbrüder Felix und Otto in paralleler Bankrotteurstätigkeit dafür sorgten, dass das anfänglich ansehnliche Familienvermögen bald auf einen kümmerlichen Rest zusammenschmolz.

Der jüngste Spross der Familie, mein Vater, muss wohl in dieser Zeit jene tief sitzende Abneigung gegen Familienbande entwickelt haben, die ihn später dazu brachte, die Pflege jedweder verwandtschaftlicher Beziehungen vehement abzulehnen. Als Urgroßvater 1941 starb, schrieb seine Witwe Martha an das Amtsgericht, seine Vermögenswerte betrügen circa 400 Reichsmark – dazu kämen Forderungen an seine Söhne, mit denen er leider »im Streit gelebt habe«. Immerhin hatten sie sich vor seinem Tod darauf geeinigt, die Witwe mit monatlich achtzig Reichsmark im Monat zu unterstützen. Das war selbst 1941 nicht viel Geld. Allerdings saß die Familie ja noch immer auf einem riesigen Grundstück mit Herrenhaus. Man entschloss sich, Räume in der Villa zu vermieten, was zum Dauerzustand wurde und dem Haus in den Folgejahren eine bunte Mischung aus Neubewohnern eintrug, was stoisch ertragen wurde. »Ist ja auch nicht schön, immer fremde Leute im Haus.«

Politisch blieben meine Großeltern indifferent-wilhelminisch. Man war selbstverständlich nicht in der Nazipartei, stellte Hitlers Herrschaft aber auch nicht in Frage. Sie lebten politisch nach dem Motto der Familie aus Walter Kempowskis *Tadellöser und Wolff*: »Konservativ bis auf die Knochen – aber doch keine Nazis!« Die waren plebejisch, unerzogen, polternde Gesellen. Trotzdem nahm man anerkennend zur Kenntnis, wie reibungslos das Hitler-Regime die olympischen Spiele 1936 in Berlin organisiert hatte. Vater war damals dreizehn, und es schien ihn nachhaltig beeindruckt zu haben, denn als alter Mann erwähnte er es immer wieder. »Organisieren, das konnten sie. Die S-Bahn, alle paar Minuten, Tür auf, Tür zu, zack, zack ging das.« Dass die Nazis auch Massenmord organisieren konnten, blendete er aus, weigerte sich hartnäckig, einen Zusammenhang zu sehen.

Für Vater als Jungen galt wohl, was sein Lieblingskronzeuge, der Schriftsteller Günter de Bruyn, Jahrzehnte später über seine eigene Generation geschrieben hat: »Die Einseitigkeit unserer Erziehung hatte uns zu politischen Analphabeten werden lassen. Man könnte auch sagen: wir waren unpolitisch, wenn man unter politischem Denken die Fähigkeit zur Entscheidung versteht. Der

Bild 11: Vater als Schuljunge, frühe 1930er Jahre

innere Widerstand, der sich da und dort, auch bei mir regte, war weder politisch motiviert, noch wurde er so empfunden; aber systemkritisch zu denken lernte man nicht, oder nur schwer, oder nur wenn ein Anstoß von außen kam.«[1]

Vater war natürlich in der HJ, der Hitler-Jugend, wenn auch ohne Begeisterung, »da kam man nicht drum rum«.

Juden? Der jüdische Hausarzt wurde, solange es ging, selbstverständlich weiter aufgesucht.

Als Vater in der Schule Hitlers *Mein Kampf* für den Unterricht brauchte, musste ein Exemplar bei Nachbarn ausgeliehen werden. Großvater wollte kein Geld dafür ausgeben.

Allerdings wurde ein Ahnenpass angefertigt, um arische Abstammung nachzuweisen, und zwar die große Version. Die angeblich nichtarische Schreibweise unseres Namens hatte bei Nazibürokraten Verdacht geweckt. Die Aufstellung war mit beträchtlichem Aufwand verbunden, man musste Kirchen-, Heirats- und Geburtsdokumente bis ins frühe neunzehnte Jahrhundert besorgen. Dokumentiert ist ein ausführlicher Schriftwechsel mit kirchlichen Stellen im ganzen Reich. Tante Hannelore machte die Angelegenheit zum Hobby. Sie fuhr zwecks Ahnenforschung bis ins Rheinland und nach Schlesien, um Kirchenbücher zu wälzen. Die wiesen unsere Vorfahren als kleine Leute aus; als Berufsbezeichnung finden sich Schäfer, Handwerker, Schneidermeister, Anstreicher, Wäscherin, Förster oder Pedell. Nur der Rittergutsbesitzer aus Herzogswaldau in Niederschlesien störte das Gesamtbild einfacher Existenzen. Dessen Tochter Anna hatte 1842 den Förstersohn Franz Ferdinand Effenberger aus dem schlesischen Berthelsdorf über Lauban geheiratet, der mein Urgroßvater werden sollte. So kam Geld in die Familie.

Die Verwandtschaft von östlich der Oder erwies sich als evangelisch, die Rheinländer als katholisch. Keine Auffälligkeiten aus Nazisicht also.

Vater ging aufs Schiller-Gymnasium, das seinen Namen nach der Machtergreifung behielt, obwohl es natürlich im Sinne des NS-Regimes gleichgeschaltet wurde. Im Jahresbericht von 1935 wird ausdrücklich vermerkt: »Nationale Feiern mit Flaggenehrung und Mannschaftsgruß formen den jungen Menschen und wirken auch auf seine geistige Zucht.« Als Sechzehnjähriger lernte Vater Latein und Griechisch, und zwar so gründlich, dass er vierzig Jahre später noch in der Lage war, mir an Wochenenden Nachhilfestunden zu erteilen. Er nahm sogar am Englischunterricht teil, obwohl die Nazischulleitung diesen auf die frühen Morgenstunden gelegt hatte. Vaters eigentliches Interesse gehörte jedoch der Chemie. Die väterliche Farbenklitsche legte das nahe.

Seine Schwester Hannelore war eine junge Frau, die wie ich dunkle Rehaugen und lockiges, struppiges Haar hatte. Sie wollte Fremdsprachensekretärin werden, ging gern ins Kino, war eine lebenslustige, etwas schwatzhafte, naive junge Frau, an der die Männer Interesse zeigten. Sie besaß ein Grammophon mit Handkurbel von Electrola, auf dem sie Schellackplatten spielte, Peter Kreuder und Rudi Schuricke, aber auch südamerikanische Boleros, die damals die Salons eroberten. Ich entdeckte das Grammophon als Jugendlicher Jahrzehnte später in dem alten Haus und legte nachmittags Schellackplatten auf. Tantes Lieblingslied war Amapola, dieses Stück brachte sie noch als Siebzigjährige zum Tanzen wie ein junges Mädchen. Zu meinem Leidwesen war kein Swing darunter, der war ihr zu wild.

Die sieben Aufrechten

1941 beschloss Vater, nicht das Notabitur zu machen, sondern auf den regulären Schulabschluss zu bestehen. Anders als die meisten seiner Klassenkameraden hatte er es nicht eilig damit, an die Front zu kommen, um für Hitler zu sterben. Er gehörte damit zu einer kleinen Gruppe, die sich selbst die »sieben Aufrechten« nannten. Es gibt ein Foto von ihnen, sieben junge, ziemlich würdevoll aussehende Männer mit Tweedmänteln, Knickerbockern, geschwungenen Haartollen, die im Kreise ihrer Lehrer vor der Schule stehen. Von ihren humanistisch gebildeten Studienräten wurden die »sieben Aufrechten« für ihre Haltung gelobt. Allen anderen, die den Nazis nachrannten und nicht schnell genug zur Wehrmacht kommen konnten, um sich den Abistress zu sparen, schleuderte ein alter Studienrat entgegen: »Sie haben jekniffen!« Das durfte als ein ziemlicher Akt des Aufstands in den Jahren grenzenloser Kriegsbegeisterung gelten.

Bild 12: Lieber Abi als Front: die »sieben Aufrechten« und ihre Lehrer, 1941 (Vater ist in der vorderen Reihe der zweite von rechts)

Von diesen Lehrern klassischer Bildung sprach Vater später stets mit höchstem Respekt. Sie brachten Strenge, aber womöglich auch jene seltenen »Anstöße von außen« zum kritischen Denken mit, von denen Günter de Bruyn spricht. Darf man einem früheren Schulkameraden meines Vaters glauben, der später evangelischer Pfarrer wurde, so war »kaum eine politische Indoktrination zu spüren« am Schiller-Gymnasium – wobei die Frage ist, wie man politische Indoktrination definiert und ob man sie überhaupt als solche wahrnehmen kann, wenn der ganze Alltag auf Gehorchen getrimmt ist.

Mit dem Abitur in der Tasche fing Vater an, Chemie zu studieren. Doch 1942 ließ es sich nicht mehr umgehen, er musste in den Krieg. Es gibt ein letztes Foto, wo sie alle stehen: Großvater, Großmutter, Tante und Vater, ein weicher junger Mann im Anzug, den er Tage später gegen die Wehrmachtsuniform tauschen musste. Sie blicken gefasst und ernst, aber keineswegs verzweifelt drein.

Man wusste ja nicht, was einem blühte.

Vaters Schwester musste kurz danach ebenfalls eine Art Kriegsdienst leisten, sie las in der Berliner Zensurstelle Briefe. Die Liebesbriefe gefielen ihr am besten, wie sie später immer wieder erzählte.

Kaum war Vater an der Front, brach der Krieg auch über Berlin herein. Zwar lag Lichterfelde weit ab vom Zentrum, aber zum Leidwesen der Bewohner befand sich in der Nähe eine potente Flakstellung, die Ziel von Angriffen wurde. Viele Häuser in der Nachbarschaft fielen in Trümmer. In einem Brief an Vater schrieb Großmutter am 5. März 1943, man rechne wieder mit einem »Besuch der Tommys«, dabei habe man sich vom letzten noch nicht erholt.

»Die letzten Ereignisse haben uns ein wenig durcheinandergebracht«, schreibt sie in typischer Untertreibung, wie die folgende Auflistung von Schäden zeigt: »Zahnarzt Weber und die nebenstehende Pension ist völlig eingeäschert. Zwischen Lilo Wagners Haus und dem kleinen, wo ein höherer Militär wohnte, bohrte sich eine Bombe tief ins Erdreich. In der Potsdamer Str. ist eine Villa von einer Sprengbombe getroffen, die Frau ist noch nicht geborgen. Es ist furchtbar, solche Wirkung habe ich noch nicht gesehen. Die vier bis fünf Villen bei der Gärtnerei sind völlig ausgebrannt.«

»Lieber Lothar«, schreibt sie weiter an meinen im Feld stehenden Vater, »Du siehst, dass wir alle in Gefahr sind. Du kannst uns nicht helfen und wir Dir nicht.«

All das wurde weitgehend klaglos mit stetem Verweis auf Schicksal und höhere Mächte hingenommen. Was in den Briefen fehlt, sind Versuche von Einordnung, weder Nazis noch Alliierte werden beschuldigt, es sei eben alles über sie gekommen wie ein Gottesurteil. Gott wird hie und da um Schutz angefleht, auf den »Führer« vertraute man offenbar weniger.

Die seltsame Entpersonalisierung des Krieges erklärte Vaters späterer Lieblingsschriftsteller Günter de Bruyn so: Im Krieg war Hitler »kein Retter mehr, sondern alltägliche Autorität. (...) Grund für Begeisterung waren für uns nur noch die militärischen Siege gewesen, die unser Denken mehr feldgrau als braun eingefärbt hatten; die Niederlagen brachten Ernüchterung und Perspektivlosigkeit. (...) Von der Welt isoliert, dumm gehalten und mit Vorurteilen beladen, waren wir als williges Kanonenfutter aufgewachsen.«[2]

Eine Bombe demolierte den Dachstuhl des Lichterfelder Hauses, Splitter beschädigten Heizung und Warmwasserbereitung, Kleidung verbrannte, Luftgranaten und Phosphorbomben zerstörten die zwei Firmenbaracken im Garten. Noch arrangierte man sich, das Dach wurde geflickt, Kleidung nachgekauft, Großvater rührte seine Farben eben im Billardzimmer an. »Wie gern möchte man jedem Soldaten das Schwere erleichtern, wir können in der Heimat nur unsere Pflicht tun. Sind die Angriffe auch hart, so haben wir doch unser Bett, eine warme Stube, unsere Ordnung«, schrieb Großmutter am 27. Februar 1944 an Vater.

Vermissten- und Todesmeldungen häuften sich. Vaters Schulkameraden fielen. »Gewiss wirst Du ahnen, wer nun in unserer Mitte fehlen wird. Eberhard erlitt am 27.12. den Heldentod, nachdem sie einen Angriff siegreich abgeschlagen hatten, feuerte ein versteckter Russe eine Granate ab, die Eberhard tötete«, heißt es in einem Brief meiner Großmutter vom 27. Februar 1944. Die Eltern des Jungen seien »sehr gebrochen und besonders Herr F. sieht sehr schlecht aus.« Dann geht es schon wieder um Schneeglöckchen, die im Garten blühen.

Die Briefe an ihren Sohn waren Großmutters Trost. Er lebte, damit musste man sich zufriedengeben. Und hatte er sich nicht glänzend aus der Affäre gezogen? Die Diphterie, die er sich einfing, war kein Spaß, aber sicher besser als ein Kopfschuss. Vaters fehlende soldatische Ambition muss eine große Erleichterung für seine Mutter gewesen sein.

Kann man ermessen, wie es sich anfühlte, als diese Briefe von Juli 1944 an mit einem Stempel nach Berlin zurückkamen: »Adressat vermisst«? Bis dahin hatten mein Vater und seine Mutter sich mindestens einmal die Woche geschrieben, oft jeden Tag. Immer wieder hatte sie getrocknete Blumen im Umschlag gefunden – »für Mamilein«.

Großmutter weigerte sich, das Schlimmste auch nur anzunehmen. Sie schrieb trotzig weiter. Großvater reagierte auf seine Art – mit Verdrängung. Er zierte sich sogar, einen Suchantrag an die Vermisstenstelle der Wehrmacht zu richten. Die »Gefahr einer Verwechslung« sei zu groß, meinte er. Er zog sich ins frühere Billardzimmer zurück, das jetzt voller Chemikalien stand, mischte Farben und rauchte die letzten Zigaretten, die Vater von seiner Ration nach Hause geschickt hatte.

Am 7. September traf ein handschriftlicher Brief vom A. Stab IV D, 9a, Oberglogau ein. Darin hieß es: »Ich muss Ihnen leider die schmerzliche Mitteilung zugehen lassen, dass Ihr Sohn, der Gefreite Lothar Schoepp, seit dem Durchbruch durch den feindlichen Einschließungsring bei Jasionowce (4 Kilometer westlich von Zloczow) am 22. 7.1944 vermisst wird. Trotz eifrigster Nachforschung konnte leider über den Verbleib ihres Sohnes nichts in Erfahrung gebracht werden. (…) Möge es Ihnen in dem schweren Leid, das Sie durch die Ungewissheit über das Schicksal Ihres Sohnes getroffen hat, ein Trost sein, dass dieser harte Opfer in Deutschlands größter Zeit für Führer, Volk und Reich erbracht hat.«

Eine Nachricht, die nicht viel Hoffnung ließ.

Nun wurde endlich auch Großvater aktiv. Er schrieb Karte um Karte an die Wehrmachtsauskunftsstelle für Kriegsverluste und Kriegsgefangene in Saalfeld/Saale und bat um Nachforschungen. Die Antwort ließ fast zwei Monate auf sich warten. Am 6. November 1944 kam ein Brief vom Oberkommando der Wehrmacht, Referat VI für Kriegsverluste und Kriegsgefangene, wonach der

Wehrmacht keine Meldung zugegangen sei, »welche Aufschluß über das Schicksal Ihres Sohnes gibt«.

War er tot? Gefangen? Auf der Flucht?

Zwei Kameraden auf Heimaturlaub, die in Vaters Einheit gewesen waren, berichteten wenig später, sie seien aus der Hölle des russischen Ansturms bis nach Ungarn getürmt. Sie glaubten, beobachtet zu haben, dass Vater während der sowjetischen Offensive im Kessel von Brody in Gefangenschaft geraten war. An den Strohhalm dieser vagen Auskunft sollte Großmutter sich fortan klammern. Sie hörte nicht auf, ihrem Sohn zu schreiben, trug die Briefe in ein Tagebuch ein. Stets waren sie überschrieben mit: »Mein geliebter Junge!« Oft schrieb sie um fünf Uhr morgens, wenn die Sorge sie aus dem Schlaf gerissen hatte. Sie tat, als könne sie ihr »Bübele« durch das Schreiben an ihrem Kummer und ihrer Hoffnung teilhaben lassen.

»Waren das schöne Zeiten, als ich mit meinem geliebten Jüngeren gemeinsam schöne Stunden verlebte. Nun müssen wir in der Vergangenheit und der Zukunft leben, die Gegenwart ist leer. Doch undankbar will ich nicht sein, ich habe ja noch meinen lieben Schatzel (gemeint ist ihre Tochter Hannelore). Sie sagt immer: Mutti, Du darfst nicht weinen, Lothar kommt wieder.«

In ihren virtuellen Briefen berichtete Großmutter von der Obsternte im Garten, von Arztbesuchen (Blutdruck 185), von Gesprächen mit der Nachbarin, die sie »in dem Gefühl bestärkt, dass Du lebst. Du warst jeden Tag bei mir.«[3] In ihrer Verzweiflung nahm sie an spiritistischen Séancen teil, widmete sich der »Christlichen Wissenschaft«, beschwor die Wirkung der Telepathie. Sie klagte über Gefühlsschwankungen, dass sie aber trotzdem versuche, ihre »Pflichten zu erfüllen«. Am 12. Oktober 1944, sie war jetzt drei Monate ohne Nachricht, schrieb sie: »Heute erkenne ich den Segen der Arbeit, die mir nur wenig Zeit zum Grübeln lässt.«

Sie versuchte, sich mit dem Gedanken an ein Leben nach dem Tode zu trösten, hatte Visionen: »Deine Augen waren sehr blau und offen, aber gestrahlt vor Freude haben sie nicht. Dagegen war ein großes Staunen darin.«

Immer wieder erschien ihr der vermisste Sohn im Traum: »In der Nacht zum Sonntag träumte ich von Dir. Zu schnell verschwandest Du, und ich suchte Dich. Das Suchen ließ erst nach 2 Tagen nach, ich war sehr traurig. Ich versuche, immer ausgeglichen zu sein, damit Du meine Stimmung spürst und auch nicht zu schwer trägst.«

Am 24. Januar 1945 traf erneut ein Schreiben von der Wehrmacht ein, diesmal schon von einem Hauptmann des »Abwicklungsstabes« beim Oberkommando des Heeres: »Der Abschluß der Ermittlungen über das Schicksal Ihres Sohnes, des Gefreiten Lothar Schoepp, geb. 27.5.23, 1. Füsilierbataillon Korps-Abt. C, hat keine restlose Klarheit erbracht. Ich bedaure tief, daß ich nicht in der Lage bin, Ihnen eine tröstende Gewißheit zu verschaffen.«

Hatte man Vaters Leben verwaltungstechnisch schon abgewickelt? Großmutter gab nicht auf. Weiter schrieb sie Brief um Brief. Bis die Rote Armee auch Berlin erreichte.

19. April 1945: »Ab elf Uhr im Luftschutzkeller. Nun steht der Feind vor den Toren Berlins. Was werden uns die kommenden Tage bringen? Seit zwei Tagen hat der Russe die Offensive ergriffen, es geht das Drama wohl seinem letzten Ende entgegen. Aus den Gesichtern der meisten Menschen spricht Schrecken. (…) Wenn man nicht wüßte, daß die Ereignisse kommen müssen, damit sich das Wort erfülle, so könnte man Angst haben.«

25. April 1945: »Wir sind ringsum von Artillerie umgeben. Nie hätte ich gedacht, daß die Schlacht tobt und die Bevölkerung sitzt inmitten des Grauens. (…) Das Frühjahr neigt sich seinem Ende zu. Von der Blütenpracht nimmt man wenig wahr. Die Blumen habe ich vielleicht zum letzten Mal gegossen, denn wir haben seit gestern kein Wasser.«

Dann war der Krieg vorbei; was kam, kann man nur zwischen den Zeilen lesen.

26. Mai 1945: »Nachdem die Kriegsfurie über uns hinweggebraust ist, glaube ich nichts mehr sagen zu können – aber das Leben geht weiter. Wir haben unseren Mann stehen müssen, und leider mussten die jungen Mädchen die Sünden anderer büßen. Nur

die Hoffnung, Dich wiederzusehen, gab uns die Kraft, das Leben nicht von uns zu werfen. «

Drei Sätze, die das Grauen des Kriegsendes in Berlin bündeln, die Zerstörungen, die Massenvergewaltigungen, die Selbstmordwelle, die kaum dokumentiert ist. Aber auch das stoische »das Leben geht weiter«. Erstmals ließ Großmutter sich sogar zu einem anklagenden Ton hinreißen. Das alles, so schrieb sie, habe man den »Parteibonzen« zu verdanken.

Ein Kriegsende

Vor dem Einmarsch der Sowjets hatte Großvater noch schnell seine Mauserpistole und das Familiensilber im Garten vergraben. Dann wartete man ab. Es ist schwer, sich das Gefühl der Rechtlosigkeit und Ohnmacht vor einer feindlichen Besatzungsmacht vorzustellen, vor allem wenn man eine 25 Jahre alte Tochter im Haus hat.

Da die Russen in Lichterfelde auf Widerstand gestoßen waren, musste man mit harter Vergeltung rechnen. Ein sowjetisches Kommando besetzte die Villa, die Familie und die einquartierten Kriegsflüchtlinge mussten zusammenrücken. Die Sieger soffen Wodka aus Blumenvasen, schlugen die Scheiben ein, benutzten die Badewanne als Toilette.

Dann stellten sie Großvater an die Wand und schossen betrunken knapp an seinem Kopf vorbei. Er solle verraten, wo Wertsachen und Frauen seien. Er hielt dicht. Später sollte er immer wieder behaupten, die Scheinhinrichtungen seien schuld an seiner Schwerhörigkeit. Die Kugeln seien so nah an seinen Ohren vorbeigezischt. Während die Alten auf der Straße Gräben zuschütten mussten, durchsuchten die siegreichen Soldaten die Zimmer.

Jahrzehnte später stieß ich beim Spielen in dem verwinkelten, riesigen Keller des Hauses auf eine Art toten Raum, der durch den Heizungseinbau entstanden und nur von außen durch ein schmales Gitterfenster erreichbar war. Er war höchstens einen auf zwei Meter groß, dunkel und feucht. Hier drin hatten meine Großeltern ihre Tochter vor den Russen versteckt. Sie ließen ihr Essen herab, doch nach ein paar Wochen hielt sie es nicht mehr aus, in Gesellschaft toter Ratten zu leben. Meine Großeltern holten sie aus dem Verlies. Was dann geschah? Das liegt eigentlich auf der Hand. Doch Tante sagte später nur: »Die Russen haben vielleicht Augen gemacht, als da plötzlich noch eine Frau auftauchte.«

Ich war elf oder zwölf Jahre alt, wir hatten Abendbrot gegessen, ich war auf dem Sofa eingenickt. Im Radio dudelte der Rias Unterhaltungsmusik. Eigentlich schlief ich gar nicht, sondern stellte mich schlafend, um nicht ins Bett zu müssen. In Berlin durfte ich so manches, was ich zu Hause in Bayern nicht durfte. So belauschte ich eine Unterhaltung zwischen meiner Tante und Mutter, die zu Besuch war. Tante berichtete, ihre größte Hoffnung sei gewesen, »kein Kind zu bekommen von einem Russen«. Irgendwelche obskuren Pillen mit angeblich empfängnishemmender Wirkung seien im Umlauf gewesen, erzählte sie, sie habe versucht, sie auf dem Schwarzmarkt zu ergattern. Man blickte auf mich und stellte fest, es sei gut, dass das Kind schlafen würde. »Das wäre ja doch keine Unterhaltung für ihn.«

Meine Tante hat nie geheiratet und keine Kinder bekommen. Das an sich lebenslustige Mädchen blieb fortan bei den Eltern, sie pflegte sie, als sie krank wurden. Ihre Realitätsflucht, ja Wirklichkeitsverleugnung nahm von Jahr zu Jahr zu. Sie blieb unselbstständig, weigerte sich auch nach dem Tod meiner Großeltern, das Haus zu verlassen, obwohl die Villa längst eine Ruine war. Mutter sagte dann: »Die Hannelore ist auf dem Stand einer Zwölfjährigen.« Oder war sie auf dem Stand der jungen Frau geblieben, die eben von den Russen entdeckt worden war?

Am 11. Juli 1945 rückten die Amerikaner in Lichterfelde ein, die Sowjets hatten diesen Teil Berlins gegen Gebiete östlich der Elbe getauscht. Zuerst waren die Bewohner erleichtert, doch die Amerikaner waren ebenfalls nicht zimperlich. Viele Menschen mussten ihre Häuser verlassen, die von den Siegern beschlagnahmt wurden. Die Villen schienen den neuen Besatzern gerade richtig, um sich auf längere Zeit einzurichten. In einem Nachbaranwesen wurde ein amerikanischer Klub eröffnet. Großmutter schrieb: »Besser ist es geworden bei den Yankees, aber hart für jeden Menschen, der sein Heim verlassen muss.« Auch meine Großeltern saßen auf gepackten Koffern, doch da sie Flüchtlinge und Mieter im Haus hatten, darunter eine Kriegerwitwe mit Kindern, blieben sie verschont. Gemüse und Obst aus dem Garten linderten den Hunger.

Am 14. September 1945 erhielten meine Großeltern Besuch von alten Schulfreunden meines Vaters, die nun nach und nach aus der Gefangenschaft entlassen wurden. Großmutter machte sich Hoffnungen, auch ihr Sohn werde Weihnachten wieder daheim sein. Sie war jetzt mehr als ein Jahr ohne Nachricht von ihm. Doch ihre Zuversicht war durch nichts zu erschüttern. »Vati bremst immer, damit ich in meiner Erwartung nicht zu weit gehe«, schrieb sie ihrem vermissten Sohn.

Großvaters Pessimismus bestätigte sich. Am 29. Dezember 1945 notierte Großmutter enttäuscht: »Nun neigt sich das Jahr dem Ende zu und brachte uns das heißersehnte Wiedersehen mit Dir noch nicht. Das Warten wird jetzt immer schwerer.« Sehnlichst versuchte sie, eine höhere Macht am Werk zu sehen. Das Warten werde »wohl irgend einen Zweck haben«, mutmaßte sie. »Man lebt nun viel bewusster und ist für frühere Selbstverständlichkeiten dankbar.« Zu Neujahr 1946 »las ich Deine lieben Briefe. Du warst mir so nahe, und die Zeilen waren mir ganz gegenwärtig, obwohl die Briefe zwei bis drei Jahre alte waren.«

Am 17. März 1946 endete das Brieftagebuch. Es wurde nicht mehr benötigt. Eine Nachricht aus der Sowjetunion hatte ihren Weg in die Gerichtsstraße gefunden. Nüchtern hieß es auf der Postkarte: »Nach langer Zeit bin ich in der Lage, Euch die herzlichsten Grüße zu senden. Mir geht es den Verhältnissen entsprechend gut, bin gesund und unversehrt.« Gezeichnet Lothar.

Bild 13: »Da wusste man ja noch nicht, was einem blüht«: das letzte Familienfoto vor Vaters Einberufung 1942

Bild 14: Sechs Jahre und unendliches Leid später: Dieses Foto schickte die Familie 1948 meinem Vater in die Kriegsgefangenschaft.

Dornröschens Villa

Am 26. Juli 1949, fast exakt fünf Jahre nach seiner Gefangennahme im Kessel von Brody, kam Vater aus sowjetischer Lagerhaft frei, wie sein Entlassungsausweis des Ministeriums der Streitkräfte der UdSSR dokumentiert. Wie es ihm ergangen war, sollte ich erst nach seinem Tod aus Dokumenten erfahren. Jetzt fuhr er mit der Bahn quer durch Polen an die deutsche Grenze nach Frankfurt an der Oder. Dort landete er im Heimkehrerlager Gronenfelde, wo die ankommenden Gefangenen medizinisch untersucht und auf die neue Situation Deutschlands vorbereitet wurden. Alles war ja jetzt anders. Es gab keinen Hitler mehr. Gronenfelde verließ er laut Entlassungsausweis erst Anfang September, fuhr mit der Bahn nach Berlin.

Vom S-Bahnhof Lichterfelde-Süd bis in die Gerichtsstraße »bin ick jerannt«, hat er in seinem letzten Lebensjahr erzählt.

In der Hand einen Pappkoffer.

Mitgebracht hatte er noch anderes: Ein Arzt bescheinigte ihm »eine Granatsplitterverletzung der linken Schulter, die zu einer ausgedehnten Narbenbildung geführt hat, so daß die Beweglichkeit bei körperlicher Arbeit mit erheblichen Schmerzen verbunden ist«. Eine nie ausgeheilte Paratyphuserkrankung flammte auf. Psychische Störungen notierte der Amtsmediziner keine. Lehrmeinung der Psychiatrie in jenen Jahren war, dass »weder der Krieg noch die Gefangenschaft Ursache seelischer Störungen sein konnten«, wie der Historiker Florian Huber schreibt. »Wer über die Schrecken des Erlebten nicht hinwegkam, galt als Schwächling.«[4]

Dabei hatte der Überlebenskampf nicht nur die Heimkehrer, sondern auch die Zivilbevölkerung schwer körperlich und seelisch geschädigt, mit kaum abzuschätzenden Folgen auch für nachfolgende Generationen. Großmutters Gesundheit war nach dem quälenden Warten auf ihren Sohn ruiniert. Sie erlitt nur wenige Jahre später einen schweren Schlaganfall, der sie zum Pflegefall machte.

Trotz der gesundheitlichen Einschränkung versuchte Vater, so schnell wie möglich ins Leben zurückzufinden. Er machte den Führerschein; bis zu seinem Tod stand die alte Adresse Gerichtsstraße 13 auf dem grauen Lappen. Das Foto zeigte einen ausgemergelten jungen Mann, dessen Augen jedoch wieder blass strahlten. Er kaufte einen roten BMW 328 Roadster, ein im Werk Eisenach gebauter Traumsportwagen seiner Zeit mit Sechszylindermotor. Möglich, dass bei der Kaufentscheidung der unsolide Einfluss von Onkel Otto eine Rolle spielte, der sich Vater nach der Entlassung annahm und ihn ins Berliner Nachtleben schleppte.

Der Junge muss ja mal auf andre Gedanken kommen.

Bild 15: Man war wieder wer: meine Tante vor Vaters erstem Wagen, ca. 1951

Aus dem dürren Kriegsgefangenen wurde ein vielversprechender junger Herr, der einen eleganten Mantel und Hut trug, am Wannsee für Fotos posierte und sich nach einer Phase der Touren durch Berliner Kneipen dem Studium der Chemie widmete, und zwar so ehrgeizig, dass ein alter Freund ihm brieflich riet, langsamer zu machen. Die menschliche Auffassungsgabe sei begrenzt. Doch Vater hatte Verlorenes nachzuholen. Das Saufen gab er auf, das Rauchen auch. Er stürzte sich in Bücher.

Vom Krieg wollte er wie die meisten Angehörigen seiner Generation nichts wissen. »Schuld an allem war Adolf Hitler«[5], diese fatale Grundannahme, die der Historiker Huber in seiner Analyse der deutschen Nachkriegsgesellschaft formuliert, galt wohl auch für Vater. Er beherzigte den Nachkriegskonsens, wonach Vergessen »Bürgertugend«[6] sei. Möglicherweise trieb ihn in seinem Ehrgeiz auch die zunehmende Verarmung der Familie an. Es musste etwas geschehen.

Großvater hatte sich nie von den Kriegsfolgen und der Zerstörung seiner Farbenbaracken erholt, weder psychisch noch wirtschaftlich. 1949 versuchte er, noch mal groß einzusteigen, orderte in Westdeutschland einen Güterwaggon voller Chemikalien, darunter säckeweise Glaubersalz, und eine Maschine zur Farbherstellung. Doch die Abriegelung der sowjetischen Besatzungszone machte ihm einen Strich durch die Rechnung. Das Glaubersalz kam an – die Papiersäcke wurden im Keller neben dem kaputten Heizkessel gelagert –, die Maschine jedoch nicht, sie wurde wohl konfisziert in der Sowjetzone und wahrscheinlich zu Reparationszwecken Richtung Moskau geschafft.

Die Salzsäcke im Keller des Hauses an der Gerichtsstraße begannen zu verrotten, ein riesiger weißer Haufen mit kristallisierter, verkrusteter Oberfläche entstand. Es war einfach zu viel, um alles in Handarbeit zu verbrauchen. Berge von Salz waren noch da, als ich begann, als Kind Jahrzehnte später das verwunschene Berliner Haus zu erforschen. Ich stieß auf den meterhohen Haufen im Keller, der für mich aussah wie ein Bergwerk. Ich kannte so etwas sonst nur aus dem Deutschen Museum in München. Mit einer kleinen Axt hackte ich mich durch die glasharte Oberfläche und füllte pulvriges Glaubersalz aus dem Inneren in Tüten, die ich Großvater für seine Farbproduktion in den zweiten Stock schleppte – oder meine Tante schleppen ließ, ich war ja der Bergmann. Es entstanden Höhlen und Löcher, in die ich hineinkroch.

Da drinnen wühlte und schaufelte ich im weißen Pulver herum, eine Lieblingsbeschäftigung an Regentagen.

Wegen der nie eingetroffenen Maschine und der zerstörten Baracken glaubte Großvater, Anrecht auf Lastenausgleich zu haben, der 1952 gesetzlich eingeführt wurde, er war vor allem für Vertriebene gedacht. Doch Großvater war kein Vertriebener. Den Rest seines Lebens verbrachte er damit, von der Bundesrepublik Deutschland Geld einzufordern, das er nie erhielt. Die Prozesse kosteten ihn die letzten Spargroschen, es sind zahlreiche Aktenordner erhalten geblieben, die von Realitätsverleugnung und dem Festhalten an einer fixen Idee zeugen. Bei seinem grundsätzlichen Misstrauen gegen staatliche Stellen machte er keinen Unterschied zwischen Nazis, Besatzungsmacht oder Bundesrepublik – alle waren Blutsauger und Versager, denen nicht zu trauen war. Großvater fürchtete sich auch stets vor einer neuen Inflation, wie sie einst seinen Stiefvater ruiniert hatte. Dieser skeptische Pessimismus, dieses fehlende Zutrauen ist das Vermächtnis einer ganzen Generation.

Bild 16: Der Krieg war vorbei, aber die Augenringe blieben: Familie Schoepp in den 1950er Jahren im Garten

Das Haus in der ehemaligen Gerichtsstraße war nun bevölkert von Ausgebombten, Mietern, Flüchtlingen. Mitten da hinein zog nach ihrer Heirat mit meinem Vater 1957 meine Mutter. Sie fühlte sich in den chaotischen Verhältnissen unwohl. Berüchtigt war eine Frau K., Flüchtling aus Schlesien, die morgens schon einen Teller Innereien auf den Herd stellte, der den ganzen Tag vor sich hin köchelte und stank. Das Chaos hinter der großbürgerlichen Fassade fiel Mutter, die aus einem bescheidenen, aber ordentlichen Haushalt kam, schnell auf. Sie sorgte für Ordnung im Garten, hackte, grub und pflanzte, im Haus aber ließ man sie nichts machen, da wachte eifersüchtig ihre Schwägerin. So war es kein Wunder, dass Mutter dem Ansinnen von Siemens, sie 1962 nach München zu schicken, sofort nachgab und Vater gleich mit einpackte. Es war die Chance, dem Durcheinander der verarmenden Familie zu entkommen.

Die neue Existenz in München war zwar bescheidener, aber zumindest musste sie das Haus nicht mehr mit Einquartierten, Mietern, bankrotten Schwiegereltern und einer immer seltsamer werdenden Schwägerin teilen. Der Umzug nach München war die Entscheidung für die Moderne, die in Bayern anbrach, es war die eigene, ganz persönliche Westorientierung meiner Eltern.

Berlin hingegen verkam in seiner Isolation nach dem Mauerbau zum Altersheim Deutschlands, nur mühsam durch Subventionen am Leben gehalten. Die 1960er Jahre waren eine depressive, von der Angst des Kalten Krieges umhüllte Zeit. Es wuchs jenes eigenwillige, ummauerte Biotop voll eigener Regeln und Gesetze heran, das nicht nur mir als Kind später so gut gefallen würde, sondern auch der bunten Schar an Aussteigern, Hausbesetzern und Kriegsdienstverweigerern, die das Bild der Stadt bis 1989 prägten.

In der ehemaligen Gerichtsstraße wurde es nun ruhiger. Einige Mieter zogen aus, es blieben zwei, ein seltsames Paar, nicht verheiratet trotz vorgerückten Alters, eher eine WG als ein Pärchen. Frau B. hatte Parkinson, Herr G. war ein alter Wüstling, der immer wieder versuchte, meiner Tante unter den Rock zu greifen.

Als Großmutter nach langer Krankheit 1969 starb, war es endgültig dahin mit dem Rest von Ordnung. Großvater verfiel in Depression. Seine Tochter blieb bei ihm. Die beiden ergänzten sich prächtig in ihrer Sturheit und bestärkten einander darin, auf dem richtigen Weg zu sein und das Haus, das ja einen Riesenwert darstellte, keinesfalls zu verkaufen. Die Kriegsschäden wurden nie repariert, der Heizkessel im Keller funktionierte nicht, deshalb gab es kein Warmwasser. Das Dach war nach den Bombenangriffen nur notdürftig geflickt worden, es regnete herein. Für kleinste Reparaturen musste Großvater Schulden machen, die er nie zurückzahlen konnte. Der Garten begann zu verwildern. Die Obstbäume wurden nicht mehr zugeschnitten, sie gaben nur noch winzige Früchte. »Wurmstichiges deutsches Edelobst«, höhnte Mutter, wenn die von Großvater sorgsam mit wiederverwendbarer Paketschnur verschlossenen Kartons voller Äpfel und Birnen aus Berlin im Herbst in Bayern eintrafen. Das Haus wucherte zu, es fiel – wie die ganze Stadt – in einen Dornröschenschlaf.

Die Bewohner allerdings mussten etwas tun, um zu überleben, was aufgrund ihres vorrückenden Alters schwieriger wurde. Großvater rührte weiter mit Handmörser und Spatel Eier- und Stofffarbe an, mit der er hausieren ging und die die Schreibwarenläden der Umgebung dem alten Mann zu Ostern aus Mitleid abkauften. Ich habe ihn als Kind manchmal begleitet und mich geschämt für seine schmutzigen Hosen, der alte Mann mit seiner schweren Tasche voller Farbdosen und selbstbeklebter Tüten, der die Katzenkopfpflaster entlangschlurfte und sich manchmal vor Erschöpfung an den Hauswänden festhalten musste.

Doch er sah sich selbst als Fabrikanten in vorübergehenden Schwierigkeiten, die natürlich andere zu verantworten hatten. Er glaubte, die BASF würde ihn als Konkurrenten ansehen und seine Firmengeheimnisse ausspionieren, das Telefon abhören. Stolz war er auf seine Patente, doch nicht immer war Großvater bei seinen Erfindungen auf der Höhe der Zeit. Unter anderem versuchte er, Indigofarbe für Jeans herzustellen, die nicht ausbleichte. Es war unmöglich, einem in Wertbeständigkeit denkenden Menschen wie ihm begreiflich zu machen, dass der Kunde der 1970er Jahre eben genau ausgeblichene Jeans wollte. Tante bewachte das »Firmen«-Telefon, das nie klingelte, ein alter schwarzer Apparat mit Wählscheibe. Außerhalb der »Geschäftszeiten« sah sie den Amseln im Garten zu und schraubte sich in eine Traumwelt hinein, als wäre sie die Prinzessin in einem Dornröschenschloss.

Ich fand es wunderschön, damals in Berlin. Großvater war ein schlechter Geschäftsmann, aber eine Seele von Mensch, gutmütig, liebevoll, sanft und voller Nähe, kein lautes Wort kam je über seine Lippen, außer wenn es um den verwehrten Lastenausgleich ging. Trotz seiner Armut war er großzügig und versorgte mich bei Besuchen mit Süßigkeiten. Er strich mir zärtlich übers Haar und war stets zum Spielen zu haben, auch wenn ich den alten Mann beim Verstecken arg herumhetzte. Erwischte ich ihn hinter einem Mauervorsprung oder einer Gardine – sehr kreativ war er da nicht –, grinste er freundlich mit seinem zahnlosen Mund. »Haste mir ertappt!« Für mich war Großvater alles, was meine gestressten, leistungsorientierten, schuldenabstotternden und emotional verqueren Eltern nicht waren.

Ich verbrachte – wenn möglich – jede Ferien in Berlin. Opas großes, geheimnisvolles Haus und der verwilderte Garten waren das Paradies. Die Gartenschere war mein Spielzeug, ich schnitt damit Gänge durchs Himbeergestrüpp. Ich hackte Holz für den Winter, sägte junge Ahornbäume mit dem Fuchsschwanz um. Das alte Auto eines früheren Hauswirts, ein DKW, der im Garten vor sich hin rostete und in dem die Bienen nisteten, war meine Limousine. Ich tobte herum auf den vergammelnden, nach Kunstleder miefenden Sitzen und tat so, als würde ich bis zur Ostsee fahren. Es war der Geruch des Sommers. Irgendwann war das Auto verschwunden, weggefault, bis auf den Motorblock.

An Regentagen las Großvater mir die Odyssee und deutsche Sagen mit donnernder Stimme vor, so, wie er das auf dem kaiserlichen Gymnasium gelernt hatte. Und ich war stolz, einen Großvater zu haben, der aus einem anderen Jahrhundert stammte, aber modern und liberal genug war, mir die erste Beatles-Platte meines Lebens zu spendieren. Da war ich acht. Tante hörte sich die Texte an und versuchte, sich an ihre Englischlektionen aus der Kriegszeit zu erinnern.

He's a real nowhere man, sitting in his nowhere land …

Großvater fuhr mit mir im Doppeldeckerbus zum Zoo oder ins Kaufhaus KadeWe, zur Funkausstellung oder mit dem Ausflugsdampfer über den Wannsee nach Kladow, wo er beim Bauern frische Eier holte. Dieses ummauerte, in der Geschichte versunkene, isolierte Opa-Berlin voller Kopfsteinpflaster und Gemäuer, gemütlicher alter Leute und brummiger Busfahrer, Eckkneipen mit Schultheiss-Schildern und Buletten-Theken ist für mich in der Erinnerung ein warmer, geschützter Bereich, den Wirrnissen der Welt entzogen.

Bild 17: Ende der Herrlichkeit: Das Haus in Berlin kurz vor dem Verkauf

Opas Haus war so groß, dass ich es nicht schaffte, alle Zimmer kennenzulernen, manche waren auch zu sehr zugemüllt. Großvater wirkte darin wie eine sehr arme Version des Fürsten von Salinas aus dem Roman *Der Leopard*, der sagt: »Ein Palast, in dem man alle Zimmer kennt, ist kein Palast.« Wenn Opa mich Ende

August zur Abfahrtsstelle des »Bayernexpress« am Funkturm brachte, heulte ich Rotz und Wasser. Meine Eltern hatten ihre liebe Not, mich dem Zustand der Verwahrlosung zu entreißen, in dem ich von solchen Aufenthalten zurückkehrte.

Gegen Ende seines Lebens war Großvater nicht mehr in der Lage, über das Gerümpel in allen Zimmern zu klettern. So beschränkte er sich auf einen Raum, in dem er hauste wie ein Troll. Er hatte kein Geld für den Arzt, für Schuhe, für die Wasserrechnung. Lecke Anschlüsse von Waschbecken flickte er mit Kitt. Es wurden Kohle- und Ölöfen aufgestellt, die qualmten und schlecht heizten. Die Mieter hatten den ersten Stock verlassen, das Wohnen dort war nicht mehr zumutbar. Damit fielen auch die letzten sicheren Einnahmen weg. Tante, die das Regiment übernommen hatte, brachte das nicht etwa dazu, der Realität ins Auge zu sehen, im Gegenteil. Nun wurde feierlich der erste Stock wieder in Besitz genommen. »Sie führt sich auf wie eine höhere Tochter«, jammerte Vater, »dabei lebt sie in katastrophalen Verhältnissen.« Einbrecher nahmen die wenigen Wertgegenstände mit, Marmorbüsten von Goethe und Schiller, Gemälde Brandenburger Landschaften und Tante Hannelores altes Grammophon von Electrola.

Mit fünfzehn spürte ich eine Veränderung. Innerlich hatte ich wahrgenommen, wie prekär Großvaters Existenz war; ich spürte, dass ich mich darum in diesem Alter nicht kümmern, diesen Zustand aber auch nicht länger einfach so hinnehmen konnte. Also beschloss ich, seine Lage fortan zu ignorieren. Das Kinderparadies in Berlin verblasste. Anstatt im Wald saß ich nun im Übungsraum hinter meinem Schlagzeug und trommelte meine Kinderzeit weg.

Meine Eltern hatten den Versuch, Großvater und Tante zum Umzug in eine kleine, geheizte Wohnung nach Bayern zu bewegen, längst aufgegeben. »Stur wie ein Panzer«, sagte Vater über seine Schwester, und er wusste, wie stur Panzer sein konnten.

Weil sie das Haus besaßen, bekamen die beiden keine Sozialhilfe, eine Rente hatte Großvater nicht. Sie trugen Werbezettel aus, lebten von dem, was Vater überwies. Da der aber unsere Doppelhaushälfte abzuzahlen hatte, war das nicht viel. Mutter machte keinen Hehl daraus, dass sie ihre Schwägerin für ein verwahrlostes, großes Kind hielt; für Tante wiederum war meine Mutter eine hartherzige Person.

Ich denke, Vater hat sein Leben lang im Kern Dankbarkeit gegenüber meiner Mutter empfunden, dass sie ihn in den 1950er Jahren durch die Heirat rechtzeitig aus diesem realitätsfernen, verfallenden Berliner Milieu herausgeholt hatte. Das mag seine manchmal irrationale und von keiner Kränkung zu zerstörende Loyalität zu seiner wenig liebevollen Frau erklären. Vielleicht war er auch deswegen ein derartiger Pedant und Ordnungsmensch, weil er sich von seinem maroden Elternhaus abgrenzen wollte.

1979 starb Großvater, ohne je ein Krankenhaus von innen gesehen zu haben, mit 85 Jahren. Manchmal denke ich, für seine weltferne Seele war diese prekäre Existenz vielleicht das Beste. Hätte er sich, zwar versorgt, aber seiner gewohnten Umgebung beraubt, in einem bayerischen Altersheim wohler gefühlt?

Tante war zu diesem Zeitpunkt Ende sechzig, zäh und anspruchslos, sie lebte allein weiter in Verwahrlosung. Das Haus verfiel nun endgültig, vom eindringenden Regenwasser wurden die Balken morsch, schließlich brach im ersten Stock die Decke ein. In kalten Wintern flüchtete Tante in ein Obdachlosenasyl, wo ihr die Penner Avancen machten. Der Alkohol ging herum. Es grenzte an ein Wunder, dass keine Hausbesetzer auf die verfallende Villa aufmerksam wurden.

Mutter war es am Ende wohl egal, Vater scheiterte an der ererbten Unfähigkeit, klar über Dinge zu reden und unangenehme Entscheidungen zu fällen. Möglich, dass ich daraus lernte und deswegen später, als meine Eltern an der Reihe waren, anders handelte. Ich wollte nicht, dass sie so endeten.

Als Greisin fiel Tante im Haus die Treppe hinunter und musste in ein Pflegeheim gebracht werden. Um sie kümmerte sich nun ein junger Mann, der bei der Rentenversicherung arbeitete und auf sie aufmerksam geworden war. Ihre letzten Jahre verdämmerte Tante in einem Lichterfelder Altersheim; um die Kosten zu bezahlen, mussten das Haus und das Grundstück in der früheren Gerichtsstraße verkauft werden. So ging die Pracht dahin, die meine Tante unbedingt hatte erhalten wollen. Am Ende, als sie starb, blieb gerade genug übrig, um dem emsigen Herrn B. ein Dankeschön auszuzahlen und etwas auf die hohe Kante zu legen – Geld, das meine Eltern später gut brauchen konnten, als sie selbst pflegebedürftig wurden.

So kann die Pflege eines alten Menschen noch auf den letzten Lebensmetern das Vermögen mehrerer Generationen aufzehren. Ein riesiges Haus mit Garten in Berlin – einfach weg.

Der Garten ist nun bebaut, die Villa in Wohnungen aufgeteilt, originalgetreu renoviert. Ich habe der Versuchung widerstanden, an der Tür zu klingeln und den neuen Eigentümer zu fragen, ob ich einen Blick auf die alte Treppe werfen dürfte, die immer so schön nach Bohnerwachs roch, und nachzusehen, ob im Bad noch die mit Stoff bespannten Lichtschalter an der Wand hingen. Ich war einfach zu erschüttert, dass die ganze Umgebung so aussah, wie ich sie mir als Kind in meinen schlimmsten Albträumen vorgestellt hatte: saniert, ordentlich, übersichtlich, allen Zaubers beraubt. Ich aß an der Wiesenbaude einen Döner, trank eine Berliner Rhabarber-Ingwer-Hipsterlimo dazu und nahm den Bus zum Parkfriedhof.

Lange habe ich den Gedanken gewälzt, nach Berlin zurückzukehren. Die Stadt ist weltoffen, kosmopolitisch, ein globaler Anziehungspunkt wie zu Onkel Ottos wilden Zeiten. Doch ich habe den Gedanken verworfen. Im Berlin unserer Tage bin ich ein Fremder. Es ist der Ort, an dem mein Großvater begraben liegt. Nicht mehr, aber auch nicht weniger.

Warte nur! Balde ruhest du auch

Über das Sterben

»He is dead, and I feel an odd triumph about it.«
Blake Morrison[1]

Sie hatte sich einen passenden Zeitpunkt ausgesucht. So als hätte sie es gespürt.

Ich war nicht in Brasilien oder Nicaragua, ich beugte mich gerade nicht über ein Zeitungslayout oder einen Artikel, der bis 16.59 Uhr fertig werden musste, ich war nicht auf der Autobahn auf dem Weg in die Alpen zum Wandern, und ich war noch nicht mal angetrunken, obwohl es Samstagabend war. Ich war allein und hatte mir gerade ein Glas Rotwein eingeschenkt, aber noch nicht daran genippt. Noch blickte ich von meinem Fenster im dritten Stock aus auf die Teller der Gäste der Pizzeria gegenüber. Wenn die Bäume entlaubt waren, wie jetzt im Winter, konnte man vom dritten Stock aus sehen, was auf den Pizzen lag, man konnte beobachten, wie die Menschen aßen und plauderten, ihr Weißbier leerten. Die Szenerie sah von oben friedlich, gesellig, warm und harmonisch aus, die Beleuchtung des Lokals war dezent, aber nicht schummrig, aus der Ferne musste man nicht hören, ob die Leute stritten, man erkannte nicht, ob sie deprimiert oder verzweifelt waren. Man sah sie einander zuprosten und lachen, es war die Idylle fremder Leben.

Nach den aufwühlenden Ereignissen der letzten Zeit, dem Weggang meiner Freundin, dem gescheiterten Wohnversuch im alten Häuschen meiner Eltern und meiner Rückkehr nach München, war es mir lieber, Konversation kontemplativ zu beobachten, als sie zu betreiben. Ich kannte sowieso nur ein Thema, das aber nicht für jeden Gesprächspartner geeignet war. Der britische Schriftsteller und Dichter Blake Morrison schreibt in seinem Buch *And when did you last see your father?*, wie er nach dem Tod seines Vaters zum *death-bore* wird, der alle zu Tode langweilt, weil er nur über den Tod sprechen will. »Ich beschäme die Gäste auf Dinnerpartys mit meinen morbiden Gedanken.« Alle Themen, die nichts mit Sterben zu tun hatten, erscheinen ihm nach dem langen, qualvollen Abschied von seinem Vater irrelevant.

»Bis dato hatte ich die Welt in solche unterteilt, die Kinder haben, und solche, die keine haben. Jetzt denke ich, dass sie sich teilt unter denen, die einen Elternteil verloren haben, und solchen, bei denen sie noch leben. Früher wollte ich die Geschichten der Menschen aus ihrer Arbeit hören. Jetzt will ich ihre Todesgeschichten hören. (…) Und ich beginne, Freunden zu schreiben, wenn ihre Väter sterben, etwas, was ich nie getan hatte zuvor und wofür ich mich jetzt schäme, dass ich es nie getan habe.«[2]

Ich war in den zurückliegenden viereinhalb Jahren ein *parent-bore* geworden, einer, der kein anderes Thema kannte als den Zustand seiner Eltern.

Dann klingelte das Telefon. Eine Schwester der Pflegestation des Seniorenstifts war dran.

»Ihre Mutter zeigt Anzeichen«, sagte sie.

»Anzeichen für was?«

»Eine Entleerung hat stattgefunden, wie sie in der Art typisch ist«, sagte sie etwas abstrakt. Ich wollte mir nicht vorstellen, was genau sie meinte.

»Und die Atmung kommt sehr pausiert.«

Ich begriff. Diese Pflegestation war nicht eine von denen, die wegen jeder kleinen Gesundheitsstörung anrief.

Vier Wochen lang starb Mutter jetzt schon, an Heiligabend hatte sie damit angefangen.

Die Frau am Telefon blieb freundlich und entspannt. Sie dramatisierte nicht und drängte mich zu nichts. Sie war erfahren: Es gab sicher Angehörige, die in solchen Momenten in Ruhe gelassen werden wollten, die die finale Begegnung mit dem Lebensende scheuten. Vielleicht eilte nicht jeder bei einer solchen Nachricht sofort ins Krankenhaus. Mancher wartete vielleicht lieber vor dem Fernseher ab, bis ihm das Erbe zufiel, das endlich den ersehnten Urlaub oder den nötigen Hausumbau möglich machte.

»Ich komme«, sagte ich.

Lange hatte ich in den Jahren zuvor überlegt, ob ich mich dieser Situation stellen würde. Ich wusste es nicht, bis sie da war.

Ich nahm eine Extradosis Betablocker, um klar denken zu können, packte eine Flasche Apfelschorle und zwei Brezeln als Proviant in einen Rucksack, ging ein paar Straßen bis zu Mutters altem VW Polo, stieg ein und fuhr los. Die Stadt war still in dieser Januarnacht. Es war nass und windig, die Luft roch faulig, nach nahendem Frühling. Ich fuhr an der winterkahlen Ziegelmauer des alten Südfriedhofs vorbei. Kein Hipster aus dem Glockenbachviertel war zu sehen. Selbst die blieben bei diesem Wetter lieber vor ihren Streamingdiensten sitzen und guckten amerikanische Serien, in denen ständig Leute massakriert wurden.

Ich musste an den Satz von Mutter denken: »Hier war zu lange kein Krieg.« Was sie damit meinte: Wer einen Krieg erlebt hat, hat keinen Bedarf an Massakern im Fernsehen. Ich kann seit diesem Abend keine Filme mehr sehen, in denen das Sterben von Menschen der Unterhaltung dienen soll.

Ich fuhr in die Vorstadt zum Stift, wo Mutter auf der Pflegestation lag, seit sie aus dem Krankenhaus entlassen worden war. Sie war nicht entlassen worden, weil es ihr besser ging, sondern weil man in der Klinik meinte, nichts mehr für sie tun zu können – auch wenn das keiner so sagte.

Ich parkte vor dem Gebäude, ging aber nicht – wie früher – die drei Stockwerke zu Mutters Apartment hoch, sondern den Gang im Erdgeschoss geradeaus bis ans Ende, an dem eine milchige Glastür einen Bereich abschloss, vor dem ich immer Angst gehabt hatte: die Pflegestation. Hier gab es keine gut riechenden Parkettböden, keine Personal Computer, keine Aussicht auf die Wolken, keine alten Bücher. Es gab einen Druckknopf in halber Höhe an der Wand, damit auch Rollstuhlfahrer die Tür öffnen konnten oder das Personal, das ein Bett schob. Die wenigsten Patienten auf dieser Station waren noch in der Lage, selbstständig Druckknöpfe zu betätigen.

Ich öffnete, und der pflegeübliche Geruch von abgestandenem Essen, Sauerstoffmangel und Inkontinenz schlug mir entgegen. Es war halbdunkel im Gang, eine Pflegerin kam auf mich zu. Sie war jung und freundlich, ich fragte mich, wie man einen solchen Job machen und dabei die Contenance wahren konnte. Ich stellte mich mit Namen vor und fragte: »Haben Sie angerufen?«

»Ja«, sagte sie. »Ihre Mutter ist jetzt allein im Zimmer. Wir haben alles hergerichtet.«

Das klang nicht so, als gäbe es Zweifel, was passieren würde.

Ich glaube mich zu erinnern, dass auf einem Tisch im Zimmer ein Kreuz und andere christliche Utensilien lagen, weiß es nicht mehr genau, denn zum Aufschreiben fehlte mir der Sinn, ich wollte nicht der Reporter des Ablebens meiner Mutter sein. Ich weiß noch, dass das Bett gegenüber fehlte, die zweite Dame, die mit ihr auf der Station lag, hatte man woanders hingeschoben. Ihre abgeschabten Stofftiere lagen auf dem Tisch herum.

Mutter war frisiert worden, ich dankte der Pflegerin für diese Aufmerksamkeit. Und man hatte ihr ein frisches Nachthemd angezogen. Die Decke war bis zur Brust hochgezogen, alles sah sehr würdevoll und sauber aus. Mutters Gesicht war eingefallen, nur fleckige, graue, pergamentene Haut und Knochen, eine Greisin, der Mund stand offen, sehr selten saugte sie Luft ein. Gierig.

»Wollen Sie etwas trinken?«, fragte die Pflegerin.

»Danke«, sagte ich und deutete auf die mitgebrachte Apfelschorle. Die Brezeln hatte ich im Auto gelassen, Brotzeit war unpassend. Aber wer wusste schon, wie lange es dauern würde? Die Pflegerin blieb im Zimmer stehen, zwanglos, unaufdringlich, professionell, ohne Pathos und Hektik. Sie bot sich als Gesprächspartnerin an, drängte sich aber nicht auf.

So war es uns recht, Mutter und mir. Ich setzte mich und betrachtete die von den vielen vorbeigeschobenen Betten und Tragen abgestoßenen Ränder der alten Pressholzmöbel.

»Es wird schon seltener«, sagte die Pflegerin. Sie meinte die Atmung. »Sieht so aus, als hätte sie auf Sie gewartet.«

Da tat ich etwas, was ich seit meiner Kindheit nicht mehr getan hatte. Ich nahm Mutters Hand.

Obwohl sie nicht bei Bewusstsein war, schien es mir so, als würde sie den Griff erwidern. Die Hand war warm und trocken.

Die Pflegerin sagte, es sei dann doch sehr überraschend gekommen. »Wir hatten das Gefühl, sie sei auf dem Weg der Besserung.«

»Das dachte ich auch«, sagte ich. »Sie saß schon wieder im Aufenthaltsraum. Sie ist zäh, und sie ist erst neunzig. Heute kein Alter mehr.«

»Aha, neunzig, ein langes Leben«, sagte die Schwester.

Es soll Patienten geben, die in diesem Moment panisch sind, nervös, angstvoll, sogar gewalttätig. Mutter war ruhig. Sie atmete, aber immer seltener, erst etwa alle zehn Sekunden, dann manchmal eine halbe Minute gar nicht. Stille. Dann kam wieder ein Rasseln, das von ganz tief unten aus ihrem Körper nach oben drang.

»Es war nicht immer ganz leicht zwischen uns«, sagte ich jetzt. »Aber gegen Ende sind wir noch ein Team geworden.«

Die Pflegerin lächelte.

Die Atemstöße wurden seltener. Wenn sie nicht atmete, hielt auch ich den Atem an, konnte aber nicht so lange wie sie. Mir wurde schwindlig.

Hin und wieder blickte die Pflegerin zu ihr hin.

»Hat sie es schon geschafft?«, fragte sie.

Mutter atmete wieder.

»Ach nein.«

Ich war der Pflegerin dankbar für diese Klarheit, dass es jetzt nicht mehr darum ging, etwas zu erhalten oder zu verlängern. Man musste sich nichts vormachen, nicht mehr so tun, als könnten noch irgendwelche gerontologischen Maßnahmen eingeleitet werden. Die Kürze des Vorgangs war im Interesse aller Beteiligten.

Es dauerte kaum eine halbe Stunde.

Noch vor Mitternacht hatte Mutter es geschafft.

Ich saß noch eine Zeitlang da, keine Ahnung wie lange, sah sie an und blätterte in dem Album, das ich für sie gemacht hatte, mit den Urlaubsbildern aus den 1950er Jahren, Juist, Lago Maggiore, Bodensee. Es lag auf dem Tisch. Eine der Pflegerinnen musste es für sie dort hingelegt haben, als Mutter noch bei Bewusstsein war. Es waren Bilder von Mutter als junges Mädchen beim Rudern an der Havel, von Urlauben an der Nordsee mit Vater, Mutter auf dem Fahrrad am Strand, Mutter im weißen Kleid bei der Hochzeit. Mutter auf ihrer ersten Dienstreise für Siemens stolz im Pelzmantel in New York. Diese Bilder waren kaum mit der leblosen Greisin auf dem Bett zusammenzubringen.

Ich war froh, dass es Nacht war, dass Winter war und dass Ruhe herrschte. Irgendwann in den frühen Morgenstunden verließ ich den Raum, als ich das Gefühl hatte, es sei genug. Die Schicht hatte gewechselt, ich verabschiedete mich von den neu eingetroffenen Pflegerinnen, die versprachen, alles Weitere zu regeln. Das tat gut. Ich gehöre nicht zu denen, die Leichenwäschen beiwohnen wollen.

Ich trat hinaus in die Nacht. Es regnete immer noch leicht, und der Himmel war tiefschwarz. Keine Sterne, kein Mond.

Ich überlegte, wie ich mich fühlte.

Trauerte ich?

Mutter war tot, Vater war ein Jahr zuvor gegangen; und ich war noch da.

Es kam mir natürlich vor, der Lauf der Dinge.

Was ich nicht spürte, war Erleichterung, weil eine Last von mir genommen worden wäre.

Meine Eltern waren neunzig und 91 Jahre alt geworden. Das sei ein schönes Alter, hatte die Pflegerin gesagt. Ich sollte den Satz in den kommenden Tagen häufiger zu hören kriegen, was ja Trost spenden soll, eine Aufmunterung zur Einsicht, dass das Leben endlich sei so nach dem Motto: Irgendwann reicht es ja auch. Und stimmte das nicht? Weder Vater noch Mutter hatten in ihren letzten Monaten das geringste Interesse gezeigt, auch nur einen Tag länger auf dieser Erde zu verweilen. Sie hatten, wie man ebenfalls so sagt, »ihr Leben gelebt«. Sie hatten die biologisch mögliche Lebenserwartung ausgereizt, ja, sie waren über das, was ihnen selbst als tragbar und einigermaßen lebenswert erschien, zwei bis drei Jahre hinausgegangen. Ich musste an Blake Morrison denken, wie er das Ende seines Vaters beschreibt, nachdem der es überstanden hat: »A good death and a good life too«.[3]

Schlimmer muss es sein, wenn Jüngere sterben, vom Krebs oder einem Verkehrsunfall dahingerafft. Mir fiel der Vater eines Freundes ein, ein lebensfroher Mann voller Schaffenskraft, der in Rente ging in Erwartung vieler genussreicher Jahre im Kreise der Familie, kurz danach an Krebs erkrankte und einen qualvollen Tod mit 67 Jahren starb. Oder die junge, hübsche Kollegin, die mit Anfang dreißig ein Kind bekam und bei der Geburt starb, weil ein Aneurysma in ihrem Kopf platzte, von dem niemand etwas geahnt hatte. Um solche Mitglieder meiner »Wahlfamilie«, wie sie Didier Eribon nennt,[4] hatte ich mehr getrauert als um meine Eltern, deren Zeit nicht nur gekommen war, sondern zu denen ich überdies eine, wie der französische Philosoph es ausdrückt, eher »biologisch-juristische Beziehung« unterhielt als eine sentimentale. Es war nicht jener »Kummer, der nicht weichen will und dem die Zeit nichts anhaben kann«. Doch was war es?

Es quetschte sich ein Gefühl durch den Solarplexus, das auch nach einem Jahr anhalten sollte, sich sogar verstärkte und wohl weiter verstärken wird: Zwischen mir und dem Tod gab es nichts mehr, ich war in die erste Reihe gerückt, es war ein Gefühl von Todesnähe, das verwaiste Kinder angeblich häufig haben. Es besteht in dieser »Angst, die der Tod des Vaters auslöst«[5], von der der französische Psychiater und Philosoph Jacques Lacan spricht und die anscheinend vor allem den männlichen Nachkommen befällt. »Er steht nun allein an vorderster Front, alleine vor dem Tod.«

An irgendeiner Front zu stehen scheint noch immer das Schicksal der Männer zu sein.

Ich saugte hektisch Luft ein, bis ich fast umfiel, die Reaktion des Höhenmenschen auf Gefahr, den Angriff des Säbelzahntigers; die hektische Atmung führt dem Gehirn Sauerstoff zu, um abwehrbereit zu sein. Doch gegen diese Angst gibt es keine Abwehr, jedenfalls keine physische, das macht sie tückisch, denn anders als der Säbelzahntiger ist der Tod unbesiegbar. Ich hatte ein halbes Jahrhundert gelebt, und es gab nur eine Art zu reagieren: sich in die Einsicht zu fügen, dass mein letztes Lebensdrittel begonnen hatte. Ich wusste nun, wie Sterben aussieht.

Damit einher ging das Gefühl, nichts mehr erreichen zu wollen, jedenfalls nichts Profanes, keine Leistung – wenn doch am Ende nur das Schicksal wartete, das Mutter ereilt hatte. Wozu sich täglich in der Arbeit stundenlang mit Menschen auseinandersetzen, mit denen man freiwillig keine fünf Minuten verbringen würde? Eine Form von Überdruss stellte sich ein.

Doch rechtzeitig schob sich ein anderer Gedanke dazwischen. Mir fiel ein, was der römische Philosoph Seneca über das Leben geschrieben hatte und was der Palliativprofessor Gian Domenico Borasio in seinem Buch *Über das Sterben* zitiert: »Mit erhöhter Sorgfalt muss man etwas hüten, von dem man weiß, wie es zu Ende geht.«[6] Mit anderen Worten: Das »Bewusstsein über die eigene Endlichkeit«, wie es Borasio nennt, war durch Mutters Tod in mein Bewusstsein eingedrungen, nachdem ich viele Jahre wie blindwütig durchs Leben gerannt war, so jedenfalls mein Eindruck. Und genau darum trauerte ich: um die vergangene Zeit, die ich mit meinen Eltern verbracht hatte und die nun vorbei war. Ich trauerte um die Sorge für andere, die Lebensinhalt und Bereicherung ist, eine soziale Verbindlichkeit. Hätte ich diese Zeit nicht bewusster mit ihnen verbringen können?

Ich beschloss, meine verbliebene Zeit besser zu nutzen.

Aber wie?

Zuerst wurde ich allergisch gegen Verschwendung, gegen jede abgesessene Stunde, die mich von dem trennte, was ich für das Eigentliche hielt: das Schöne im Leben, die Natur und der positiv erlebte Kontakt zu Menschen. Ich entwickelte Ungeduld mit Leuten, die der Illusion anhingen, sie könnten durch »Projekte« unsterblich werden.

Aus biologischer Sicht ist alles, was jenseits der Zeit liegt, die wir brauchen, um Nachwuchs aufzuziehen und den Erhalt der Art zu sichern, Bonuszeit. Sie hat evolutionsbiologisch keinen Sinn, wir haben sie der Natur abgerungen mit Medizin und technischem Fortschritt. »Alter ist in der Kultur- und Evolutionsgeschichte unserer Gesellschaft etwas sehr Junges«, hat Frank Schirrmacher festgestellt.[7] Es gebe keine historischen Vorbilder, wie wir es nutzen können. Meine Eltern hatten die geschenkten Jahre jenseits der 65 wie den längsten Urlaub des Lebens gelebt, sie waren die erste Generation, die dazu finanziell und gesundheitlich in der Lage war. Schicksalsgläubige Menschen könnten sagen, das war der verdiente Ausgleich für die Leiden im Krieg.

Ich beschloss, eine Art Trauerjahr einzulegen, in dem ich ausschließlich entsprechend meinen Instinkten und Bedürfnissen handeln wollte. So wie Sigmund Freud empfiehlt: »Wenn du das Leben aushalten willst, richte dich auf den eigenen Tod ein.«[8] Das Tröstende an der Trauer ist ja, dass sie den Trauernden schützt, sie legitimiert ihn, die Banalitäten des Alltags als solche zu benennen. Sie scheint dem Trauernden das Recht zu geben, irrationale Dinge zu tun, sich den Zeitläuften zu verweigern, nicht zu funktionieren. Trauer gibt Kraft. Man muss vorsichtig umgehen mit ihr, denn diese Kraft kann eine zerstörerische Wirkung entfalten.

Und dann gab es noch die Traurigkeit, aber die sah anders aus.

Traurigkeit war eher der wohlige, sentimentale, tröstliche Teil, induziert vom Übermaß an Hollywood, das wir konsumieren – etwa wenn ich daran zurückdachte, wie meine Eltern an der Tür ihres Häuschens gestanden hatten, umrankt vom wilden Wein an der Fassade, und mir nachwinkten. Ein Kitschbild, wie die Schlusseinstellung aus einem Film. Das nächste Bild, das mir einfiel, stammte ebenfalls aus einem Film, allerdings einem deutschen. Es war aus dem *Brandner Kasper* in der modernen Version mit Franz Xaver Kroetz. Als der am Ende doch noch ins Paradies kommt, nachdem er sich dem Tod nach langem Ringen ergeben hat, warten da alle auf ihn, die er geliebt und verloren hat im

Leben. Er fragt sich nun, warum er den Boandlkramer[9] so lange hatte austricksen wollen, wo doch nicht auf Erden, sondern im Himmel das Paradies winke.

Ich sah Vater vor mir, der ja schon mehr als ein Jahr dort oben war, sah ihn auf einer Blumenwiese in einer Bergszenerie und in den Wanderklamotten, die er immer getragen hatte, Bundhose, rotes Hemd, Lederschuhe, altmodischer grauer Rucksack. Mutter im Faltenrock und groben Halbschuhen kam nun dazu, aus ihrem Totenbett auferstanden, eine blumenbestandene Anhöhe hinauf. Vater wartete auf sie, auf seine Wanderstöcke gestützt.

»Da bist du ja«, sagte er.

»Ja«, antwortete sie, wortkarg wie meistens.

Und gemeinsam verschwanden sie in einem grünen Tal, verschluckt vom durchsonnten Dunst.

Ich hatte in dieser Nacht eigenartigerweise nicht das Bedürfnis, jemanden zu sehen. Ich fuhr nach Hause, schenkte mir ein Gläschen Schnaps ein, aber auch das war eher Hollywood. Dann stand ich eine Zeitlang vor dem Bücherregal herum. Ich stieß auf einen Roman von Graham Swift, den ich vor langer Zeit gelesen hatte. Er heißt *Last Orders*, so nennt man auf Englisch die letzte Runde, die man in der Kneipe bestellt, bevor der Laden schließt. Das Buch handelt von vier britischen Vorstadttypen, die die Urne ihres Pubkumpels von London ins Seebad Margate bringen wollen, um dort die Asche im Meer zu verteilen. Das war sein letzter Wunsch, seine »Last Order«. Auf dem Cover ist ein schaumiges Glas Ale abgebildet.

Auf dem Weg ans Meer wird das ganze Leben der vier nachgezeichnet, ihre Konflikte, Glücksmomente und Enttäuschungen. Der Roman beginnt mit dem Moment, als sich alle in der Stammkneipe treffen, wo die Urne bereits auf dem Tresen steht. Der erste Satz lautet: »It ain't your regular sort of day.«[10]

Ich musste lachen, auch wenn sich das nicht sehr angemessen anfühlte.

Diese Formulierung war zweifellos treffend für den Moment.

Vater

Vaters Tod war anderthalb Jahre vorher gekommen wie ein Windhauch, der seinen dünnen Körper umblies. Er war sanft zu ihm gewesen. Vater war nicht im dunklen, deprimierenden Winter gestorben wie Mutter und die meisten anderen, sondern an einem schönen, aber kühlen Augusttag, was irgendwie zu ihm, dem Blumenliebhaber, passte. Am Tag vor Mariä Himmelfahrt, in Bayern ein katholischer Feiertag, fuhr er zum Himmel, der alte Protestant. Zuvor hatte er sich schlecht gefühlt, ein wenig Fieber gehabt, eine Grippe vielleicht. So vermutete es der Stiftsarzt. Vater legte sich ins Bett und tat das, was er in den letzten Monaten am liebsten getan hatte: nichts.

Ich wollte gerade zum Volksfest in meinen Heimatort. Da klingelte das Handy. Ich saß im Auto und blickte auf das Display. Wenn Mutter aus dem Stift anrief, hieß das: Es ist etwas passiert. Anders als Vater hatte sie nicht die Angewohnheit, ihre Mitmenschen mit Nebensächlichkeiten zu traktieren. Ich fuhr auf den Seitenstreifen und wischte über das grüne Symbol.

Mutter sagte: »Der Papa ist gerade gestorben.« Ohne Einleitung, ohne Schluchzen, ohne Entsetzen. Mit starker Betonung auf dem »o«, wie ein Ausdruck der Verwunderung.

Sterben? Das kam doch bei uns nicht vor.

»Mist«, sagte ich, weil mir nichts Besseres einfiel.

»Kannst du mich holen?«, fragte sie. »Ich will jetzt hier nicht bleiben.«

»Natürlich«, sagte ich, wendete und fuhr in Richtung Stift.

Stets hatte ich mich gefragt: Wer geht wohl zuerst? Vater allein wäre als Hinterbliebener der schwierigere Fall gewesen, weil er so unselbstständig war und an Mutter hing. Doch er stand mir emotional näher, ich stellte mir sogar manchmal vor, ihm dann all die Fragen stellen zu können, die er nicht beantwortete, wenn Mutter im Raum war. In den Monaten, in denen er im Caritas-Pflegeheim lag, hatte es Ansätze zu solchen Gesprächen gegeben, über den Krieg, aber auch über seine schwierige Ehe. »Früher haben wir uns gut verstanden, aber jetzt ist sie immer so unwirsch.«

Mit Mutter allein zu sein, stellte ich mir hingegen als ein großes Schweigen vor, Vater mit seinem Redefluss war stets der Gesprächskatalysator gewesen.

Aber nun war es so gekommen. Und Mutter konnte ja nicht neben einer Leiche liegen. Diese Erwägungen verhinderten vorläufig, dass ich mir darüber Gedanken machte, was es hieß, den Vater zu verlieren. Ich fühlte vorerst gar nichts außer Ärger über bummelige Abbieger, die verzögerten, dass ich Mutter aus ihrer Lage befreien konnte.

Als ich ankam, saß sie im Wohnzimmer des Apartments, äußerlich ungerührt. Die Unfähigkeit zu trauern?

»Was war los?«, fragte ich.

»Er ist nur so dagelegen, plötzlich ist er hochgeschreckt, hat so mit den Händen gemacht« – sie wedelte mit den Armen – »dann war er weg.«

»Und dann?«

»Dann ist die Schwester mit dem Arzt gekommen.«

»Dem, der Grippe diagnostiziert hatte?«

»Ja, aber es war wohl eine Lungenentzündung. Ich glaube, der Arzt hat ein schlechtes Gewissen, dass er ihn nicht noch ins Krankenhaus eingewiesen hat.«

Das hätte noch gefehlt, dachte ich. Ich stellte mir Vater vor, wie er wieder desorientiert am Tropf in einem Klinikbett gehangen hätte, wie man ihn durch die Gänge schob, von einer quälenden, sinnlosen Untersuchung zur anderen. Im eigenen Bett sterben, das wollten doch alle. Vater hatte es geschafft.

Ich rief den Arzt an, doch es meldete sich nur die Mailbox. Ich hinterließ eine Nachricht mit der Bitte um Rückruf, der er nicht nachkommen würde. Er hatte wohl wirklich ein schlechtes Gewissen. Oder es war ihm egal. Als Heimarzt sieht man viele Tote.

»Ob ich ihn noch mal ansehen soll?«, dachte ich laut nach.

»Das musst du wissen«, sagte Mutter.

Sieh zu, wie du zurechtkommst.

Ich ging nach nebenan, wusste aber sofort, dass ich mir das besser erspart hätte. Vater lag im Pflegebett, knochig, blass, der Mund stand weit offen. In einem Hollywoodfilm wäre jetzt einer da, der ihm den Mund zudrückte. Es war aber niemand da, nur ich, unfähig zu solchen Handlungen. Das Bild wurde ich lange nicht los. Es dauerte Monate, bis sich wieder die Erinnerung an den kleinen, süßen, freundlichen und würdevoll gekleideten alten Mann davorschob, der mir freundlich zum Abschied winkte, seinen *Oblomow* unter dem Arm.

Ich rief den Bestattungsdienst an. Eine Grabesstimme vom Band antwortete, dass man es mit dem Unternehmen D. zu tun habe, man bitte um einen Augenblick Geduld. Die Stimme hörte sich derart gravitätisch an, dass ich kurz lachen musste.

»Klingt wie aus der Gruft«, sagte ich.

Mutter verzog das Gesicht.

Eine sachlicher klingende, menschliche Stimme meldete sich nun, ich gab Namen und Adresse durch und vereinbarte einen Beratungstermin für den nächsten Tag. Sterbebürokratie ist aufwändig, man hat vorläufig wenig Zeit zu trauern. Wir packten Mutters Sachen und fuhren die dreißig Kilometer in ihr altes Haus, in dem ich zu dieser Zeit wohnte. Sie nahm nicht sehr viel mit, wie ich erleichtert konstatierte. In der Toilette hatte ein Installateur einen neuen Spülkasten etwas ungünstig montiert, so dass der Klodeckel nicht mehr richtig aufging. Da er aus Holz war, hatte ich ihn angefeilt, zugegebenermaßen nicht die perfekteste Arbeit.

»Hm, so was hat nicht jeder«, spottete Mutter. Außerdem schließe das Schloss nicht richtig.

War nicht gerade ihr Ehemann gestorben?

Nachts konnte ich kaum schlafen, zumal Mutter zwischen drei und fünf Uhr morgens ungefähr ein Dutzend Mal rumpelnd aufstand, um zur Toilette zu schlurfen. Sie schlief im Gästezimmer. Die Wände waren dünn in dem 60er-Jahre-Haus, man hörte jedes Scharren und Knarzen. Hatte sie, was sie brauchte? Seniorenbetreuung macht so hilflos wie das Aufziehen eines kleinen Kindes.

Am nächsten Morgen fuhr ich allein zum Stift. Vaters Leiche war weg. Mit Todesverachtung zog ich das Sterbebett im Apartment ab und fragte das Personal, was ich mit der Wäsche machen sollte.

»Werfen Sie sie in den Altkleidercontainer.«

In den Altkleidercontainer? Bettwäsche, in der jemand gestorben war? Bizarre Vorstellung, dass ein Unwissender die Laken noch mal benutzte. Ich kam aus dem Staunen über die Wurstigkeit nicht heraus. Ich warf die Laken in den Hausmüll. Dann fuhr ich zum Begräbnisinstitut.

Es war Feiertag und warm, die Tür stand offen, drinnen konnte man Särge besichtigen, wovon ich Abstand nahm. Der Notdienst war da, ein älterer bayerischer Herr, eine Hilfskraft für den Feiertag, der das Unabwendbare sachlich abwickelte. Kitsch sowie falsche Beileidsbekundungen vermied er, der Mann besaß Menschenkenntnis, er wusste, was er zu einem wie mir sagen musste.

Wo Vater denn beerdigt werden wollte, fragte er.

Ich hatte keine Ahnung. Mutter auch nicht. Ich hatte sie gefragt, und sie hatte den Kopf geschüttelt.

»Habt ihr nie darüber gesprochen?«, hatte ich gefragt.

»Nein.«

Sie schienen wirklich davon überzeugt gewesen zu sein, niemals sterben zu müssen.

Also wählte ich den neuen Südfriedhof aus. Der lag nah beim Stift, Mutter würde das Grab regelmäßig besuchen können. Aber wäre nicht die Kreisstadt besser, in der Vater vierzig Jahre gelebt hatte, wollte der Bestatter wissen. Ich schüttelte den Kopf. »Er ist da nie heimisch geworden.« Dann noch eher Berlin. Aber das lag weit weg. Der Südfriedhof schien ein idealer Ort zu sein, ganz in der Nähe war die erste Wohnung meiner Eltern in München gewesen, um die Ecke hatte Vater sein letztes Jahr im Stift verbracht, hier war er gestorben. Und außerdem, so sagte ich, ohne Umschweife, »war es ihm wurscht«.

Der Südfriedhof ist von Gottfried Hansjakob gestaltet worden. Der Landschaftsarchitekt hat ihn als sanfte Parklandschaft modelliert mit einem Lindenhain, der symmetrisch in eine alte Keltenschanze gepflanzt wurde, ein Teich wird überspannt von

Brückchen und bevölkert von Graugänsen, die auf den Rasen kacken. Eine Art keltische Stele thront auf einer Anhöhe, sie ist stimmungsvoll mit Flechten bewachsen. Man hört das Rauschen der Autobahn, die nach Süden führt, auf die Alpenkette zu, in die meine Eltern so oft brausten. Hansjakob wollte einen »demokratischen Friedhof« gestalten, der »Menschen aller Weltanschauungen gleiche Voraussetzungen zur Bestattung ihrer Toten« eröffnet. Es ist ihm gelungen. Hier liegen Preußen, Bayern, Russen, Türken, Araber, Chinesen. In die ehemalige Blumenhandlung nebenan ist vor Kurzem ein islamisches Begräbnisinstitut eingezogen. Wege kreuzen sich am Südfriedhof, oder besser gesagt: Wege enden hier.

Auf eine Weise waren meine Eltern ja auch Einwanderer gewesen. Mir gefiel der Ort, er strahlte Offenheit aus; und ich würde Vater ja besuchen, nicht umgekehrt.

Zu Hause berichtete ich Mutter, dass auch Dieter Hildebrandt auf dem Friedhof liege. Ihr Gesicht sagte: Na und? Mit solchen kulturellen Bezügen konnte sie nichts anfangen, obwohl sie und Vater die Sendungen des Kabarettisten wie *Notizen aus der Provinz* gerne gesehen hatten. Für sie war dieser Friedhof so gut oder so schlecht wie jeder andere.

Ich briet Mutter ein Stück Rindfleisch und setzte sie danach in den Garten, in dem sie allerlei Verwilderungen an ihren Rosen entdeckte. »Diese Triebe da musst du abschneiden.« Abends schaltete ich den Fernseher an. Es kam ein *Tatort*, der mir pervers und geisteskrank erschien mit seinen Gemetzeln, ein Streifen, der sich anbiederte bei jenen, die *Spiel mir das Lied vom Tod* gesehen hatten, was bei Mutter nicht der Fall war. Die Filmemacher vermuteten da wohl den Zeitgeist, dem sie allerdings auch schon wieder vier Jahrzehnte hinterherhinkten. Die Szenen wirkten gehetzt durch schnelle Schnitte und Genuschel, das keiner verstehen konnte, schon gar keine alte Frau, die mit Hansjörg Felmy medial sozialisiert worden war.

Tatort-Macher von heute würden wohl sagen, ihr Programm sei ja auch nicht für alte Menschen, sondern für hippe junge, die man für das Fernsehen zurückgewinnen müsse; dabei wird dieses Land alt und immer älter. Wenn man aus einem jungen Land wie Brasilien oder Mexiko kommt, am deutschen Flughafen landet und dann in die U-Bahn steigt, in ein Restaurant geht oder eine Arztpraxis betritt, drängt sich unwillkürlich diese eine Beobachtung auf: Deutschland ist ein riesiges Altersheim. An diese Realität kann man doch wohl auch den *Tatort* anpassen?

Es war mir peinlich, dass Mutter diesen Mist sehen musste am Tag nach dem Tod ihres Mannes – so, wie mir Fernsehen mit meinen Eltern früher schon peinlich gewesen war, vor allem wenn Sexszenen vorkamen. Zum Glück war wenigstens das nicht der Fall.

Aber Fernsehen war ihr grundsätzlich recht, auch an diesem Tag. Meine Eltern hatten immer ferngesehen, jeden Tag, jeden Abend, seit es Fernsehen gab. Ich suchte auf einem Streamingdienst etwas Passenderes. Filme mit Wolfgang Kieling, Ruth Leuwerik oder Hannelore Elsner, Schauspielern, die Mutter gefielen, gab es keine; nur Hollywood. Wenn ihr ein Schauspieler gefiel, sagte Mutter: »Der ist doch ganz vernünftig.«

Ich stieß auf *In the Line of Fire*[11]. Es war ein Film des Regisseurs Wolfgang Petersen, in dem Clint Eastwood den alternden Leibwächter Frank aus der Garde des US-Präsidenten spielt, der sich in seine smarte jüngere Kollegin Lilly verguckt, gespielt von Rene Russo. Eigentlich ist er zu alt für den Job und die Frau, ihn plagt Schnupfen, er vergisst Sachen und kann beim Joggen als Bewacher neben der fahrenden Präsidentenlimousine während der Parade kaum Schritt halten. Aber er hält durch und bringt mit viel Abgeklärtheit am Schluss natürlich den Präsidenten aus der »Line of Fire«. Clint Eastwood, das war die Sorte Mann, die Mutter gefallen müsste. Der durfte doch als vernünftig durchgehen? Sie sah den Film ungerührt an bis zu der Szene, da die Protagonisten ein Rendezvous am Kapitol in Washington haben. Am Ende des Treffens steigt Lilly die Treppen hinab, Frank sieht ihr nach und murmelt: »Wenn sie sich umdreht, ist sie interessiert.«

Natürlich dreht Lilly sich um und winkt.

An dieser Stelle kicherte Mutter.

Wir hatten seit dreißig Jahren nicht mehr so viel Zeit unter einem Dach miteinander verbracht. Ich stellte fest, dass ein paar Tage mit ihr zu Hause gar nicht so unangenehm waren, wenn man sich auf ihren Rhythmus einstellte. Ich schrubbte die Küche und die Veranda, um mich als fleißiger Sohn zu erweisen, kaufte ein, briet Steaks, kochte Gemüse, sie ließ sich willig bedienen, die Hände machten schon länger nicht mehr mit. Nur hohe Dosen Cortison hielten ihren Greifapparat in Bewegung. Sie hatte eine Nervenkrankheit, die mit ihrer kaputten Wirbelsäule zu tun hatte. Es gab keinerlei Bandscheiben mehr, Knochen kratzte auf Knochen. Das führte zu Entzündungen, es musste scheußlich wehtun; ein unerträglicher Zustand für einen Menschen, der sich stets über Mobilität definiert hatte.

Ich schlug Ausflüge ins Oberland vor, doch sie winkte ab.

»Da war ich ja schon überall.«

So saßen wir die meiste Zeit im Garten in der stillen Übereinkunft, einander nicht auf die Nerven zu gehen. Ich fragte sie, wo sie Vater kennengelernt habe. Als Doktorand an der TU, wohin sie dem Ruf von Professor J. gefolgt sei, lautete die knappe Antwort. Kein Wie, kein Warum. Mit Erzählungen ging sie so sparsam um wie mit dem Wort »danke«. Da sein war wichtiger als reden. Manchmal kam meine Freundin U. vorbei, um mir zur Hand zu gehen. Von der ließ Mutter sich sogar umarmen. Die beiden verstanden sich.

U. sagte: »Du bist für sie genauso rätselhaft wie sie für dich.«

Mutter und ich fuhren nach München zum Friedhof, um ein Grab auszusuchen. Ich war froh, mich auf großstädtischem Grund zu bewegen, nicht in der Kreisstadt, wo die Bestattungskultur sich in der Hand katholischer Bürgerclans befand, die eine Art von Begräbnistourismus pflegten. Wenn beerdigt wurde, ging man hin, egal, wer eingegraben wurde – um sich zu zeigen. Ein Fest für die Lebenden, nicht für die Toten. Die Grabstätten waren seit Generationen fest verteilt. Neubürger bekamen ein Plätzchen in der Nähe der Umgehungsstraße. Als Erstes las man morgens im

Münchner Merkur die Todesanzeigen. Beim Friseur redete man darüber, wer gestorben war. Diese Morbidität war nichts für Mutter.

Wir besichtigten zwei Grabstellen auf dem Münchner Neuen Südfriedhof. »Wir nehmen diese«, sagte Mutter und zeigte rasch auf eine, die sich näher am Weg befand als die andere. Diese Stelle biete Platz für sechs Urnen, sagte der Friedhofsmitarbeiter.

»Wir brauchen sie für diese und noch eine«, sagte Mutter.

Und irgendwann eine dritte, dachte ich.

Ich sah Mutter an, wie sie da mit ihrem Gehwägelchen stand. Sie war vital, doch die Vitalität war ihr größter Feind. Ihr ruinierter Knochenbau stand ihrem Bewegungsdrang feindlich gegenüber. Sie wollte so gern, doch sie konnte nicht.

Ich fuhr sie in den Biergarten, Mutter bekam ihren Zwiebelrostbraten. Danach sprachen wir im Heim einen Pfarrer an. Meine Eltern waren zwar nicht sehr gläubig, aber sie waren stets in der Kirche geblieben – so wie ich. An der Kirchensteuer sparen zu wollen, halte ich für geizige Piefigkeit. Wer spendet das gesparte Geld denn schon wirklich für Amnesty oder den WWF? Die Ausgaben der Kirche schienen mir unter all meinen Steuern mit am besten angelegt zu sein.

Wie sehr man in allerletzten Dingen auf Mutter Kirche angewiesen sein konnte, hatte sich während der Pflegezeit meiner Eltern herausgestellt. Wer unterhielt all die Heime, die noch nicht komplett profitorientiert waren? Wer nahm die auf, die kein Geld hatten für die Seniorenresidenz? Wer päppelte die durch, die die Krankenhäuser abgeschoben hatten? Wo gab es sonst unentgeltliche Besuchsdienste, die nur aus Nächstenliebe kamen? Wer sonst konnte so viele Ehrenamtliche mobilisieren, die ohne Bezahlung nachbarschaftliche Hilfe leisteten? Wir waren sehr froh gewesen, als das katholische Caritas-Heim ohne viel Bürokratie, Kontenprüfung und sonstiges Aufheben meinen pflegebedürftigen Vater aufgenommen hatte, als wir nicht wussten wohin.

Eine Beerdigung ohne Pfarrer konnte ich mir auch aus einem anderen Grund nicht vorstellen. Es musste jemanden geben, der alles zusammenhielt, einen Trauerprofi. Mir fehlte die Kraft dazu, und Mutter war alt. Ein Pfarrer wusste, was gesagt, was getan werden musste. Ich fand pfarrers- und glaubenslose Beerdigungen würdelos, auf denen ein Miettrauerredner sprach und die Lieblingspopmusik des Verstorbenen vom CD-Spieler dudelte, während die Umstehenden nicht wussten, was sie mit ihren Händen anfangen sollten. Wer weiß schon, wann Zeit ist, die Erde mit dem Schäufelchen ins offene Grab zu werfen? Der Pfarrer ist der letzte Zeremonienspezialist in zeremonienarmen Zeiten.

Pfarrer G. von E. war im Ruhestand, kümmerte sich aber ehrenamtlich um die Stiftsbewohner und übernahm auf Wunsch Beerdigungen. Er war groß, stattlich, elegant, altmodisch, charmant und von Adel, aus Franken. Die Art Mann, die Mutter gefiel. Der evangelische Geistliche blickte sich anerkennend in dem aufgeräumten und gut riechenden Stiftsapartment um, er sah sich teilnahmsvoll Fotos an, die ich mitgebracht hatte. Vater als Kind in kurzen Hosen mit schmutzigen Knien, Vater ebenfalls noch mit Kindergesicht in Wehrmachtsuniform, Vater im Kittel als Chemiedoktorand, Vater mit Wadlstrümpfen als Rentner beim Wandern. »Das war doch im Fränkischen«, sagte ich und deutete auf ein Bild. Mutter nickte, der Pfarrer lächelte. Ich möchte diese Stunde mit Pfarrer G. von E. nicht missen.

»Ihr Vater liebte die Natur«, sagte er.

»Ja«, sagte ich. »Er war ja auch Naturwissenschaftler.«

Damit stand die Grabrede in Grundzügen fest.

Und sonst? Keine Musik, kein Spektakel, keine Todesanzeigen, »in aller Stille«.

Ich ließ Mutter in ihrem Apartment. Sie machte sich daran, die wenigen noch lebenden Bekannten zu informieren. Das war eine Beschäftigung, die ihr für den Moment angemessen erschien.

Ich fuhr nach Hause, setzte mich allein in den Garten. Jetzt konnte ich endlich ein bisschen weinen.

In den folgenden Tagen spürte ich eine starke Präsenz, so als würde Vater wie ein Luftgeist um mich herumschweben, um mir bei Verrichtungen zu helfen und mich aus Grübeleien herauszuholen. Ich fühlte mich beschützt. Oder war es nur die Trauer, die mich beschützte, weil sie die Mitmenschen zu Nachsicht zwang? Ich informierte die Nachbarin. Frau H. sagte, mein Vater sei ein guter Vater gewesen, er habe viel über mich gesprochen. Ich war tatsächlich etwas erstaunt.

Bei Vaters Beerdigung schien die Sonne, ein paar Wolken schoben sich über den Himmel, was eine Art Theaterbeleuchtung erzeugte, immer wieder bohrte sich ein Sonnenstrahl den Weg durch die Dunstdecke hinab zum Friedhof und tauchte das Grab in Licht. Einige wenige Bekannte waren gekommen, Nachbarn, Kollegen, meine Freunde, denn meine Eltern hatten ja keine Freunde mehr. Wer 91 wird, hat die meisten Menschen verloren. Die katholischen Gäste vom Land reagierten etwas pikiert ob der schlichten Zeremonie. Aber mir schien Martin Luthers Art, Kirchen von Schmuck und Tand zu befreien, im Angesicht des Todes nachvollziehbar wie nie. Danach zogen wir schweigend von der Aussegnungshalle zum Grab hinab, sehr, sehr langsam, weil einige der alten Damen nicht gut zu Fuß waren. Vornweg marschierte ein schnurrbärtiger Dienstmann mit einer Mütze, der die Urne trug und das Tempo drosselte, damit niemand zurückblieb. Das langsame, schweigende Gehen tat gut. Es erinnerte an die in Zeitlupentempo dahintrottenden Leichenzüge in New Orleans – nur, dass hier keine Dixie-Kapelle spielte. Ein milder Septemberwind blies.

Eine frühere Sekretärin von Vater, die aus Griechenland stammte, hielt eine kurze Rede voll mediterraner Empathie, in der sie seine Fürsorge und Hilfsbereitschaft lobte. Ich war zu überfordert, um zu trauern. Mutter stand regungslos an ihrem Rollator. Danach gingen wir essen, nur U., Mutter und ich. Es gab Zwiebelrostbraten.

In den nächsten Tagen begann Mutter überraschend zügig, Vaters Sachen in Müllsäcke zu packen. »Kannste die mal zum Container bringen? Oder brauchste was davon?« Ich winkte ab. Ich musste an Walter Kempowski denken, die Szene, in der der Schriftsteller beschreibt, wie seine Großmutter die Anzüge ihres

Sohnes verschenkt, der im Ersten Weltkrieg an der Front ist. »Der fällt ja doch.« Nun gut, Vater war ja wirklich tot.

Sein Pflegebett stand so da wie vorher. Mutter wollte es rauswerfen. Ich plädierte dafür, es zu behalten. Sicherheitshalber; für sie. Das sagte ich aber nicht.

An Friedhofsbesuchen zeigte Mutter nicht allzu viel Interesse. Es war ihr zu beschwerlich, aber auch als eine Mitbewohnerin, die fitter war, vorschlug, gemeinsam zum Friedhof zu gehen, nahm sie das Angebot nur einmal an. Für Mutter war wichtig, dass das Grab »ordentlich aussieht«. Cotoneaster musste gepflanzt werden, ich ließ ihr ihren Willen. Misstrauisch beäugte sie meine Versuche mit Lavendel und Rosen. Einig waren wir uns in der Ablehnung einer kalten Marmorplatte, das Grab sollte leben. Leider stand das Holzkreuz nicht sehr fest, im Winter blies es der Sturm um, es lag auf dem Weg, als wir ankamen, kein schöner Anblick. Ich befestigte es notdürftig im Schneesturm, kratzte mit den Fingern in der eiskalten, halb gefrorenen Erde, schleppte Feldsteine heran, fühlte mich halb heroisch, halb dämlich. Mutter sah zu, an ihr Gehwägelchen gelehnt, der Wind pfiff, ich dachte an eine Walküre und fühlte mich wie ein Tölpel. Länger als ein paar Minuten verharrte sie nie vor dem Grab, so, als wollte sie nicht an das denken, was mein Berliner Großvater Felix einst – halb sehnsuchtsvoll, halb ironisch – auf das Grab seiner geliebten Gattin hatte meißeln lassen: »Warte nur! Balde ruhest du auch.«

Mutter

Vor Heiligabend hatte Mutter gesagt, sie wolle zu Weihnachten diesmal nicht in ihr altes Häuschen gebracht werden, anders als im Jahr davor. Da müsse ich ja so viel fahren. So viel Rücksicht kannte ich gar nicht von ihr.

Ich kreuzte also am späten Nachmittag in ihrem Stiftsapartment auf, hatte Weihnachtsdeko, Kerzenständer, roten Klimperkram, Kugeln und Kettchen sowie Räucherfisch mitgebracht.

Doch Mutter wollte nicht essen, ja nicht mal Nahrungsmittel in der Wohnung haben. »Nimm das bitte alles wieder mit, es ekelt mich.« Sie erbrach, was sie zu sich nahm, hing schwach in ihrem Fernsehsessel und sagte fast nichts. Schon die Tage davor hatte sie im Bett verbracht, der Arzt hatte einen Magen-Darm-Virus diagnostiziert, die waren häufig im Stift. Mit dieser Auskunft war der Doktor in den Weihnachtsurlaub verschwunden.

Nun saß Mutter da, und ich sah ihr beim Leiden zu. Nicht essen zu können, betrachtete sie als ultimative Qual neben der Bewegungslosigkeit. Nahrungsaufnahme war ihre einzige Abwechslung, vor allem wenn es Bier dazu gab, ein Kasten Budweiser stand stets in der Küche. Frankenwein bestellte sie bei einem Versand und stapelte ihn kistenweise im Kellerabteil. Manchmal durfte ich eine Flasche mitnehmen, was ich tat, obwohl ich nicht scharf auf Silvaner war.

Ich baute ratlos die Kerzenständer auf und stellte ein aus Zweigen gebasteltes Bäumchen vom Viktualienmarkt auf den Tisch, das ich mit roten Ketten behängte. So saßen wir da und guckten gemeinsam aus dem Fenster. Nach etwa vier Stunden stellte ich die Kerzen auf den Balkon und verabschiedete mich. Ich wollte zu Freunden, meiner Wahlfamilie, auf einen weihnachtlichen Absacker.

»Wird's denn gehen?«, fragte ich, um mein Gewissen zu beruhigen.

»Ja, ja«, sagte sie.

Den ersten Weihnachtsfeiertag verbrachte ich zu Hause, den zweiten im Dienst wie jedes Jahr. Am 27. Dezember wollte ich Mutter nach der Arbeit besuchen, doch bereits mittags klingelte das Telefon. Es war das Stift. Mutter sei zwei Tage nicht aufgestanden, sie sei desorientiert und dehydriert, man habe sie ins Krankenhaus gebracht, teilte mir die Pflegedienstleiterin mit.

Dehydriert? Dreimal täglich kamen Schwestern zur Kontrolle, ob alle Medikamente eingenommen worden waren. Hätte man da nicht auch mal auf ihren Flüssigkeitshaushalt achten können? Doch diese Leistung hatten wir nicht bestellt. Natürlich bekam ich ein schlechtes Gewissen, weil ich zwei volle Tage nicht bei ihr gewesen war. Desorientiert war sie aber am 24. Dezember noch nicht gewesen.

Ich raste ins Krankenhaus. Nierenversagen, diagnostizierte eine junge blonde Ärztin, offenbar auch im Feiertagsdienst. Dabei guckte sie mich vorwurfsvoll an. Oder bildete ich mir das ein? War ich schuld an Mutters Nierenversagen? Hätte ich an Heiligabend nicht verschwinden (flüchten?) dürfen? Oder war der Heimarzt verantwortlich mit seiner verharmlosenden Virusdiagnose? Die folgenden Tage verbrachte ich zwischen Krankenhaus und Newsdesk, wo alles auf faszinierende Art wie immer war. Egal ob Winter oder Sommer, ob Weihnachten oder Ostern, ob jemand geboren wird oder stirbt – irgendwo auf der Welt passiert immer etwas, was sofortige, routinierte mediale Aufbereitung durch eine abgeklärt und emotionslos handelnde Nachrichtenredaktion erfordert.

Draußen war es dunkel und kalt, es regnete unaufhörlich, allerübelstes Klimawandel-Januarwetter. Ich holte ein paar Sachen für Mutter aus ihrem leeren Apartment im Stift, dort lobten sie Mutters »Tapferkeit«, nie den Mut verloren, sich aber auch keine Illusionen gemacht, immer realistisch, ganz ihre Generation.

Jetzt aber hatte Mutter allem Anschein nach den Mut doch noch verloren. Sie lag abgemagert in ihrem Bett, konnte nichts zu sich nehmen. Ihr Mund verklebte und verkrustete. Sie klagte über Schmerzen und konnte kaum sprechen. Erst eine offenbar vom Himmel (Vater?) geschickte griechische Bettnachbarin, die eine Pflegeausbildung hatte, zeigte ihr, wie man die Wattestäbchen bediente, die auf dem Nachttisch standen. Man tauchte sie in Wasser und benetzte damit die ausgetrockneten Schleimhäute. Das Krankenhauspersonal hatte die Stäbchen einfach nur kommentarlos hingestellt.

Sieh zu, wie du zurechtkommst.

Die Zeit zwischen den Jahren verbrachte ich meist auf der Station, blieb aber stets nur ein, zwei Stunden. Danach musste ich den Krankenhausgeruch abwaschen. Ich versuchte mich in unpassenden Scherzen, um die Situation aufzulockern und Mutter zum Essen zu animieren. Als eine Bettnachbarin Sauerbraten zu Mittag bekam, fragte ich Mutter: »Neidisch?« Ich hatte noch nicht kapiert, dass sie wirklich nicht essen *konnte*. Man hatte ja gehört von dieser Art Hungerstreik, den alte Leute manchmal beginnen, um zu sterben. Aber das war bei Mutter nicht der Fall.

Beim nächsten Besuch lag sie in einem Gitterbett. Das war nicht legal, das Personal hätte laut Patientenverfügung eine Genehmigung einholen müssen. Aber wollte ich, dass sie aus dem Bett fiel? Also sagte ich nichts. Als ich auf das Gitter blickte, fand meine Mutter einen Anlass für einen kleinen, zynischen Akt der Rache.

»Neidisch?«, fragte sie mit schwacher, aber schneidender Stimme.

Das war noch nicht alles. Bei langen Besuchen in einem Dreierzimmer kommt man nicht umhin, mit Bettnachbarn zu sprechen. Eine Familie berichtete von dem Erbstreit um ein Haus, der nach dem Tod eines Verwandten ausgebrochen war.

»Da war es bei uns einfacher«, prahlte ich. »Meine Eltern haben mir das Haus überschrieben und einen Nießbrauch festgelegt.«

Da klang Mutters ätzender Kommentar aus den Kissen: »Und am Ende zieht man doch den Kürzeren.«

Ich blickte errötend zu ihr. Wieso den Kürzeren? Fühlte sie sich übervorteilt, weil sie im Stift lebte und ich das Haus bezogen hatte? Es klang wie eine späte Verdammung. War denn alles komplett falsch gewesen?

Ich ging und fühlte hilflose Wut auf meine sterbende Mutter.

Am nächsten Tag kam ein Anruf aus dem Krankenhaus, als ich gerade Agenturmeldungen aus Afghanistan, Kongo und Venezuela auswertete. Anschläge, Intrigen, Seuchen, drohende Staatsbankrotte, das Übliche.

Diesmal war die Stationsärztin dran. Sie müsse sich entschuldigen.

»Entschuldigen wofür?«

»Ihre Mutter ist ohne Blutdruck im Bad zusammengebrochen. Wir haben sie reanimiert. Jetzt ist sie wieder stabil.«

»Reanimiert?«

Mir war nicht gleich klar, was das bedeutete.

Dann dämmerte mir: Offenbar war Mutter sozusagen tot gewesen.

Ihre Patientenverfügung schloss Reanimation aus. Das Dokument hatte sie bei ihrer Einlieferung geistesgegenwärtig abgegeben. Von wegen desorientiert. Desorientiert war eher das Verwaltungspersonal, denn die Verfügung war auf dem Weg von der Notaufnahme zur Station verloren gegangen.

Aber es war eh zu spät.

»Ich werde Ihnen sicher nicht den Prozess machen, weil Sie meine Mutter ins Leben zurückgeholt haben«, sagte ich. Die Ärztin schien tatsächlich erleichtert zu sein.

In der Tat hatten meine Eltern eine sehr restriktive Patientenverfügung, kein aus dem Internet heruntergeladenes Zeug, sondern kostspielige notarielle Dokumente, die bei Kassen, Ärzten und Behörden Eindruck machten, wohl weil man aus dem Aufwand schließen konnte, dass die Unterzeichner es ernst meinten. Mehrmals hatte ich mich über die Verfügungen hinweggesetzt, denn schon Wasserzufuhr durch die Vene, verbunden mit ein paar Kalorien, wäre ausgeschlossen gewesen. Doch wollte ich meine Mutter verdursten und verhungern lassen? Man kann noch so viel in Verfügungen hineinschreiben – wenn es ernst wird, muss man nach Lage entscheiden.

Als ich Mutter nach der Reanimation besuchte, sah sie aus wie vorher. Das war Glück und zeugte von guter Arbeit der Ärzte. Viele Menschen sind nach Wiederbelebungen Totalpflegefälle. Doch Mutter war zäher. Und war nicht auch Vater aus einem ähnlichen Zustand wieder hochgekommen? Sie war doch erst neunzig! Ich dachte an Helmut Schmidt, Fidel Castro, Ernst Jünger und andere illustre Greise. Eine Kollegin hatte von ihrer Oma erzählt, die bald 97 wurde. »Viel kann sie nicht mehr, aber das Herz schlägt erbarmungslos.«

Der bevorstehende Aufwand für eine Bettlägerige erforderte eine Reihe von Maßnahmen. Alles, was ich von Vaters Pflegezeit schon kannte, ging von vorne los. Nach zwei Wochen wollte man sie im Krankenhaus nicht mehr. Das hier war Ballungsraum, die Klinik ein hektischer Massenbetrieb, es ging darum, Patienten so schnell wie möglich loszuwerden. Im Stift bekam ich aber sofort einen Pflegeplatz. Jetzt zahlte sich aus, dass wir ein Haus ausgesucht hatten, das beides hatte: Wohnapartments und Pflegebetten, sonst hätte ich wieder nach einer anderen Einrichtung suchen müssen. Um von ihrem Apartment in die Pflegestation zu gelangen, musste man nur drei Treppen hinabgehen. Ich konnte Sachen hin- und hertragen. Noch ein Umzug. Nun war Mutters materielle Existenz reduziert auf den Inhalt eines Nachtkästchens.

Schwierig wurde es mit der Krankenkasse, die eine Pflegestufe nach »Aktenlage« ablehnte, wie eine Mitarbeiterin sehr sachlich am Telefon sagte. Dabei konnte Mutter absolut überhaupt nichts mehr, weder essen noch sich aufrichten, vom Gang auf die Toilette ganz zu schweigen. Doch die Dame von der Krankenkasse bedauerte, man könne nichts machen, anfangs werde immer nach Aktenlage entschieden; ich könne ja Widerspruch einlegen. Sie werde einen Besuch des Medizinischen Dienstes anordnen.

»Für wann?«, wollte ich wissen. »Meine Mutter liegt ja schon auf der Pflegestation. Das kostet viel Geld.«

»Sie hören von uns.«

Woran Mutter konkret litt, konnte oder wollte mir keiner sagen, trotz Tests und Nachfragen. Vielleicht interessierte es in dem Alter einfach keinen mehr. Die Niere arbeitete offenbar wieder, wenn auch auf niedrigem Niveau. Der Stiftsarzt, der sie untersuchte, sprach gar von einer geriatrischen Reha, um sie wieder auf die Beine zu bringen. Doch danach sah sie aber gar nicht aus.

Die Pflegestation war echte Alte-Leute-Leidenswelt. Die Fenster der Station im Erdgeschoss waren von außen zugewachsen, selbst im Winter konnte man nicht nach draußen sehen vor lauter Gestrüpp. Die Möbel waren alt und angeschlagen vom Bettenschieben. Es roch nach Krankheit. Mutter lag in einem Zweibettzimmer mit einer nicht sprechfähigen, dementen Frau, die immerfort weinte und wimmerte und Stofftiere auf dem Bett liegen hatte.

Sie starb seit Jahren vor sich hin. Mutter wollte auch ein Stofftier. Den Kater Tom aus Plüsch, den ich als Kind gehabt hatte. »Tom«, sagte sie, »bring mir den Tom.« Ansonsten schaute sie den ganzen Tag in das Gestrüpp vor dem Fenster und murmelte: »Schön da.« Ich blickte in den Wald aus blattlosen Büschen und graugrünen Koniferen. War das jetzt wieder Zynismus?

Ein Platz in einem Pflegeheim ohne Pflegestufe, also ohne Kassenzuschuss, ist eine extrem teure Angelegenheit, er kostet mehrere tausend Euro im Monat. Was würde die Kasse tun? Ich zweifelte nicht, dass Mutter die Pflegestufe bekommen würde, aber wann? Kam es auf den Prüfer an? Welche Kosten kamen auf mich zu in Zeiten, in denen alle Welt nur sparen will, vor allem an den Alten? Sparen – für was eigentlich? In Deutschland hat sich die Geldmenge vom Jahr 2000 bis 2016 verdreifacht, las ich in einer Agenturmeldung, an Bargeld ist sogar das Siebenfache in Umlauf. Wo war das alles? Im Pflegesektor offenbar nicht.

Mutter hatte anders als ich nichts auszusetzen am Mobiliar auf der Pflegestation, das war nicht ihr Problem. Wichtiger war, dass das Personal engagiert, einfühlsam und zupackend agierte. »Nicht so grob wie im Krankenhaus«, sagte sie.

Beeindruckend war ein Hilfspfleger namens Willi, ein stämmiger Mann mittleren Alters mit Schnurrbart, der nur stundenweise arbeitete und von einer Zeitarbeitsfirma geschickt worden war. Willi machte Gehübungen mit Mutter, er hatte den Ehrgeiz, sie dazu zu bringen, den Gemeinschaftsraum aufzusuchen und allein auf die Toilette zu gehen. Als er nach ein paar Anläufen scheiterte, fragte er sie ganz direkt: »Wollen Sie sterben?«

Mutter guckte verwirrt.

»Ich frage noch mal: Wollen Sie sterben?«

»Aber nein«, stammelte Mutter.

Am nächsten Tag traf ich sie im Aufenthaltsraum an, wohin sie es mit Willis Hilfe dann doch noch geschafft hatte. Der Aufenthaltsraum einer Pflegeabteilung ist kein heiterer Ort, auch wenn es Pflegekräfte gibt, die sich nach Kräften bemühen, etwas daraus zu machen. Es sitzen dort Menschen, die gehen wollen, obwohl sie nicht gehen können, die das aber vergessen haben, weshalb sie den ganzen Tag lang erfolglos versuchen, aus dem Rollstuhl aufzustehen. Rauf und runter, immerfort, bis sie stürzen und von irgendjemand aufgehoben werden. Andere stammeln die immer gleichen Sätze oder stöhnen unentwegt; wer noch ein wenig fit ist, spielt infantile Spiele. Dazwischen hocken ratlose Angehörige und versuchen Gespräche mit Menschen anzuleiern, die nicht mehr sprechen können. Mutter saß mittendrin. Ich setzte mich dazu. Sie sah jetzt wirklich schlimm aus. Aber sie lächelte matt.

Ich fragte mich, als ich ging: Warum ist Sterben so schlimm? Was hat das für einen Sinn? Und mir dämmerte die Antwort: Alter, Krankheit und Pflege sind deswegen so quälend, damit auch die Lebenslustigen und Zuversichtlichen am Ende ohne Bedauern gehen, damit sie das Sterben als Erlösung betrachten, damit sie aufhören, sich ans Leben zu klammern. Die Natur hat dem Leiden einen Sinn gegeben. Trost ist das leider keiner.

Der Höhepunkt des Lebens

Der Breitenstein ist ein kleiner Gipfel in den Münchner Hausbergen. Er hat einen flachen Kopf, daher der Name. Man sieht ihn gut vom Oberland aus, es ist der bewaldete Rücken neben dem Wendelstein, dem höchsten Berg der ersten Kette der Münchner Hausberge, auf dem die Antennen stehen. Auf dem Weg zum Gipfel des Breitensteins muss oder kann man ein wenig kraxeln, es stehen genug Felsen herum, auch wenn das den Weg nicht wirklich verkürzt. Aber es macht Spaß. Als Fünfjähriger hatte ich keinen dieser kleinen Felsen ausgelassen, bevor wir oben ankamen. Meine Eltern hatten durchaus Verwunderung über diesen bergsteigerischen Elan ihres Sohnes an den Tag gelegt, es war ja unsere erste Tour, bei der ich selbstständig den ganzen Weg ging. Vom Gipfel aus sah man den nahen Wendelstein, rechts den Inn, in der Mitte viel Nadelwald, und links in der Ferne konnte man sogar die Smogglocke Münchens erahnen.

Am Kreuz machten wir Rast. Mutter trug ein Dirndl mit hellroter Schürze. Für eine Berlinerin war das ein gewagtes Outfit. Das Dirndl hatte noch nicht den modischen Status von heute, war kein zwingendes modisches Accessoire für junge Frauen auf dem Oktoberfest. Damals war das Trachtenkleid ein traditionelles Kleidungsstück, eigentlich Alteingesessenen vorbehalten, die streng dreinschauen konnten, wenn eine Zugezogene aus Preußen sich damit auf die Straße wagte.

Vater hätte sich nie in eine Lederhose geklemmt. Er trug beim Wandern seine »Pupfänger«, so nannte er die braunen, bauschigen Bundhosen, die am Knie verschnürt waren; dazu ein weinrotes Hemd, nicht kariert, und Bergschuhe aus Leder. Mutter hatte Halbschuhe an, aber der Breitenstein war ja auch keine große Herausforderung, dazu weiße Söckchen. Ich trug sehr wohl eine Lederhose, eine kurze, das schützte meinen empfindlichen Kinderhintern, wenn ich die Felsen hinabrutschte.

Vater, der den Rucksack geschleppt hatte, packte Äpfel und Stullen aus. Irgendjemand muss dann vorbeigekommen sein, dem meine Eltern den Fotoapparat – Vaters alte Voigtländer – in die Hand drückten und um einen Schnappschuss baten. Dieses Foto von uns dreien auf dem Breitenstein hing jahrzehntelang in einem praktischen kunstledernen Wechselrahmen in der Diele. Auf dem Bild lächeln wir alle drei sehr verhalten, vielleicht war es die Erschöpfung, man hatte ja gerade einen Berg bestiegen.

Und hatte man es nicht auch in anderer Hinsicht geschafft? Meine Eltern waren Krieg, Ruinen und Mauerbau entronnen. Das Schlimmste hatten sie hinter sich. Vater hatte eine Stellung bei Siemens, Mutter kümmerte sich um den Garten; sie hatten ein Kind, ein Haus, einen Opel, ein wenig Geld auf der hohen Kante und konnten Ausflüge in eine Gegend machen, die sich in den kommenden Jahren in Deutschlands gesuchteste Freizeitlandschaft verwandeln sollte.

Jetzt standen sie hier oben mit Blick ins Alpenvorland, vielleicht am Höhepunkt ihres Lebens, der ja stets nur einen Moment lang dauern kann.

Wann dieser Moment ist?

Bei der Hochzeit? Bei der Geburt des Kindes? Wenn man seinen ersten Job antritt?

Oder ist es der Tag, an dem man als versprengter Soldat beschließt, sich die letzte Kugel doch nicht in den Kopf zu schießen? Oder der, an dem man feststellt, dass die eigenen Koffer ohne einen selbst auf einem torpedierten Schiff in der eisigen Ostsee versunken sind? Oder ist der Höhepunkt des Lebens einfach nur der Moment, wenn man auf einem Bergesgipfel steht und weiß, was man alles heil überstanden hat?

Man muss wohl das Ende des Lebens abwarten, um sagen zu können, wann dieser Moment war.

Bild 18: Höhepunkt des Lebens? Die kleine Familie auf dem Breitenstein, 1969

Nach Mutters Tod fummelte ich die Schwarz-Weiß-Fotografie aus dem Rahmen. Ich legte das Bild auf Vaters alten Scanner, den ich geerbt hatte. Die Datei schickte ich ans Beerdigungsinstitut. Von der kleinen Familie, die sich, von Norden aus einer leidvollen Geschichte kommend, den bayerischen Süden und ein Leben voll materieller Zufriedenheit erschlossen hatte, war nur ich übrig. Der Lebensabstieg meiner Eltern war beendet. Das Foto sollte auf die Trauerkarte.

Die Kondolenzbriefe, die eintrafen, spendeten unerwarteten Trost. Endlich lagen nicht nur Rechnungen im Briefkasten, sondern echte Briefe, wenn auch mit schwarzem Rand; und je älter die Schreiber waren, desto würdevoller formulierten sie ihre Sätze, ohne Geschwätzigkeit, dafür mit unaufdringlicher Anteilnahme. Vielleicht waren sie im Laufe ihres langen Lebens Sterbeprofis geworden. Manche schrieben ein paar Zeilen, die Mutter charakterisierten oder gemeinsame Erlebnisse schilderten, andere beschrieben eigene Verluste. Am meisten staunte ich über den Brief einer früheren Klassenkameradin Mutters, in dem stand, dass sie früher den Spitznamen »Häppi« getragen habe, abgeleitet von ihrem Mädchennamen. Sie sei einfach ein glücklicher Mensch gewesen, schrieb die alte Dame. Ein glücklicher Mensch? Mutter?

Wie hatte doch die Freundin gesagt: Sie ist für dich so rätselhaft wie du für sie.

Was ich hassen lernte, waren die Versuche, den Tod schönzureden, »all this lying cheeriness and evasion«, wie es Blake Morrison nennt, das Gerede vom »traumlosen Schlaf«, von der »Erlösung«. Skeptisch blieb ich, was die Legende angeht, man könnte das Ableben erträglicher oder gar schöner machen durch Hospize und bunte Farben. Ultimative Lebensverlängerung ist ohnehin wenigen vergönnt. Als ich nach Palliativmaßnahmen für Mutter fragte, sagte man im Krankenhaus, dafür sei sie zu alt. Die wenigen Plätze seien Jüngeren vorbehalten, Unfallopfern, Krebspatienten. Ich selbst möchte für mich, dass dereinst weder Pfarrer, Ärzte, Banken, Sozialversicherungsträger, Politiker oder Pflegekräfte über den Zeitpunkt meines Todes befinden, sondern der Einzige, der, was mein Leben angeht, wirklich kompetent ist: ich selbst.

Wenige Tage nach ihrem Tod erhielt Mutter dann doch noch ihre Pflegestufe. Ich hatte einige Zeit zuvor auf der Facebook-Seite der Krankenkasse aus Ärger einen Kommentar hinterlassen. Dort war ein Beitrag gepostet worden, in dem eine Mitarbeiterin Stylingtipps und ihre Lieblingsmusik-Playlist verriet, ein PR-Gag. Ich schrieb in der Kommentarleiste, das sei ja alles gut und schön, aber eine Pflegestufe für meine alte Mutter wäre mir lieber. Es war erstaunlich, wie ein kesser Post in einem sozialen Netzwerk einen trägen Apparat wie eine frühere Betriebskrankenkasse in Gang setzte. Ich bekam Anrufe von PR-Leuten und sogar von einem leitenden Mitarbeiter und anschließend einen Teil der Kosten zurück. Nur bedingt ein Trost.

Mutters Apartment ließ ich von derselben Firma räumen, die es eingerichtet hatte. Die Männer versprachen, ein paar der Bilder und Büsten bei Auktionshäusern anzubieten, aber ich machte mir keine Illusionen. Ich nahm einen silbernen Brieföffner, den Drucker und gerahmte Fotos verstorbener Verwandter mit sowie Scheckkarten und ein paar Ordner. Zum Glück. Das Finanzamt forderte ein paar Tage später eine Steuererklärung meiner Mutter an, die sie demenzbedingt vergessen hatte. Im Amt teilte man mir mit, das sei ja alles sehr bedauerlich, aber mehr als vier Wochen Fristverlängerung seien nicht drin – trotz Ablebens der Steuerpflichtigen. Das Kirchensteueramt schickte noch zwei Jahre später Nachzahlungsaufforderungen für meine verstorbene Mutter, die sich als unberechtigt erwiesen. Ich musste an den Philosophen Michel Houellebecq denken, der Krankenkasse und Finanzamt ironisch »die beiden wichtigsten Ansprechpartner, die dem Leben eines Menschen Struktur geben«,[12] nennt. Das gilt bis über den Tod hinaus. Der Stiftsarzt stellte eine Rechnung von 95,88 Euro für »Leichenschau inkl. Wegegeld«, im Laufe der Zeit trafen weitere Forderungen und Inkassomahnungen von Versandhäusern und Abodiensten ein, die es zu begleichen galt.

Zu Mutters Beerdigung kamen meine Freunde, meine Wahlfamilie eben; dazu ein paar alte Damen vom Kaffeeklatsch, die eine riesige Schale mit Osterglocken mitgebracht hatten, für die es eigentlich noch zu kalt war.

Eine der Damen sprach mich an: »Sie sind der Sohn?«

»Ja, bin ich.«

»Seltsam, dass man sich in all den Jahren nie kennengelernt hat.«

Das karge Sozialleben meiner Eltern und meines hatten in der Tat kaum Anknüpfungspunkte gekannt.

Es zog und war kalt, aber sonnig – wie bei Vaters Beerdigung eineinhalb Jahre zuvor. Der Pfarrer – wieder der stattliche Franke – lag diesmal allerdings daneben. Er zitierte eine Bibelstelle, in der es um Lieder ging, die die Verstorbene in ihrem Leben angeblich gesungen habe. Keine Ahnung, wie er darauf kam, denn Singen konnte Mutter nun wirklich überhaupt nicht, ich hatte beim Vorgespräch auch nichts in der Richtung gesagt. Aber ich gab mich damit zufrieden, dass es wohl symbolisch gemeint war, außerdem verhinderte das Wundern über die Pfarrerworte allzu große Trauerausbrüche. Ganz in Mutters Sinne.

Jeder Trauergast warf ein Schäufelchen Erde in das winzige Loch, das die Friedhofsmitarbeiter für die Urne gegraben hatten. Danach ein kleines Ritual: Sobald die Urne versenkt ist, blickt einen der Dienstmann mit der stummen Frage an, ob er gleich zuschaufeln soll oder später. Rituale geben Halt. Ich nickte. Das hieß: sofort eingraben.

Erde flog auf die Urne.

Jetzt lagen meine beiden Eltern dadrin.

Hatten sie mir nicht eben noch an der Tür ihres Hauses zum Abschied zugewinkt?

Nach der Feier sprach mich Vaters frühere Sekretärin an, die nette Griechin. Sie erzählte, dass sie ihren Mann früh verloren habe und sich Vorwürfe machte, sie sei nicht genug für ihren Sohn dagewesen. Der habe nun leider berufliche Startschwierigkeiten.

Dann berichtete sie, dass sie Mutter ein paar Wochen vor ihrem Tod angerufen habe.

»Sie müssen noch ganz alt werden«, hatte die Sekretärin zu meiner mutloser werdenden Mutter gesagt, um sie aufzumuntern: »Ihr Sohn braucht Sie!«

Mutters Antwort war so lapidar wie typisch gewesen: »Ich hab den so erzogen, dass er ohne mich zurechtkommt.«

Wir Kriegskinder

Abschied von einer Generation

»Er kann nicht gut lügen,
weil er nicht gut erzählen kann.
Er kann nur gut verschweigen«
Uwe Timm, *Die Entdeckung der Currywurst*[1]

Der Dachboden in der Doppelhaushälfte, die meine Eltern gebaut haben war anfangs ein unwirtlicher Ort. Wegen der niedrigen Firsthöhe konnte man dort oben kaum stehen, wenn man größer war als meine Mutter, also größer als 1,65 Meter. Es war zugig und kalt. Hinauf führte eine wackelige Holzleiter, die man zusammenschieben musste, um sie hochzuklappen. Es gab eine kleine Luke zum Dach, durch die Vater hin und wieder stieg, um die Fernsehantenne neu auszurichten, wenn das österreichische Fernsehen, das man im Oberland mit viel grauem Geflimmer auf dem Bildschirm empfangen konnte, die Frequenzen geändert hatte.

Mutter kontrollierte den Empfang am Apparat, während Vater oben an der Antenne drehte, sie rannte von Zeit zu Zeit in den Garten und schrie »besser« oder »schlechter« Richtung Dach, wo Vater stand und fuchtelte. In der Rolle als furchtloser Antennenausrichter bewunderte ich ihn, allerdings schwang etwas Unheimliches dabei mit, weil er sich mit derartig heiliger Getriebenheit in die Tätigkeit vertiefte. Da war er nicht ansprechbar, ließ keinerlei Sinn für Humor erkennen, und Zeit für mich hatte er sowieso nicht.

Es war Mutter, die sich den Dachboden im Laufe der Jahre zu einer Art Refugium ausbaute. Dies nahm an Intensität zu, als Vater in Ruhestand ging. Sie ließ einen Ofen hinaufschaffen und ein größeres Dachflächenfenster einbauen, brachte sich die nötigen Handwerkskniffe bei, um die Dachbalken von innen mit Isolierung zu versehen, legte Teppiche aus, hängte Regale an die Wand, die sie mit Fotoalben voller Kirchen- und Landschaftsbilder aus vielerlei Urlauben füllte; sie stellte ein Sofa auf, auf dem sie fortan die Nachmittage verdöste. Oder sie blätterte in Fotobänden und Reiseprospekten und fertigte Handarbeiten an.

Mit anderen Worten: Sie schuf sich einen Bereich, an dem sie vor Vaters Redefluss sicher war. Sie hörte sich Sprachkassetten an, sortierte Briefe, ordnete Dokumente, was dazu führte, dass ich nach ihrem Tod ein überraschend umfangreiches Familienarchiv in einer staubigen Abseite vorfand, in die man hineinkriechen musste. Mutter war bis ins hohe Alter sehr gelenkig gewesen.

Der Nazi-Ahnenpass war da, alte Zeitungsausschnitte, bergeweise Grußpostkarten und Briefwechsel mit Bekannten, vergilbte Trauerkarten, Geburtstagswünsche längst verstorbener Menschen. Ich hatte im Laufe der Jahre eigene Kartons mit Papieren dazugestellt, ohne mich um das Vorhandene zu kümmern; Protokolle meiner Interviews mit deutschen Emigranten in Argentinien, spanischen Bürgerkriegskämpfern, bayerischen Dorfbürgermeistern.

Ich war auf der Suche nach solchen Papieren, als ich in einem alten Karton mit der Aufschrift »Hilfswerk Berlin« auf eine Penny-Tüte stieß, in der eine Entdeckung wartete. Deutsche Dachböden sind voll mit solchen »Büchsen der Pandora«, wie der Historiker Florian Huber sie nennt, »in denen die Gespenster unserer Familien verborgen sind«. In Umzugskartons, Pappschachteln, Blechdosen, Zigarrenkisten habe sich »auf tausendfältige Weise abgelagert, worüber unsere Eltern und Großeltern und wir nicht miteinander sprechen konnten«.[2] Jetzt, da die meisten Zeitzeugen verstorben sind, verspüren immer mehr Menschen anscheinend das Bedürfnis, solche Büchsen zu öffnen.

Was ich fand, waren Packen von Karten des Roten Kreuzes mit kyrillischen, also russischen Buchstaben darauf. Sie waren eng beschrieben, es gab einen Haufen davon. Es war Vaters Post aus der sowjetischen Kriegsgefangenschaft, jener dunklen Zeit, über die ich so wenig wusste und die er stets als ultimative Leidensetappe dargestellt hatte.

Ich kannte bereits seine Feldpostbriefe, die hatte Mutter offenbar beizeiten gesichtet und in einer Schreibtischschublade beiseitegelegt. Stets hatte ich gefürchtet, darin Hinweise zu finden, dass Vater an Erschießungen und anderen Verbrechen des Holocaust direkt beteiligt gewesen war, aber ich hatte nichts dergleichen gefunden, auch antisemitische Ausfälle kamen nicht vor. Insofern hatte ich die Befürchtung ad acta gelegt, Vater könnte ein Kriegsverbrecher gewesen sein. Für mich war er ein kleiner Wehrmachtssoldat, ein Überlebenskünstler, der die meiste Zeit im Lazarett gelegen hatte und im Feld um sein Leben lief, mehr Opfer als Täter; dieses Bild hatte er durch sein Verhalten und seine spärlichen Erzählungen zeit seines Lebens von sich selbst gezeichnet.

Doch was ich nun fand, riss eine neue Lücke auf.

Dass Vater als Kriegsgefangener nicht in Sibirien im Lager gewesen war, hatte ich gewusst. »Das ist mir erspart geblieben«, hatte er mal gesagt, in seinem letzten Lebensjahr. Ich hatte das ohne große Verwunderung dem Zufall bei der Verteilung der Gefangenen zugeschrieben. Stets hatte er von harten Arbeitsbedingungen berichtet, von Hunger, Ratten, Wanzen, eisiger Kälte und unmenschlicher Behandlung. Ich hatte nie weiter gefragt, um ihn zu schonen, wie Kriegskinder dies ja laut der einschlägigen Forschung tun. Vater wiederum hatte die Härte dieser Erfahrung zum Kern seines Erziehungsstils gemacht, um mich vor allzu großem Verwöhntwerden zu bewahren: »Wärste mal in der Kriegsgefangenschaft jewesen, dann würdeste jetzt nicht so ein Theater machen.« So leitete er Sätze am sonntäglichen Mittagstisch ein, wenn es Grünkohl gab oder Linsensuppe oder Graupen, Nachkriegsspeisen, die ich nicht mochte, zu denen er aber eine merkwürdige Anhänglichkeit bewahrte.

Irgendwann keilte ich zurück: »Das klingt so, als würdest du mir wünschen, auch in einem Lager gewesen zu sein.«

Meine Eltern reagierten konsterniert.

Wie kam der Junge nur auf so was?

Aber danach war erst mal Schluss der Debatte.

Jetzt fragte ich mich: Hatte ich ihn selbst zum Schweigen gebracht? Wie viel Mitverantwortung trugen wir Kriegskinder an der Sprachlosigkeit unserer Eltern? Eine ganze Menge, nehme ich an. Aber die Art, wie sie ihre Geschichten verarbeitet oder nicht verarbeitet hatten, wie sie sie erzählten oder nicht erzählten, wie sie Erinnerungen zurechtbogen, ausstaffierten, schönfärbten, verharmlosten, bagatellisierten und zu Erziehungszwecken instrumentalisierten, hat einiges dazu beigetragen hat, dass wir eben nichts von ihrem Leben hören wollten. Vielleicht liegt es daran, dass keine wirkliche Erinnerungskultur an die deutsche Nachkriegsgeschichte existiert, an Flucht, Vertreibung, Gefangenschaft, Vergewaltigungen. »Und trotz gegenteiliger, oft sehr seriöser Versuche werden wir in unserem nationalen Narrativ wohl auch keinen Platz mehr für sie finden«, prognostiziert Daniel Schreiber.[3] »Das Schweigen und das Vergessen aller Beteiligten haben zu gute Arbeit geleistet.«[4]

Ich stöberte weiter in Vaters Post und stieß auf den ersten ausführlichen Brief, den er aus Russland geschickt hatte. Er datierte vom 4. August 1946 und handelte von der »Not des Krieges, die uns die faschistischen Kriegsverbrecher brachten« und die er nun überstanden habe.

Weiter hieß es, im Ton für mich etwas überraschend: »Von mir kann ich Euch nur Gutes berichten und dass ich gesund und munter bin. Ich verrichte die von mir verlangten Arbeiten so gewissenhaft wie möglich und glaube so zur Wiedergutmachung der Kriegsschuld beizutragen. Geistig bin ich sehr rege, ich beschäftige mich in meiner Freizeit mit Politik, Chemie und anderen interessanten Dingen. Über die Grundlagen des Marxismus, den politischen und wirtschaftlichen Aufbau der Sowjetunion, die Ursachen des Krieges und die politischen Tagesfragen unterrichte ich mich laufend, auch das Studium der Chemie habe ich nicht vernachlässigt, zumal ich mir ein Lehrbuch beschaffen konnte.

Meine übrige Freizeit verbringe ich bei den Sport-und Kulturveranstaltungen unseres Lagers.«

Die »Konzerte unserer Lagerkapelle«, schreibt er, böten ihm viel Möglichkeit zur »Erholung«. Er schließt: »Nun glaube ich, dass Ihr aus meinen Ausführungen klar ersehen könnt, dass ich hier wohl aufgehoben bin und nach all den Wirrnissen der letzten Jahre mit meinen Verhältnissen voll und ganz zufrieden sein kann.«

Es war Heiligabend, ich hatte es mir in meinem Elternhaus gemütlich gemacht in dem Raum, den ich von der Vermietung ausgenommen hatte. Ich hatte einen Holzofen einbauen lassen, in dem nun schön die Buchenscheite knisterten wie bei Heidegger in der Schwarzwaldhütte. Es war das erste Weihnachten ohne Eltern. Ich legte den Brief aus Moskau beiseite. Dass er in Schönschrift verfasst war, musste als ein Zugeständnis an die Zensoren gelten. Aber der Inhalt? Was bedeutete die klare Distanzierung von seinem vorherigen Tun – also von sich selbst – als Teil eines verbrecherischen Krieges, für den er Wiedergutmachung leisten wollte? Was bedeutete die Behauptung, er sei gut aufgehoben? Meine Großeltern mussten sich die Augen gerieben haben, als sie diesen Brief ihres Sohnes im Nachkriegsberlin des Jahres 1946 lasen, das Wüten der Sieger noch im Gedächtnis.

Nicht, dass Vaters freundliches Interesse am Sowjetsystem mich weltanschaulich schockiert hätte. Der Marxismus scheint mir trotz aller Irrtümer und Pervertierungen derer, die ihn missbraucht haben, noch immer die tolerierbarere Weltanschauung im Vergleich zu Faschismus oder gar Nationalsozialismus zu sein. Ein Bekenntnis meines Vaters zu Hitler in seinen früheren Feldpostbriefen hätte mich mehr schockiert. Auch wusste ich, dass Kriegsgefangene zur ideologischen Schulung mussten, dass man versuchte, sie umzudrehen, auch schon während des Krieges. Der Ton des Briefes durfte unter diesen Umständen als normal gelten.

Doch ich beförderte aus der Kiste des Hilfswerks Berlin bald andere Details ans Licht, die mich zu der Vermutung verleiteten, dass Vater in der Kriegsgefangenschaft nicht ganz der gewesen war, als der er sich im Nachhinein dargestellt hatte.

Vom Roten Kreuz in München hatte ich Akten angefordert über Vaters Unterbringung. Sie sind seit Kurzem von Russland freigegeben worden. Es waren in kyrillischer Schrift verfasste Protokolle seiner Erfassung als Gefangener, der Vorname wird fehlerhaft »Lotha Felixowitsch« geschrieben, Sohn des Felix. Als Beruf stand da »Student der Chemie«. Vater kam laut Akten nach seiner Gefangennahme und verschiedenen Zwischenstationen ins Lager Krasnogorsk bei Moskau. Dies war gemäß Lagerspiegel des Roten Kreuzes ein »Offiziers-, Vernehmungs- und Umschulungslager, Speziallager für Generäle, Generalstäbler, Diplomaten mit Familie und Personal, Wissenschaftler, Techniker, Ingenieure, Journalisten, Künstler«. Bereits während des Kriegs hatte man dort die deutschen Generäle versammelt, die man für eine Kollaboration gewinnen konnte. In Krasnogorsk wurde 1943 das Nationalkomitee Freies Deutschland aus gefangenen Offizieren gebildet, das versuchte, deutsche Soldaten durch propagandistische Schriften zum Überlaufen zu bewegen. Die dortige Antifa-Schule wurde zur Kaderschmiede der späteren DDR.

Krasnogorsk war zweifellos ein akzeptablerer Ort als Sibirien oder die gefürchteten Bergwerke im Ural. Es war ein Städtchen, zwanzig Kilometer nordwestlich von Moskau an einem Stausee in der Nähe des Flughafens Tuschino gelegen. Die Stadt war von den Sowjets als Arbeitersiedlung gegründet worden, es gab dort ein Zementwerk und eine Fabrik für optische Geräte. Nach dem Krieg schaffte man hier zwangsweise Ingenieure von Carl Zeiss aus Jena her, um eine sowjetische Produktion erster Güte aufzubauen. Außerdem befand sich in Krasnogorsk ein Lager für japanische Kriegsgefangene. Zusammen mit ihnen interniert waren polnische Adelige, darunter ganze Familien.[5]

Vater war also nicht in einem Gulag gewesen, sondern in einem Umschulungslager mit »starker politischer Propaganda«, wie ich den Papieren des Roten Kreuzes entnahm. Die medizinische Betreuung wird darin als »zufriedenstellend« bezeichnet, ebenso die Verpflegung, allerdings »erst in den letzten Jahren«. Hohe Sterblichkeit habe es nur 1943 gegeben, danach sei sie gering gewesen.

Vaters nächste Briefe tragen eine klar lesbare Adresse: Schoepp Lothar, UdSSR, Lager No. 7850. Das war laut Lagerliste ein Außenposten von Krasnogorsk, ein paar Kilometer weiter nordwestlich Richtung Leningrad gelegen. Es gab mehrere Außenlager wie Klin, Panino und Reschetnikowo, wo die Gefangenen in alten Fabrikgebäuden wohnten mit elektrischem Licht, Brausebad und Entlausungseinrichtung. »Die Zustände sind im Allgemeinen erträglich«, berichtet das Rote Kreuz. Für die meistens schweren Arbeiten sei die Verpflegung jedoch zu knapp gewesen (wie im Übrigen in der ganzen, vom Krieg verheerten Sowjetunion; auch die Zivilbevölkerung hungerte, nicht nur die deutschen Gefangenen). Fast ein Drittel der Belegschaft des Lagers sei von der Arbeit befreit gewesen. Der Arbeitseinsatz fand in einer Textilfabrik statt, beim Wasserleitungsbau, bei der Errichtung von Holzsiedlungshäusern und bei Verladearbeiten. Insgesamt ist der Komplex Krasnogorsk laut Rotem Kreuz ein »Musterlager« gewesen mit »einigermaßen guten Verhältnissen«; ein Sammellager für »Personen, die für das MWD (Innenministerium) von Interesse waren«.

Ich stutzte. Das sowjetische Innenministerium hatte ein besonderes Interesse an meinem Vater gehabt, dem Wehrmachtsgefreiten, Chemiestudenten und Blumensammler? Erachtete man ihn, den Grübler und Zweifler, für leichter indoktrinierbar als die Betonnazis unter den Gefangenen? Schon im Krieg war ja aus Vaters Briefen Skepsis am Krieg angeklungen. Als angehender Chemiker brachte er technisch-naturwissenschaftliches Verständnis mit, was die Sowjetunion möglicherweise als nützlich ansah. Dass er im Lager Lehrbücher bekam, legt diese Vermutung nahe.

In Krasnogorsk wurden Suchanträge aus Deutschland nach Vermissten gesichtet und an die Gefangenen im sowjetischen Riesenreich weitergeleitet, wobei offenbar das meiste verloren ging, wie man aus Berichten von Zeitzeugen ablesen kann. Vater hingegen saß sozusagen an der Quelle, hier wurden die Rotkreuzkarten verteilt, die er nach Hause schreiben konnte, während andere Kriegsgefangene in entlegeneren Gebieten über Jahre hinweg keine ergatterten. Von »Schoepp Lothar« trafen nun regelmäßig

Nachrichten in Berlin ein. Sie waren zumeist kurz, weil es auf den Karten nicht viel Platz für Text gab. Erst waren sie lakonisch, doch mit der Zeit traute er sich offenbar, detailreicher zu berichten.

Am 15. Juli 1947: »Die Gefangenschaft ist hart und hat mich anspruchslos gemacht. Am letzten Sonntag haben wir uns wie Kinder gefreut und benommen, als wir im Walde Erdbeeren suchten.«

18. August 1947: »Ich bin mit keinem Kameraden aus der Militärzeit mehr zusammen, aber ich lebe in einem netten Kreis lieber Kameraden, so dass Ihr keine Bedenken zu haben braucht.«

7. Oktober 1947: »Soeben habe ich meinen selbstgekochten Kartoffelstampf mit Genuss verzehrt. In diesem Jahr habe ich so viel Pilze gegessen wie nie in meinem Leben. Sonst kaufe ich mir von meinem Geld, das ich erhalte (monatl. 50 Rb) meist Kartoffeln zusätzlich. Augenblicklich bin ich in Zahnbehandlung und lasse mir meine Zähne in Ordnung bringen.«

Erdbeeren, Kartoffelstampf, Zahnbehandlung, nette Kameraden? Das klang etwas anders als seine späteren Erzählungen aus der Hölle.

Er selbst erhielt die erste Nachricht aus Berlin am 9. Juni 1947: »Bin überglücklich nach Erhalt der 1. Post. Endlich wird die Sorge und Ungewissheit von mir genommen. Gesundheitlich geht es mir besser als Ihr annehmt, ernstlich krank war ich niemals.«

Er durfte offenbar Zeitungen lesen, war im Kern informiert über die Vorgänge in Deutschland und besaß dadurch eine Vorstellung, wie es in Berlin aussah. Deshalb drängte er auf Details, wie es der Familie erging, und ließ sich nicht durch Allgemeinplätze abspeisen. Er war begierig zu erfahren, wie sein Elternhaus aussah, ob es Bombenschäden abbekommen hatte, ob Verwandte und Freunde lebten. Die Antworten meiner Großeltern sind nicht erhalten, doch viele seiner Bemerkungen lassen darauf schließen, dass er mit der Informationsmenge, die man ihm schickte, nicht zufrieden war. Ständig bohrte er nach: Wie waren die Lebensverhältnisse in Berlin wirklich, wo waren seine Schulfreunde geblieben, Horst, Schorsch, Eberhard? Zwischen den Zeilen ist Unduldsamkeit zu spüren. Ließ die Lagerleitung Briefe verschwinden?

Erneut konnte die Familie nur unter Bedingungen der Zensur kommunizieren, insgesamt sieben Jahre lang, wenn man Kriegs- und Gefangenenzeit zusammenrechnet. Lag in der zensurbedingten Schönfärberei der Urgrund für die sparsame Kommunikation der Nachkriegszeit? Man hatte sich in den schweren Jahren des Lügenmüssens anscheinend an das »Alles-halb-so-schlimm« und »Schwamm drüber« gewöhnt.

Ich fand schließlich einen aufschlussreichen Brief aus Wien, den meine Großeltern 1947 erhielten und der mich einigermaßen verstörte. Er war verfasst am 7. Dezember und trug einen Stempel der »Österreichischen Zensurstelle 299«.

»Mein Name wird Ihnen unbekannt sein«, heißt es darin, »doch ich hoffe, dass ich Ihnen mit meinem Brief eine kleine Weihnachtsfreude bereiten kann. Ich habe Ihren Sohn Lothar in der Kriegsgefangenschaft kennen gelernt und fand in ihm einen lieben guten Kameraden. Als Österreicher hatte ich das große Glück, vor einigen Tagen in meine Heimat zurückzukehren. Als erstes erfülle ich die Bitte von Lotha (sic) und schreibe an Sie. (…) Lothar ist wohlauf und gesund. (…) Was die Verpflegung anbelangt ist auch darin in der letzten Zeit eine merkliche Verbesserung eingetreten. (…) Sie brauchen sich um Ihren Sohn wirklich keine Sorgen zu machen. Wir waren von Jänner 1947 an in einem Lager achtzig Kilometer von Moskau in Richtung Leningrad. Lothar arbeitet nicht. Er ist wie ich bei der Bk gewesen, es ist dies eine Organisation aus Kriegsgefangenen, von denen die Bewachung des Lagers und der Gefangenen abhängt.«

Ich las noch einmal die eigentlich klare Schreibschrift. Ich verglich Buchstaben, um ganz sicher zu gehen. Konnte das Wort nicht auch »Verwaltung« heißen? Nein, da war kein t. Und der erste Buchstabe war deutlich erkennbar ein B; in »Bitte« hatte der österreichische Kamerad den Buchstaben mit den gleichen Schwüngen hingemalt. Nach dem »h« folgte ein Strich über dem »u«. Es war also definitiv ein »u« und kein »n«. Das Wort hieß tatsächlich »Bewachung«.

Ich legte den Brief beiseite und glotzte ins Buchenfeuer. Auf der Fensterbank hatte ich ein paar geerbte Weihnachtssachen drapiert, Kerzenleuchter, Weihnachtsmänner aus Glas, altmodische, rote Kugeln, die wohl schon in Berlin am Baum gehangen hatten. Hier hatten wir oft gesessen und geredet an Heiligabend; manchmal, ganz früher, hatte Vater dann auch Kriegsgeschichten erzählt in der ihm eigenen, unzusammenhängenden Art, die auch den interessiertesten Zuhörer ermüden ließ; vom Holzfällen in russischen Wäldern war die Rede, vom penetranten, drängenden »dawai dawai«[6] der Russen, von dem Leistenbruch, den er sich dabei zugezogen hatte und den er erst in den 1980er Jahren operieren ließ. Oft hatte er die Geschichte vom nassen Brot erzählt, das nach Wochen der Entbehrung eingetroffen sei. Die ausgemergelten Gefangenen hätten sich darauf gestürzt und sich danach in Koliken gewunden. Eine andere Geschichte handelte von Ratten am Grund des Suppentopfes. Vater hatte sich so geekelt, dass er den Essnapf zurückschob.

»Wat, willste nicht? Dann jib her«, hatte ein ausgehungerter Kamerad gerufen und ihm den Napf aus der Hand gerissen.

Vom zweiten Teil der Gefangenschaft aber hatte er nie auch nur ein Sterbenswörtchen verlauten lassen. »Barackenältester« sei er gewesen, das hatte er mal gesagt, ja. Aber nicht, was das bedeutete. Dass er nicht hatte arbeiten müssen, gönnte ich ihm von Herzen. Aber musste er deswegen gleich Kameraden »bewachen«?

Meist waren dazu offenbar Gefangene aus den mit Deutschland im Krieg verbündeten Ländern eingeteilt, die den Siegern als nicht ganz so schuldig galten, Österreicher zum Beispiel oder Rumänen. Mir gegenüber hatte Vater nie gut über Österreicher gesprochen. Als er in Gefangenschaft geriet, war er mit einem »Kamerad Schnürschuh« unterwegs gewesen, so nannte man die Österreicher wegen ihres rustikalen Schuhwerks in der Wehrmacht scherzhaft. Als eine sowjetische Patrouille auftauchte, riss der Kamerad sofort die Arme hoch und schrie: »Ich bin ein Opfer des Nationalsozialismus!« Möglicherweise hatte Vater von diesem Kameraden in Sachen Überlebenskunst doch mehr gelernt, als er später zugeben wollte.

In Andreas Hilgers Standardwerk über deutsche Kriegsgefangene in der Sowjetunion wird berichtet, dass die Sowjets die innere Lagerverwaltung häufig den Gefangenen selbst überließen. Zur »Lagerselbstverwaltung« wurden »deutsche Funktionäre« herangezogen, »den Lagerältesten oder die Brigadiere setzte der sowjetische Kommandant ein«. Die »leitenden Gefangenen« hätten gegenüber ihren »Schicksalsgenossen aufgabenabhängige Privilegien« gehabt, »wesentlich waren dies Befreiung von körperlicher Arbeit, höhere Verdienstspannen und Verpflegungssätze« – aber keine disziplinarischen Rechte. »Sie mussten Verstöße jeglicher Art der sowjetischen Lagerleitung melden. Die Funktionäre komplettierten ihren Apparat bis auf die unterste Stufe hinab (Barackenälteste, Zugführer) selbstständig und besetzten die anfallenden Innendienstposten in der Küche, in Vorratskammern, Lagerwerkstätten, der Lagerfeuerwehr oder den Lazaretten. Von sowjetischer Seite legte man in unterschiedlicher Ausprägung Wert auf russische Sprachkenntnisse, organisatorische Fähigkeiten, Fachwissen, Untauglichkeit zur schweren körperlichen Arbeit, politische Zuverlässigkeit (…).«[7]

Irgendwo in diesem Apparat aus Selbstverwaltung und Kollaboration also hatte Vater seinen Platz gefunden. Er musste nicht arbeiten, wohl weil er zu den Schwächeren gehörte und eine Granatsplitterverletzung an der Schulter hatte. Also übertrug man ihm die Aufgabe, die anderen zu verwalten. Man gab mithin den Schwächeren Macht über die Stärkeren, die zum Arbeitseinsatz mussten. Ein perfides System, um Zwietracht unter den Gefangenen zu säen. »Von vielen ehemaligen Gefangenen wird beklagt, die Gefangenschaft hätte das Ende der Kameradschaft bedeutet und das Lager sei zu einem Ort des Kampfes ums Überleben geworden«, heißt es in einer Studie der Universität Klagenfurt.[8] Gefangene, die sich mit den Sowjets gut zu stellen versuchten, wurden von den Kameraden – nicht überraschend – als Verräter angesehen. Mein Vater, ein Verräter?

Zu seinen Gunsten nehme ich an, dass es ihm ergangen sein mag wie Hannsferdinand Döbler, der in der gleichen Gegend wie Vater im Lager saß, der im Gegensatz zu ihm aber nach dem Krieg in der Lage war, das Erlebte zu reflektieren. Döbler berichtet in seinem Buch von seinen Stunden bei der »Antifa« im Lager: »Ich lerne politisch zu denken, das heißt, ich lerne langsam zu überlegen, was wohl Wahrheit ist und was Lüge. Vor allem lerne ich, die wichtigsten Fragen zu stellen: Wem nützt das, was gesagt wird? Wessen Interessen dient es? Das ist nicht wenig für einen, der eben noch blindlings jeden Befehl auszuführen bereit war, weil es ja immer um Deutschland ging.«[9]

An anderer Stelle schildert Döbler, wie ihm ein Antifa-Mann, ein Schwabe, das *Kommunistische Manifest* in die Hand drückt und wie er es liest: »Vielleicht hatte ich gerade meinen Nachschlag geholt, den Rest aus dem großen Kessel, der verteilt wurde, wenn in der Baracke jeder einen Schlag Kohlsuppe in sein Kochgeschirr bekommen hatte. Vermutlich habe ich, ab und an meine Läusebisse kratzend, auf dem oberen Bett gelegen. (…) Mit einem Schlage ordnete sich das verworrene Bild der Kämpfe und Schlachten, der Epochen und Revolutionen zu einem einzigen Muster von rationaler Klarheit. Mir leuchtete ein, was da über die Leistungen der Bourgeoisie stand und über die Zukunft des Proletariats, und an Stelle meiner wirren Ideologie, gemischt aus preußischen und humanistischen Brocken, aus Herrenmenschentum und deutscher Arroganz trat die Vision von der Zwangsläufigkeit der Entwicklung auf der Grundlage des historischen Materialismus. Mit anderen Worten, ich nahm auf niedrigstem Niveau eine Auseinandersetzung vorweg, zu der viele meines Jahrgangs, die in Tripolis oder in Schleswig-Holstein hinter Stacheldraht saßen, nie gezwungen worden sind. (…) Vor dieser Vision einer sozialistischen Welt, in der alle Klassengegensätze überwunden sein würden, verblaßten die Schrecken der Gegenwart. (…) Nicht mit meinem moralischen, sondern mit meinem politischen Versagen wurde ich konfrontiert.«[10]

Döbler nahm die Indoktrination im Grunde dankbar hin – als Absolution sozusagen. Später distanzierte sich Döbler vom Marxismus sowjetischer Prägung, kokettierte mit den 68ern, die ihn – als Angehörigen der Tätergeneration, der weiter dazu stand, in einem »alten preußischen Regiment«[11] gedient zu haben – jedoch ablehnten, genau wie die »alten Kameraden«. Döbler blieb in seinem Grübeln allein im Nachkriegsdeutschland.

Hatte Vater sich ähnlich gefühlt? War er in Wahrheit aus Angst vor Ausgrenzung nicht mehr zu den Veteranentreffen gegangen? Ich wünschte, ich wäre früher, zu Vaters Lebzeiten, auf Döblers Buch gestoßen, es hätte viele Anknüpfungspunkte zum Gespräch geboten.

So musste ich mich an die Dokumente halten. Die belegten, dass Kollaboration im Lager keine Ausnahme gebildet hatte. Ein Beispiel war die Geschichte von Konrad Lorenz. Nach der Jahrtausendwende geriet der weltberühmte Verhaltensforscher in die Kritik, weil seine NS-Vergangenheit herausgekommen war. Die konservative Wiener Zeitung *Die Presse* nahm dies – vielleicht auch als versteckten Reinwaschungsversuch – zum Anlass, von einer weltanschaulichen Kehrtwende zu berichten, die Lorenz als Kriegsgefangener vollzogen habe. Der Grazer Ordinarius Stefan Karner reiste extra nach Moskau, um Lorenz' Kriegsgefangenenakte zu durchforschen. Lorenz war 1944 bei Witebsk als Leutnant des Sanitätsdienstes in Kriegsgefangenschaft geraten. Wie Vater genoss er danach offenbar den Status eines Vorzugsgefangenen.

In einem Bericht der Lagerleitung heißt es: »Der Kriegsgefangene LORENZ K. A. ist sehr positiv zu charakterisieren, er ist diszipliniert, führt seine Arbeiten gewissenhaft aus, ist politisch gebildet, nimmt aktiv an der antifaschistischen Arbeit teil und genießt unter den Kriegsgefangenen Vertrauen und Autorität. Die Kriegsgefangenen hören sich die von ihm gehaltenen Vorlesungen und Vorträge mit Vergnügen an. (…) Er hat einen großen Horizont bei theoretischen Fragen, und auch in der Politik orientiert er sich in die richtige Richtung. Er ist Agitator in der Lagerabteilung, führt unter den Kriegsgefangenen deutscher und österreichischer Nationalität Agitationsarbeit durch, er beherrscht die französische und die englische Sprache. Wir verfügen über keine kompromittierenden Materialien zu LORENZ K. A.«[12]

Die Presse meinte entschuldigend dazu: »Im Lager gab es nur ein Gebot: Überleben. Und wenn von den Bewachern Antifaschismus gefordert wurde, so tat man mit.«

Vater hatte auch »mitgetan«. Mehr noch als über ihn lernte ich darüber, wie schwierig es ist, das Verhalten von Menschen aus historischer Distanz zu beurteilen.

Vater selbst hatte offenbar durchaus Gewissensbisse. 1948 bekam er einen Brief seiner Eltern, in dem die Rede von dem Besuch eines heimgekehrten Kameraden war. Dieser Kamerad, Hubert genannt, habe den Eltern ja offenbar »alles über mich berichtet«, schrieb Vater am 9. Dezember 1948. Das Wort »alles« ist unterstrichen. »Na, er wird Euch schönen Honig um den Mund geschmiert haben«, fährt Vater fort, »denn sonst wäre es wohl nicht zu den Zweifeln gekommen (...).« Er lässt offen, welche »Zweifel« gemeint sind.

Dann aber wird er deutlich: »Ehrlich gesagt, war ich ein wenig über Eure Karte verstimmt, aber ich wusste sofort, worauf sie abzielte. Hätte ich das geahnt, so hätte ich Hubert die Beweggründe dargelegt, aus denen ich manches getan habe, aber man spricht nicht über gewisse Dinge. (...) Was ich getan habe, war richtig, und ich habe es noch keine Minute bereut, sonst wäre ich wahrscheinlich nicht mehr am Leben. Indes habe ich mich zu nichts verpflichtet und ich, wie jeder andere, habe mich in der Gefangenschaft entwickelt und zu einer gewissen Reife emporgeschwungen. So nimmt auch die Zeit ihren Lauf, und ich habe genauso meine Ansicht über gewisse Dinge geändert, d. h ich kann heute schon nicht mehr anerkennen, was ich vielleicht noch vor einem Jahr getan hätte. Aber habt Vertrauen zu mir, ich werde nichts Unrechtes begehen. (...) Für uns ist auch schwer, immer den richtigen Weg zu finden, zumal man häufig unter einem gewissen Druck handelt. Ich bitte Euch, mir diese Zeilen nicht zu verübeln und hoffe, dass Ihr sie recht verstehen könnt; denn ich glaube, Ihr wart nicht in der Lage, diese Dinge objektiv und dialektisch, d. h in ihrem Zusammenhang zu beurteilen.«

Dieser Satz klang lange nach: »Was ich getan habe, war richtig, und ich habe es noch keine Minute bereut, sonst wäre ich wahrscheinlich nicht mehr am Leben.«

Ich fügte innerlich hinzu: Und ich selbst wäre wahrscheinlich nie auf die Welt gekommen.

In späteren Jahren hielt Vater nur zu wenigen Kameraden Kontakt, und wenn, dann offenbar zu jenen, die ähnlich gehandelt hatten wie er. Sein Freund Hans D. etwa nutzte die in der Gefangenschaft erworbene Landeskenntnis beruflich. Er wurde Repräsentant einer bundesdeutschen Firma, die mit der Sowjetunion Handel trieb, »Länderreferent UdSSR«, wie er in einem Brief schrieb – zu Zeiten des Kalten Krieges ein heikles Unterfangen. Nach einer Moskau-Reise im Jahr 1977 schickte D. einen Rundbrief, in dem er die alten Kameraden eindringlich mahnte: keine Weitergabe »an die Presse« und keine »in die DDR, nach Ostberlin oder in andere sozialistische Länder«.

In dem Brief berichtet er von einem Besuch an historischem Ort: »Da ich diesmal in unmittelbarer Nähe der Stellen zu tun hatte, wo wir immerhin einige Jahre gemeinsam gelebt haben, möchte ich diesen Bericht vervielfältigen und an die wenigen Freunde schicken, mit denen ich noch Kontakt habe.« D. schildert Veränderungen in Tuschino, es gebe dort ein Zolllager des Moskauer Zollamtes, Fabriken und Wohngebäude seien dazugekommen. »Die alten Fabrikhallen, die uns als Wohnbaracken dienten, sind weg. Dort stehen hohe, turmähnliche Gebilde mit rauchgeschwärzten Ziegelaußenmauern. Nach den zeitweise zu hörenden Geräuschen dürften dies Prüfstände für Flugzeugtriebwerke sein.« D. genoss auf seinen Dienstreisen offenbar Bewegungsfreiheit. Das ist umso überraschender, als die Sowjets eigentlich extreme Geheimniskrämerei betrieben, was ihre technische Produktion betraf.

D. fährt fort: »Die Straßenbahn, mit der wir so oft zur Arbeit gefahren sind, ist verlängert und führt durch Wohnviertel weiter nach Norden. Jenseits von Straße und Straßenbahn haben wir 1949 vier Wohnhäuser gebaut. (…)«. Die Fahrer der Straßenbahn könnten sich noch an die Gefangenen erinnern. D. zuckelte durch Fabrikanlagen und ein »für Moskau schönes Wohngebiet«. Es gebe neuerdings eine U-Bahn-Station Tuschinskaja und einen Autobahnanschluss.

Die Straßenbahn, mit der wir so oft zur Arbeit gefahren sind: Ich bekam langsam den Eindruck, Vater habe seine letzten Jahre in der Gefangenschaft nicht viel anders als ein normaler einheimischer Arbeiter verbracht.

Um es noch mal klarzustellen: Es erschütterte mich überhaupt nicht, dass er aus Überlebensinstinkt so gehandelt hatte. Vater war mit 21 Jahren in Gefangenschaft geraten, er war in einer Diktatur aufgewachsen, kritisches Denken hatte er nie gelernt. War es also nicht sogar folgerichtig, dass er und seine Kameraden nun bei einer anderen Ideologie aufsprangen, aus der totalen Niederlage den Schluss zogen, dass es sich in der Sowjetunion vielleicht doch um ein überlegenes System handelte?

Doch das Bild des Opfers kompromissloser Fremdbestimmung, das er gezeichnet hatte, geriet ins Wanken. Vater war für mich posthum nicht mehr ganz derselbe.

Das versetzte mich auch in die Lage, ein paar Details neu einzuordnen. Über die Russen als Volk hatte Vater nie schlecht geredet. Er konnte mehr als ein paar Brocken Russisch, gab aber höchst selten Kostproben davon. Er hatte Schallplatten der Donkosaken, die er gerade an Weihnachten gerne auflegte und ergriffen den Gesängen lauschte. Sein Lieblingsbuch war *Der stille Don* von Michail Scholochow, ein doppelbändiges Heldenepos über die russische Revolution, den ich als Zwölfjähriger im Bücherschrank fand und verschlang wie einen Karl-May-Schinken. Als ich die beiden Bände später mit nach München in meine Wohnung nahm, forderte Vater sie energisch zurück und beschwerte sich über abgeschabte Stellen. Die Bücher bedeuteten ihm viel.

Scholochow hatte nach der Revolution aufseiten der Bolschewiken gekämpft, er war ein linientreuer Sowjetpropagandist gewesen, der in den 1920er Jahren vom Regime gezielt zum Schriftsteller aufgebaut wurde. Den *Stillen Don* schloss Michail Scholochow 1940 ab, er war also in gewissem Sinne brandneu, als Vater ihn in der Gefangenschaft las und sich offenbar von der epischen Schilderung des Ringens der Bolschewiki um die Macht beeindrucken ließ. *Der stille Don* erzählt die wechselvolle Geschichte des Kosaken Grigori, genannt Grischa, der aus seiner Dorfidylle gerissen wird, in die Revolutionswirren gerät und mehrmals die Seiten wechselt, bis er schließlich seinen Platz gefunden hat – an der Schwelle seines Vaterhauses.

Fand Vater sein eigenes Schicksal in dem des jungen Kosaken wieder, seine traumatische Flucht durch die Wälder, seine Gefangenschaft, den Hunger, schließlich die Resignation und das Sichfügen? Es mag ihn die sentimentale Seite des Buches angesprochen haben, das Heimweh des Kosaken nach der Mutter, nach dem Dorf. Vielleicht hielt ihn in den Nächten im Lager die Vision am Schluss des Buches am Leben, als Grigori endlich nach Hause an den Don zurückdarf, nach Krieg, Verletzung und Demütigung. »Ja, so hatte sich denn das Wenige erfüllt, wovon Grigori in schlaflosen Nächten geträumt hatte. Er stand an der Schwelle des Vaterhauses und hielt seinen Sohn auf dem Arm.«[13]

Was mögen solche Zeilen in der Seele eines Kriegsgefangenen auslösen? War ich jener Sohn geworden, von dem Vater damals geträumt haben mag?

Scholochow verband erzieherische Absicht mit dem Buch, aber er verpackte sie in eine spannende Handlung. Es ist keine plumpe Propaganda, keine Verherrlichung, sondern die differenzierte Schilderung einer Bewusstseinswerdung. Er vermeidet »die Idealisierung der siegreichen Bolschewiki durch die ungeschminkte Bloßlegung der moralischen und charakterlichen Schwächen auch und gerade der Kommunisten«, wie es in Kindlers Literaturlexikon heißt.[14] Ab 1937 war Scholochow Mitglied der Akademie der Wissenschaften der UdSSR. 1941 wurde der Schriftsteller mit dem Stalinpreis ausgezeichnet, 1965 erhielt er den Nobelpreis für Literatur, was stark umstritten war. Der Dissident Alexander Solschenizyn, der im Gulag gelitten hatte, warf Scholochow sogar vor, ein Plagiator zu sein. 2015 zitiert die *Frankfurter Allgemeine Zeitung* einen russischen Literaturwissenschaftler, der den Vorwurf erneuert. *Der stille Don* sei eigentlich ein Projekt des sowjetischen Geheimdienstes gewesen, die ausgewogene Handlung habe nur dem propagandistischen Zweck gedient, einen Literaturnobelpreis für das Land zu ergattern.[15]

Mag alles sein. Mich interessierte etwas anderes: Auf Vater hatte die Schilderung der russischen Seele, der Natur und der Landschaften offenbar großen Eindruck gemacht. Erleichterte ihm das die Identifikation mit seinen Bewachern, in der Art eines »Stockholm-Syndroms«[16]? Hatten Schuldgefühle Vater später zum Schweigen gebracht, als in der BRD rückhaltlose Abgrenzung zur Sowjetunion verlangt wurde? Hatte ihm das Blockdenken des Kalten Krieges jede Lust genommen, aktiv das komplizierte Hin und Her auszuleuchten, das ein junger Mensch in Extremzeiten durchmacht?

Während das Buchenfeuer im Ofen seines früheren Hauses knisterte, überlegte ich, ob Vater jemals schlecht über den Ostblock, den Kommunismus oder die Sowjetunion geredet hatte. Er hatte schlicht gar nichts gesagt, wenn wir – wie jeden Sommer – die Transitstrecke durch die DDR auf dem Weg nach Berlin passierten und schließlich am Kontrollpunkt Dreilinden an dem riesigen sowjetischen Panzerdenkmal vorüberfuhren (das in mir als Kind immer geheime Freude auslöste: Wir waren in Berlin!). Alte Nazis waren ihm definitiv mehr zuwider als Kommunisten, er wählte stets SPD, hatte aber andererseits etwas gegen Gewerkschaften an seinem Arbeitsplatz, weil die ihm zu forsch auftraten. Es ergab alles kein stimmiges Bild. Wer war mein Vater?

Ich suchte Antworten in seinen Briefen. Ab Februar 1948 erhielt er die Erlaubnis zu längeren Schreiben nach Hause. »Gestern war bei uns Löhnungstag, und nun können wir für einige Tage gut leben«, schrieb er am 15. des Monats. »Jeder kauft sich, was sein Herz begehrt. Es gibt Weißbrot, Margarine, Butter, Kaffee und Schokolade. (…) Ich zeige Euch mit diesen Tatsachen natürlich nur die guten Seiten meines Gefangenenlebens auf. Ich glaube nicht, dass Ihr so viel zu essen habt, wie ich hier. (…) Mit politischen Fragen befasse ich mich laufend.«

Er fand Halt in der Literatur, hatte eine handschriftliche Sammlung mit Gedichten von Rilke zur Hand, »die mir in schweren Stunden viel geholfen haben«. Er las die *Gebrüder Karamasow* von Dostojewski und den *Großinquisitor* von Tolstoi.

Am 16. Mai 1948 schrieb er: »Gestern besuchte ich eine ausgezeichnete Aufführung von Simonows *Die russische Frage*.« Er fand sie so gut, dass er überlegte, sich »auch die Wiederholung anzusehen«. Konstantin Michailowitsch Simonow war ähnlich wie Michail Scholochow ein Propagandist Stalins. Auch die Lagerbibliothek schien gut ausgestattet gewesen zu sein. Nur die chemischen Fachbücher seien unzureichend.

»Aus allem erseht Ihr, dass wir uns nach all den schweren Erlebnissen umgeformt haben. Nun bin ich ernster geworden und neige etwas zur Schwermut, verbunden mit ein bisschen Fatalismus. Von wem ich das geerbt habe, weiß ich nicht; Mutti wird davon nicht erbaut sein (…) aber leider kann ich mich nicht von diesem Zustand befreien. Natürlich kann ich auch fröhlich sein, aber bei mir äußert sich dies in einer ganz anderen Form als bei den übrigen Kameraden.«

Großmutter mag über diese Grübeleien gestaunt haben. Sie hatte ihren Sohn sicherlich nicht für schwermütig erachtet, eher für einen schüchternen Jungen, der schwer aus der Reserve kam. Ich hatte Vater als tatkräftigen, praktischen Menschen kennengelernt, der an Handlungen orientiert war. Doch es stimmte: Er besaß auch diese grüblerische, kontemplative Ader, versenkte sich nach der Arbeit lange in den Anblick von Blumen im Garten, wobei er nicht gestört werden durfte. Er konnte sich in endlosen, selbstquälerischen Gedankenschleifen über vergangene Fehlentscheidungen verlieren, darüber, dieses und jenes Auto gekauft oder nicht gekauft zu haben, diese und keine andere Reise unternommen zu haben. Vater legte ein starkes Redebedürfnis an den Tag, war aber nicht in der Lage, den Wortschwall kohärent zu strukturieren. Oft hatte man den Eindruck, unter all dem verberge sich etwas anderes, eine eigentliche Wahrheit, die im Dunkeln blieb.

Ich kehrte zurück zur Gefangenenpost, also zu den Fakten. Offen äußerte Vater darin Unmut über alte Nazis. Er verlieh der Verwunderung Ausdruck, dass zu Hause mit diesen oder jenen Leuten weiterhin Umgang gepflegt wurde. Andeutungsweise ist die Rede von Menschen, mit denen er am liebsten »abgerechnet« hätte. »Es ist gut, dass diese Halunken nicht von neuem ihre Umtriebe beginnen können.«

Der Ton der Briefe ist manchmal zärtlich, manchmal fast grob und taktlos, was ein wenig typisch für ihn war. Am 9. März 1948 schrieb er nach Berlin: »Ihr habt mir mit eurem Bilde eine große Freude bereitet. Als ich Euch zum ersten Male sah, bin ich ordentlich erschrocken, so sehr verändert habt Ihr Euch. Gottseidank hat mir das Bild auch die Illusionen genommen und ich weiß nun, wie ich mir die Heimat vorzustellen habe. (…) Hannelores Frisur finde ich abscheulich, wie kann sich ein nettes junges Mädel nur so hässlich frisieren?«

Wenn man das Foto, das erhalten geblieben ist, betrachtet, kann man Vaters Reaktion verstehen. Nicht weil die Frisur meiner Tante wirklich so abscheulich gewesen wäre, dieser Satz war eher der missglückte Versuch einer ablenkenden Frotzelei. Ich legte das Foto von 1948 neben das von 1942, als Vater in den Krieg musste. Da sieht die Familie zwar sorgenvoll, aber gefasst aus, alle sind gut genährt, sie wirken zart, innig und selbstbewusst. Das Foto von 1948, das meine Großeltern und ihre Tochter abbildet, zeigt drei gebrochene, abgemagerte, graue Menschen mit eingefallenen Gesichtern und leeren, stumpfen Blicken; das ist schon keine Trauer mehr, das ist danach. Das war keine Stunde null, keine Befreiung, kein Neuanfang. Es war ein Zusammenbruch, und als solchen haben die meisten Deutschen das Kriegsende ja auch lange bezeichnet, aller späteren Aufbaurhetorik zum Trotz.

Ich las weiter in Vaters Gefangenenpost.

30. März 1948: »Wann wir heimkehren werden, wissen wir nicht, wir hoffen recht bald und zählen die Tage.«

2. Mai 1948: »Den gestrigen Tag (1.Mai) habe ich überaus angenehm verlebt, zumal bei uns alles in Ruhe und voller Harmonie verlief (…) Nach dem Meeting (sic) spielte unsere Kapelle, dann fanden ein Fußballspiel und etwas sportliche Betätigung und abends ein ganz ausgezeichnetes Konzert statt. Am Nachmittag gestalteten wir uns von unserem Zug aus ein gemütliches Beisam-

mensein mit einigen Leckereien. Außerdem trug das herrliche Sommerwetter zu unserer guten Stimmung bei.«

18. Juli 1948: Die Ernte, besonders die Kartoffeln, stehen ausgezeichnet. (...) Bis zu meiner Rückkehr wird wohl noch etwas Zeit ins Land gehen. Und jetzt habe ich noch eine Bitte: Teilt mir bitte genauestens mit, wie sich die Währungsreform auf uns ausgewirkt hat, vor allem interessiert mich die wirtschaftliche, ernährungstechnische und geschäftliche Seite derselben.« Brauchte er Informationen, um Berichte über die Wirtschaftslage und Stimmung in Deutschland anzufertigen? Ich hielt jetzt alles für möglich.

5. September 1948: »Am letzten Sonntag haben wir uns anlässlich des Geburtstages eines Kameraden eine wundervolle Buttercremetorte gebacken. Das war ein Genuss, den man sich leider nicht öfter erlauben kann.«

14.November 48: »Infolge einer abgeheilten Flechte an der Oberlippe habe ich mir einen Schnurrbart (sprich Menjou) stehen lassen.«

13. März 1949: »Ich lebe in den Tag hinein und bin jeden Abend froh, wenn der Tag herum ist.«

2. Juni 1949: Er schickt ein Bild von sich selbst nach Berlin, das ihm »abscheulich gefällt«, wie er es ausdrückt. Er hatte sich fotografieren lassen, was ihn eine Menge Tauschware und Rubel kostete. »Auf jeden Fall stellt es meine Person mit 63 kg Lebendgewicht dar.« Das war mehr, als er vor dem Krieg gewogen hatte. »Meinen Geburtstag habe ich sehr nett im Kreis einiger Kameraden verlebt. Man hat mich sehr verwöhnt, und wir haben bis in die Nacht hinein zusammengesessen und so viele gute Sachen gegessen, bis wir nicht mehr konnten.«

Am 26. Juli 1949 wurde Vater entlassen und in einen Zug nach Westen gesetzt. Sieben Jahre lang hatte er ein Leben gelebt, in dem andere für ihn entschieden: was er anzuziehen und was er zu essen hatte, wen er töten und wen er bewachen sollte, was er schreiben durfte und was er verschweigen musste. Was hatte das aus ihm gemacht?

Inzwischen war es Nacht. Bald würde meine »Wahlfamilie« eintreffen, jene Freunde, die meinen Familienersatz bildeten. Sie wollten nicht, dass ich den Heiligabend nach dem Tod meiner Eltern allein verbrachte. Bevor sie kamen, blieb noch Zeit, eine Überlegung abzuschließen: Vaters – und auch Mutters – Überlebensinstinkt wurde mir im Nachhinein fast unheimlich. War das nicht mehr als Instinkt, war das nicht schon Opportunismus, ja sogar der Wille, Macht über andere auszuüben? Ich hatte Exempel übertriebener Autoritätsausübung in Vaters sonst eher sanftmütiger Person durchaus am eigenen Leib erlebt. Er kam mir nach der Lektüre der Briefe vor wie eine gespaltene Persönlichkeit: Heinz Rühmann und Michail Scholochow in einer Person, der sensible junge Mann in Uniform und der spießige, unzugängliche ältere Herr in beiger Windjacke. Nichts passte hier zusammen.

Als ich wenig später einen Artikel für die *Süddeutsche Zeitung* über Vaters Kriegszeit schrieb, bekam ich einen Berg Reaktionen, die zeigten, dass sein Verhalten keineswegs ein Einzelfall gewesen war, sondern stellvertretend, ja prototypisch für eine ganze Generation stehen konnte.[17] Manche Leser sprachen von »gespenstischen Parallelen«. Es ist »Ihre Vergangenheit und meine – und scheinbar auch die vieler Männer unserer Generation«, schrieb einer; wir »haben stillschweigend in den 1980ern und 1990ern hingenommen, wie die Generation unserer Väter gekämpft und doch irgendwie verloren hat, weil sie mit sich selbst nicht zurechtkam.«

Die »verschleierten Väter«, wie Fedor Pellmann sie genannt hat,[18] versuchten häufig, ihre verlorene moralische Autorität zu kompensieren: durch Ordnungswahn, Strenge, Penibilität. Ein später Versuch wohl, dem Chaos und den Wirrnissen der Jugend eine straff organisierte Erwachsenenwelt entgegenzusetzen, in der kein Platz für Ambivalenzen war. Wir Kriegskinder kannten den Ursprung dieses Verhaltens nicht, und unsere Mütter und Väter ließen uns bewusst darüber im Dunkeln. Wir wussten nicht, was wir mit dieser Form der Autoritätsausübung anfangen sollten, die kindlichen Bedürfnissen nach Nähe, Zärtlichkeit und Offenheit so sehr widersprach. Also verkapselten auch wir uns. Darunter etwa, dass ich mein Privatleben vor meinen Eltern geheim hielt, haben sie sicher gelitten – aber natürlich ohne sich zu beschweren außer einem vereinzelt dahingeschnaubten: »Du erzählst ja nie was.«

Wie denn? Sie hatten ja auch nichts erzählt.

Jedenfalls nicht die ganze Geschichte.

Geister der Vergangenheit

Die Psychiaterin Luise Reddemann, Professorin für Psychotraumatologie an der Universität Klagenfurt, hat zahlreiche Kriegskinder und -enkel therapiert und Fallbeispiele in einem Buch aufgelistet. Reddemann sagt: Viele Kriegsväter seien mit einer Art Überlebensschuld aus dem Krieg zurückgekehrt.[19] Sie fühlten sich schuldig, weil so viele andere gestorben waren und sie nicht. »Es gab die, die den Krieg und ihr Soldatentum verherrlichten, oder die, die verstummten.« Und die, die nur die Hälfte erzählten wie Vater.

Wie die meisten Menschen, die das Totalversagen von Politik und Institutionen erleben mussten, klammerte Vaters Generation sich an das Ideal der Familie. Wie viele trat auch er die »Flucht ins Idyllische«[20] an. Dieser Idylle misstrauten wir Kriegskinder, weil wir Abgründe dahinter vermuteten.

Die Autorin Sabine Bode zitiert einen Zeitzeugen: »Wenn ich früher als Kind und Jugendlicher vor diesen erbärmlich hochgezogenen 50er Jahre Klötzen stand, überkam mich ein trostloses und hoffnungsloses Gefühl (…): Hier stimmt etwas nicht. Mein Eindruck ist heute: Um mich herum konnte nichts richtig atmen, weil alles auf Trümmern aufgebaut war. Auf Kriegsmüll und teilweise auch mit Kriegsmüll waren Wohnungen errichtet worden, in denen Menschen wohnten, die diese Trümmerberge verursacht hatten. Nun redete kein Mensch mehr darüber. Der Schein und die Oberflächlichkeit dieser ganzen Inszenierungen sind mir jetzt klar.«[21]

Wir waren die Generation derer, die den Kitsch, den Plüsch, das falsche Heimatgedudel, die Häkeldeckchen und Butzenscheiben, das Eichenholzfurnier, die Schnulzen von Peter Kraus und Freddy Quinn, die Sonntagsessen mit den süßen Rheinweinen nicht ertragen konnte, kurz: die auf Trümmern erbaute Gartenzwergkultur und falsche Heimatkulisse, die dazu beitragen sollten, eine furchtbare Vergangenheit zuzustellen.

Immer wieder ist in den Büchern über Kriegskinder und -enkel die Rede von Misstrauen gegenüber den Eltern und den von ihnen geschaffenen Verhältnissen, von Entfremdung, emotionaler Distanz, Abkapselung, Unerreichbarkeit, fehlendem Vertrauen in sich selbst und in die Zukunft – das Resultat fehlender Nähe, fehlenden Urvertrauens, übergroßer Härte gemischt mit überbordender Sentimentalität. Das hat Spuren in unserem Weltempfinden hinterlassen. Die Psychiaterin Reddemann zitiert eine Patientin, die sagt: Sie habe immer gedacht, dass sie kein Recht darauf habe, dass es ihr gut gehe – weil ihre Mutter ja so viel Schlimmeres durchgemacht habe.[22]

Ein Urteil über das Leben unserer Eltern stand uns nicht zu, davon waren wir überzeugt. Auch ich überlegte: Hatte ich ein Recht, mir eine Meinung zu bilden über das, was Vater in sieben langen Kriegs- und Gefangenenjahren widerfahren war? Meine einzigen »Kriegserfahrungen« waren ein Ausflug nach Dubrovnik im Jugoslawien-Krieg und ein gescheiterter Putschversuch in Argentinien im Jahr 1990, den ich als Zeitungsvolontär erlebte. Galt nicht, was der in den 1950er Jahren beliebte Nachkriegsschriftsteller C. W. Ceram gesagt hat: »Wer nie vor einer Maschinenpistole stand, der soll hier schweigen.«?[23]

Genau das aber war der Imperativ der Nachkriegszeit. Die Kriegskinderforschung ist der Versuch, diese Schweigeblockade zu durchbrechen. Die Bücher, die das Verhältnis zu den Eltern und Großeltern sowie eigene Seelentiefen auszuleuchten versuchen, boomen, wie die langen Veröffentlichungslisten zeigen. Anders als bei den 68ern geht es nun nicht mehr um geschichtliche Aufarbeitung, um Auseinandersetzung mit der Kriegsschuld und dem Holocaust. Die deutsche Schuld – und mithin auch die Schuld unserer Väter und Großväter – ist als Grundkonsens der deutschen Nachkriegsgesellschaft akzeptiert. Es geht eher um die Lösung ganz individueller Probleme im Familienverbund. Man will herausfinden, was der Krieg konkret in der Seele der Zeitzeugen und ihrer Nachkommen angerichtet hat. Man will wissen, warum man ist, wie man ist, und was das mit der Vergangenheit zu tun haben könnte.

Erst »70 Jahre nach Kriegsende« wagten es Menschen, »sich mit diesen wahrlich nicht einfachen Gegebenheiten auseinanderzusetzen«, schreibt die Psychiaterin Reddemann. Eltern hätten nichts erzählt, Kinder nichts gefragt aus Furcht »vor Schamgefühlen und Verwundungen der Eltern, die sie nicht berühren wollten«.[24] Es scheine nun aber so zu sein, »dass die Kinder der Kriegskinder mehr wissen wollen, um ihre Eltern besser zu verstehen«[25] – und mithin sich selbst.

In einem klugen Interview mit der *Welt* begründet ihre Kollegin Sabine Bode die Schwierigkeiten bei der Aufarbeitung damit, »dass wir eine akademische Aufarbeitung hatten und keine emotionale. Ein Großteil der Generation der Kriegskinder hat Schlimmes erlebt, auch wenn sie nicht getrauert und vieles verdrängt hat.«[26]

Das scheint bis in die Enkelgeneration anzuhalten. Ich stellte bei der Recherche überrascht fest, dass es noch im Jahr 2016 Enddreißiger gab, die ihre Lebensprobleme auf die ferne Kriegsvergangenheit ihrer Großeltern zurückführten.[27]

Luise Reddemann erklärt, warum auch eine weit zurückliegende Vergangenheit in die Gegenwart hineinreichen kann. Im schlimmsten Fall gäben traumatisierte Eltern »maligne Introjekte« in ihrer Psyche an die Nachkommen weiter, zum Teil bis in die Enkelgeneration.[28] Kriegskinder hätten »das Leid, die Ängste der Eltern introjiziert, also verinnerlicht, als seien sie etwas Eigenes. Diese Introjekte zu benennen und auf die eine oder andere Art zu integrieren, vielleicht auch zu verabschieden, ist eine wichtige Aufgabe der Psychotherapie.«[29] Die Gründe für neurotisches Unbehagen aufzuspüren wird jedoch mit zunehmendem Alter schwieriger. In einem Artikel über die »Kinder der Traumatisierten« wird der Psychiater Philipp Kuwert von der Universität Greifswald mit den Worten zitiert: »Mutmaßlich ein Drittel der Generation der Kriegskinder hatte Beeinträchtigungen, die sie in ihr Leben mitgenommen und meist niemals aufgearbeitet haben.« Weitergegeben an die Generation der Kriegsenkel werde zwar nicht dieses Trauma selbst, aber »eine erhöhte Verletzlichkeit«.[30]

Das Erbe des Schweigens

Zu meinem fünfzigsten Geburtstag hatte meine Wahlfamilie für mich eine Party organisiert, eine Art Kostümfest in einem Holzbau, der ausgestattet war wie ein alter Eisenbahnwaggon aus dem Film *Der Clou*. Wir pokerten die ganze Nacht, und schließlich torkelte ich angetüdelt und versöhnt mit der großen runden Zahl nach Hause. Doch in Wahrheit ging es mir elend. Meist tritt die Phase der Elternsorge ja im späteren Erwachsenenalter ein, also wenn die Nachkommen die sechzig überschreiten. Bei mir war es durch den großen Abstand der Generationen zehn Jahre früher der Fall – ausgerechnet in einer Zeit, in der man ohnehin beginnt, Bilanz zu ziehen.

Darin tauchten nun quälende Fragen auf: Was hatte das Elternverhältnis mit dem eigenen Werdegang zu tun? Wie autonom war man eigentlich, und wie viel war durch Gene, Prägung und Erziehung angelegt? Autonomie sollte ja eigentlich ein Leitstern in unserem Leben sein, sagt die in Amsterdam lehrende Moralphilosophin Beate Rössler. Doch lasse sich der Anspruch, selbstbestimmt zu leben, nie ganz einlösen. Stets finde der Mensch Konstellationen vor, die er oder sie nicht gewählt haben und aus denen er oder sie kaum herauskommen – eine Familie, ein Land, eine Zeit, eine Gesellschaft mit ihren Rollenangeboten und Erwartungen. Man stecke halt in seinem Leben drin.[31]

Wie tief das Leben meiner Eltern in mir drinstecken mochte, stellte ich fest, als ich beim Ausräumen des Hauses einen Band von Sigmund Freud fand, der diese Konstellationen als Erster tiefer erforscht hat.[32] Auch wenn viele Thesen des Wiener Psychoanalytikers als überholt gelten, leuchtete mir Folgendes ein: Laut Freud setzt sich das Ich aus drei Elementen zusammen, dem »Es«: »Sein Inhalt ist alles, was ererbt, bei Geburt mitgebracht, konstitutionell festgelegt ist.« Die Instanz, die zwischen Es und Außenwelt vermittelt, nennt der Wiener Psychoanalytiker das »Ich«. Dazu kommt als dritte Instanz das »Über-Ich«, in dem sich »der elterliche Einfluß fortsetzt«. »Insoweit dieses Über-Ich sich vom Ich sondert und sich ihm entgegenstellt, ist es eine dritte Macht, der das Ich Rechnung tragen muß.«[33] Dieses Über-Ich könne sich gegenüber seinem Träger ausgesprochen feindselig verhalten.

Als ich dreißig war, hielt ich es für lachhaft, wenn Menschen wegen Problemen mit ihren Eltern zum Psychologen gingen. Man konnte seine Erzeuger doch nicht im späteren Leben für eigenes Versagen verantwortlich machen? Jetzt las ich das schöne, tiefgründige und sinnliche Buch von Daniel Schreiber über die Suche nach den Geheimnissen der Herkunft und der Suche nach einem Zuhause und musste ihm recht geben: »Wenn man noch jung ist«, stellt der Autor fest, »glaubt man, dass man imstande sei, sich unabhängig von seinen Ursprüngen und seiner Herkunft neu zu erschaffen. Die Geister der Vergangenheit holen einen in der Regel erst spät im Leben ein. Und wenn sie einen einholen, steht man ihnen meist ratlos gegenüber.«[34]

Mich holten die Geister ein, nachdem ich meine Eltern begraben hatte. Ich merkte jetzt, wie stark der Einfluss von Freuds »dritter Macht« offenbar gewesen war, wie viel Unauslöschliches aus der Kindheit uns die Weichen stellt. Mir ging es wie Daniel Schreiber, wenn er konstatiert: »Die Welt unserer Kindheit scheint etwas zu sein, das uns in unseren Grundfesten ausmacht.«[35] Das vornehmlich von den Eltern geprägte »Über-Ich« in mir war allgegenwärtig, stark und mächtig: Als förderlich erwies es sich, wenn es mich dazu zwang, unabweisbare Pflichten zu übernehmen, vor denen ich mich am liebsten gedrückt hätte – etwa mich um meine Eltern im Alter zu kümmern. Und als feindselig entpuppte es sich, wenn es mich dazu nötigte, diese Aufgabe in einer hyperventilierenden, mich selbst unter Druck setzenden und nie Genugtuung findenden Weise zu erledigen.

Laut Luise Reddemann sorgen die Geister der Vergangenheit nicht selten dafür, dass Kriegskinder und -enkel ein eingeschränktes Leben führen, dass sie unter ihren Möglichkeiten bleiben. Auch ich fragte mich: Warum scheiterten meine Beziehungen häufig an denselben Mustern? Woher rührte dieser Zwang zur persönlichen Autonomie bei gleichzeitigem Wunsch nach Nähe? Warum hatte ich keine biologische Familie, sondern mich für eine Wahlfamilie entschieden, ohne Blutsbande?

Ich fragte einen Psychiater. »Sagen wir mal, Ihr Elternhaus hat Ihnen nicht allzu viel Lust zur Nachahmung gemacht«, antwortete er.

Tröstlich fand ich, dass ich damit offenbar nicht allein dastand. In seinem Buch *Das Erbe der Kriegsenkel* analysiert der Journalist Matthias Lohre, »was das Schweigen der Eltern mit uns macht«.

»Die Kinder der Kriegskinder fragen sich in ihrer Lebensmitte häufig, warum die Zufriedenheit, die mit Wohlstand und Fleiß einhergehen sollte, sich partout nicht einstellt. Häufig bleiben Kriegsenkel lange kinderlos, ihre Beziehungen zerbrechen früh oder werden als Last erlebt (…) Die Unfähigkeit zu trauern der Kriegs- und Kriegskinder-Generation hat sich im Nachwuchs fortgepflanzt, als Unfähigkeit zu vertrauen.«[36]

Die Jüngeren, so Lohre, hätten »die bloß vordergründig heile Welt ihrer Eltern zu fürchten gelernt«. Ihr Familienbild sei erschüttert. »Auch deshalb binden sie sich häufig erst spät oder gar nicht oder trennen sich bei Problemen rasch wieder.«[37] Der Autor erzählt die Geschichte des eigenen Vaters, der zehn Jahre nach dem Tod der Mutter an einem Dienstagmittag in sein Auto stieg und so lange auf der falschen Spur die Autobahn entlangraste, bis er in den Gegenverkehr prallte. War es Selbstmord? War es Demenz?

Lohre begibt sich auf Spurensuche. Der Vater, Jahrgang 1931, hatte den Krieg nicht mehr als Soldat erlebt. Wohl aber hatte er die traumatischen Erlebnisse seiner Eltern und Verwandten mitbekommen, in sich aufgesogen. Gemäß dem Motto »ihr sollt es mal besser haben«, aber gezeichnet von einer »verdammten tief sitzenden Lebensangst« machte der Vater sich daran, eine Familie zu gründen. Er erzog den Sohn zu einem Menschen voller Komplexe. »Mir war es immer peinlich, sein Sohn zu sein. Wie viele Kriegsenkel, sah ich im eigenen Vater kein Vorbild, sondern ein Problem«, schreibt Lohre.[38] Der Vater, der sich als Allmächtiger aufspielte, war in Wahrheit ohnmächtig.[39] Die Mutter, mit einem ähnlichen Familienschicksal behaftet, griff zu komplementären Erziehungsmethoden: Schweigen als Strafe, die Botschaft, dass mütterliche Zuneigung nicht bedingungslos war.[40] Die Folge für den Autor: »So lernte ich an ihrem Gesicht zu lesen, bis ich besser wusste, wie es ihr ging, als sie selbst.«[41] Kein Wunder, dass aus solchen Verhältnissen ein introvertiertes Kind erwächst, denn: »Wer still in seinem Zimmer sitzt, verursacht keinen Ärger.«[42]

Matthias Lohre ist ein Kriegsenkel, trotzdem beschreibt er das Lebensgefühl auch der Kriegskinder zutreffend, diese Grundannahme, »immer alles mit sich allein ausmachen zu müssen«.[43] Kriegsenkel, so Lohre, lebten »in Sorge, der nächste Schritt könne in den Abgrund führen: in Armut, Krankheit, soziale Ächtung. Das Leben in Habachtstellung.«[44] Viele folgten daher der Maxime: »Das Gegenteil dessen zu tun, was die Eltern taten, müsse richtig sein – und leben gerade dadurch ein Leben im ständigen Bezug zu ihnen.«

Mir fielen allerhand Beispiele ein, die Lohres These belegten: Wie viele Vertreter der deutschen Babyboomer-Generation hatte auch ich versucht, bei Auslandsaufenthalten die deutsche Kriegsschuld sozusagen im Alleingang zu tilgen, dem Schweigen meiner Elterngeneration größtmögliche Redseligkeit entgegenzusetzen – und mich gewundert, dass weder polnische noch griechische Gesprächspartner diesen Akt der Überkompensation für voll nahmen. Ja, unsere typisch deutsche Ablehnung nationaler Symbole schien etwa Engländern oder Italienern eher verdächtig zu sein.

Seit meinem zwanzigsten Lebensjahr beschäftigte ich mich intensiv mit einer Region, in der meine Eltern bis dato nie gewesen waren: der Iberischen Halbinsel, wo man Deutsche nicht als Besatzer kannte, sondern als Touristen. »Vielleicht hast du da einen Gegenpol zu deiner Herkunft gesucht?«, mutmaßte ein italienischer Bekannter. Ganz aber hat diese Distanzierung wohl nicht funktioniert. Sonst hätte ich ja jetzt an Weihnachten nicht hier vor einem ziemlich deutschen Buchenfeuer im alten Wohnzimmer meiner Eltern in einer bayerischen Kleinstadt gesessen.

Schon früh hatte ich unheimliche Parallelen zu denen erkennen müssen, von denen ich eigentlich abrücken wollte. Diese Parallelen reichten von der wachsenden Wanderbegeisterung bis hin zur Handschrift, die aussah wie eine Kombination der Handschriften meines Vaters (klein und krakelig) und meiner Mutter (schlam-

Bild 19: Aber nur ausnahmsweise: wenn der Vater mit dem Sohne, Weihnachten 1969

pig-ungeduldig). Hatte ich nicht das gleiche wiehernde Lachen wie Vater, das steile Behauptungen gerne am Ende des gesprochenen Satzes relativiert, ja quasi zurücknimmt wie ein akustisches Anführungszeichen? Trieb mich nicht ein ähnlicher Hang zu überheblichem Sarkasmus wie Mutter? Eine Freundin betrachtete ein altes Foto von Vater im Liegestuhl, die Knie höher gezogen als die Ohren: »Genau so sitzt du auch immer da.« Alle Versuche, gegen elterliche Prägungen anzukämpfen, hatten sich als quijotesk erwiesen, ein Ausdruck, der in Spanien für einen unmöglichen Kampf steht. Die Windmühlen der Vergangenheit waren stärker. Luise Reddemann schreibt, viele Kriegskinder und -enkel merkten nicht einmal, dass »sie gar nicht ihr eigenes Leben leben können«.[45]

Bild 20: Rütteln an den Stäben des Lebens: meine Mutter mit mir in München, 1966

Ich legte Vaters Gefangenenpost beiseite und entschloss mich zu einem Weihnachtsspaziergang, so einen, wie ich sie früher immer zusammen mit Vater unternommen hatte. Allerdings hatte da meistens Schnee gelegen, jedenfalls behauptete das meine Erinnerung. Jetzt lief ich im Regen durch die braun-grünen, monochromen deutschen Winterwälder zu dem Weiher, den Vater geliebt hatte, umrundete ihn und erklomm eine matschige Anhöhe. Die Alpen, sonst von hier aus klar zu erkennen, lagen hinter einer dicken Dunstschicht verborgen, das kleine Barockkirchlein auf der Anhöhe war in Schwaden gehüllt, der Regen peitschte waagrecht einher. Keine Spaziergänger waren zu sehen, sonst trampelten hier an Wochenenden und Feiertagen die Besuchermassen die Schwingböden nieder, die durch Verlandung entstanden waren. Im Angesicht von Wind und Wetter auf Vaters alten Pfaden stellte sich ein wohltuendes Trotzgefühl ein: Sicher, meine Eltern, geboren vor Erfindung der Hubschrauber, waren das Gegenteil von Helikoptereltern gewesen. Aber hatte man gerade deshalb nicht selbst etwas aus sich machen müssen, ohne Anleitung und Protektion? Hatte ich nicht in der Abgrenzung zu ihnen meinen Weg gefunden? War ich nicht als Student in Perugia und Salamanca gewesen zu einer Zeit, als europäische Studienaustauschprogramme noch nicht erfunden waren und Erasmus nur der Name eines lange verstorbenen holländischen Gelehrten war?

Und hatte die anerzogene Vorsicht mich andererseits nicht vor unkalkulierbaren Abenteuern bewahrt wie damals beim Putsch in Buenos Aires, als ich den Gefechten um das Heereshauptgebäude Edificio Libertador aus sicherer Entfernung zusah, während acht Reporter ihren forschen Wagemut mit dem Leben bezahlten? War es nicht ein Vorteil, zur materiellen Genügsamkeit erzogen worden zu sein, weshalb ich keine Statussymbole wie dickes Auto, Villa, Riesenflachbildfernseher oder Kluburlaub auf den Malediven brauchte?

Fast alle Werte, die Vater für gut und richtig gehalten hatte, also Zurückhaltung, Rücksicht, Respekt vor anderen, Maßhaltung, Sparsamkeit, Bescheidenheit, waren genauso aus der Mode wie sein Leitspruch: »Der Klügere gibt nach.« Aber waren diese Werte deswegen falsch? Heute lehrt man die Kinder das Gegenteil: Auf dem Fußballplatz sollen sie sich mit den Ellbogen durchsetzen, sich ja nichts gefallen lassen. Was aber soll aus Jungs werden, wenn Papi ihnen durch sein Verhalten auf der Autobahn beibringt, dass man Vorausfahrende am besten wegblinkt und weghupt, also dass man rücksichtslos und aggressiv besser durchs Leben kommt? Ist das besser, als beim Überholen jedes Radfahrers brav zu blinken?

Vater hatte offenbar Zweifel daran, dass man mit Aggressivität besser durchs Leben kam, ein Grundsatz, der einer bitteren Erfahrung folgte. Ich erinnerte mich im Weihnachtsregen an eine seiner späten Erzählungen, stockend vorgebracht an einem düsteren Tag im Pflegebett. Sie handelte vom Krieg. Seine Einheit hatte in der Ukraine ein Dorf genommen, Vater robbte vorsichtig von Haus zu Haus, stieg vorne durch ein Fenster ein, durchs andere hinten wieder hinaus. Doch auf der Dorfstraße spielten einige Kameraden die Helden, stürmten, aus Maschinenpistolen feuernd, schreiend vorwärts – und wurden einer nach dem anderen von einem russischen Maschinengewehrschützen gnadenlos niedergemäht. Die Verwundeten lagen auf der Straße und schrien »Helft mir, helft mir!«

»Ja, wie denn helfen?«, fragte Vater und blickte aus dem Fenster. »Man wär doch draufgegangen.«

Vielleicht, so schreibt Luise Reddemann, sei es manchmal klug, »feige« zu sein.[46]

Leben an der Bruchlinie

Nachdem in Spanien im Jahr 2000 so ziemlich der letzte aktive Teilnehmer des verheerenden Bürgerkriegs von 1936 bis 1939 gestorben war, begann eine leidenschaftliche Debatte über den Krieg, die unter dem Titel *Memoria histórica* lief. Der Schriftsteller Javier Cercas befeuerte diese Debatte mit seinem Buch *Solda-*

ten von Salamis, in dem er das fiktive Schicksal eines sterbenskranken Bürgerkriegssoldaten erzählt, den sein Protagonist – ein Reporter – in einem französischen Altersheim aufspürt. Nach dem Treffen überlegt der Reporter: Wenn er jetzt nicht die Erlebnisse des Veteranen festhalte, dann sterbe nicht nur der Zeitzeuge, sondern mit ihm auch die ganze Erinnerung.[47] Es scheine zwar so, als lägen die Ereignisse des Spanischen Bürgerkriegs so weit zurück wie die Schlacht von Salamis 480 vor Christus. Doch die Vergangenheit sei nicht tot, sie sei nur eine Dimension der Gegenwart, stellt Javier Cercas fest. Die Kenntnis der Vergangenheit sei nötig, um die Gegenwart zu verstehen, denn die Vergangenheit sei ein fester Teil der Gegenwart, ohne sie bleibe jede Gegenwart »verstümmelt«.[48]

In ganz Spanien begannen im Zuge der *Memoria histórica* Bürgerinitiativen, Massengräber aus dem Krieg freizulegen und nach ihren füsilierten Großvätern zu suchen. Symposien über den Krieg wurden veranstaltet, Dokumentationen gedreht, die fernen Kindheitserinnerungen der letzten greisen Zeitzeugen ausgeschlachtet, ein ganzes Land lag im *Memoria*-Fieber. Oder zumindest ein halbes, denn die *Memoria histórica* war Domäne der Kriegsverlierer, der Linken und Republikaner, die nach dem Sieg des faschistischen Putschisten Francisco Franco 1939 jahrzehntelang unterdrückt worden waren und deren Nachkommen nun mit aller Kraft Gerechtigkeit und Aufarbeitung verlangten.

Javier Cercas kritisierte später, die *Memoria histórica* habe sich im Laufe der Zeit zu einer »Industria de la memoria« gewandelt, sie habe historische Aufarbeitung in Kitsch verwandelt. Niemand sei wirklich daran interessiert gewesen, die Beweggründe der Kriegsteilnehmer nachzuzeichnen, vielmehr sei es darum gegangen, die Ereignisse einer fernen Vergangenheit für die Gegenwart neu zu konstruieren und politisch für den eigenen Lebenslauf zu instrumentalisieren. In der Tat arbeitete die Debatte vor allem der regierenden sozialistischen Partei zu, die sich nun das Recht herausnahm zu definieren, wer in der Gesellschaft zu den Guten gehörte – nämlich die, die wie Ministerpräsident José Luis Zapatero einen republikanischen Großvater im Krieg verloren hatten; und wer zu den Schurken zu zählen war – nämlich die mit den Großvätern aufseiten der faschistischen Sieger.

So aber funktioniere geschichtliche Aufarbeitung nicht, meint Cercas. Es sei ein Leichtes, siebzig Jahre später über die Fehler der Vergangenheit zu urteilen. Jedoch dürfe man nie außer Acht lassen: »Es gab Leute, die Unrecht hatten, die aber in dem Moment in gutem Glauben handelten.«[49]

Die Debatte verebbte mit der Krise, die 2008 nach dem Platzen der spanischen Immobilienblase ausbrach. Das Land hatte Dringenderes zu tun, als die Vergangenheit auszugraben.

Ich traf Javier Cercas 2017 bei einer Lesung in München, als sein neuestes Buch *Der falsche Überlebende* erschienen war. In diesem zeichnet er das Leben des Hochstaplers Enric Marco nach, der mit der Behauptung, er sei in einem deutschen KZ gewesen, zu einem Hauptprotagonisten der *Memoria histórica* geworden war. Später stellte sich heraus, dass seine Geschichte erlogen war. Die Ambivalenz der Gestalt habe ihn angezogen, sagte Cercas an diesem Abend im Instituto Cervantes. Natürlich sei Marco ein »Schuft, ein Monster«, der der historischen Aufarbeitung einen Bärendienst erwiesen habe. Aber ihm, dem Autor, gehe es nicht darum, eine Person, die Schuld auf sich geladen habe, zu verdammen, sondern ihre Beweggründe auszuleuchten, jene Grauzone, in der Menschen in historisch brenzligen Situationen Entscheidungen fällten, die ihr ganzes Leben prägten – ja möglicherweise eine ganze Gesellschaft. Nur wer die Ambivalenz menschlicher Handlungen anzuerkennen bereit sei, könne mithelfen, dass sich leidvolle Geschichte nicht wiederhole.[50]

Ich fragte mich nach diesem Abend: War die deutsche Kriegskinderdebatte auch nur der Versuch der Nachgeborenen, sich wichtig zu machen, einen persönlichen Vorteil zu erringen? Saßen wir in der gleichen Falle wie die spanische »Industria de la Memoria«? War das der letzte Versuch, aus dem Krieg eine Art Kapital für die eigene Biografie zu schlagen in einer immer uniformer werdenden Welt, in der der Zweite Weltkrieg nur noch thematischer Steinbruch für zweifelhafte Unterhaltungsstoffe zu sein schien, TV-Historienspiele ohne Tiefe, die Mutter lächerlich gefunden hatte? Ging es darum, Rechtfertigungen zu suchen für eigenes Versagen im Leben? Trampelten wir »Historiker unserer selbst«, um mit Günter de Bruyn zu sprechen, gar auf den Gräbern unserer Vorfahren herum? Lag mein fast gleichaltriger Kollege Alexander Gorkow nicht völlig richtig, als er in seinem Buch über seine Eltern schrieb, nicht über die Vergangenheit zu reden sei ihr »gutes, feinstes Recht« gewesen?[51] Möglicherweise war es ja auch die edelste Bestimmung des Elternseins, über den Tod hinaus für allen Mist Verantwortung übernehmen zu müssen, der sich beim Nachwuchs im Leben anhäuft.

Und was war überhaupt dran an der Kriegskindertheorie der Traumata, die unser Aufwachsen so belastet haben sollte? Distanzbasierte Erziehung gab es früher auch in Gegenden, die vom Krieg verschont blieben, in der Schweiz, in Schweden oder im ländlichen Oberbayern, das die Kampfhandlungen nur streiften. Ich kenne Fünfzigjährige, die vom ererbten Seelengranit des bäuerlichen Umfelds berichten, wo Kinder nur so mitliefen, bei der Feldarbeit und beim Melken halfen, harte Stallarbeit verrichten mussten; viele erzählen von emotionaler Verarmung, von Distanz, seelischer Verhärtung, von Schlägen, auch ohne Kriegserlebnisse. Sogar Luise Reddemann gibt zu, in vielen Familien ihrer Generation sei es normal und selbstverständlich gewesen, »ganz ohne Berührung auszukommen«.[52] Eine Menge Soldatenväter waren gute Väter gewesen, Vorbilder, positive Fixpunkte im Leben ihrer Kinder. Auch Kriegsenkel-Autor Matthias Lohre fragt sich bei der Recherche über seinen Vater: »Will ich einem Toten eine Opferbiografie zusammenfantasieren, damit ich mich nicht mehr so schlecht fühle, weil er nicht so liebevoll war, wie ich es gerne gehabt hätte? Suche ich keine Erklärungen für den Charakter meines Vaters, sondern Ausreden für meinen eigenen?«[53]

Vielleicht, so überlegte ich, waren meine Eltern überhaupt nicht traumatisiert gewesen, sondern einfach nur schlechte Erzähler; Schwamm drüber, fertig, aus.

Und doch schlummerte da etwas, das mit aller Macht herauswollte. Die Auseinandersetzung mit der Familiengeschichte war nicht nur der Versuch, viele Details endlich im Zusammenhang zu sehen, einen Bogen zu schlagen, die Eltern zu verstehen und ihre Ambivalenz, einen historischen Rahmen zu schaffen für das eigene Erleben. Es war auch der Versuch, einen gesellschaftlichen Wandel nachzuvollziehen.

Denn vielleicht wären die aus Krieg und Geschichte resultierenden Eltern-Kind-Störungen folgenlos geblieben, hätte sich die Welt nicht derart dramatisch verwandelt in den vergangenen dreißig Jahren. Die deutsche Nachkriegsgeneration hat ihre Kinder zum Funktionieren in einem System angeleitet, das auf Risikovermeidung ausgerichtet war. Unsere Eltern haben uns in materieller Sicherheit, aber emotionaler Armut erzogen. Wir haben nie gelernt, Risiken als Chancen zu sehen, dazu fehlten vielen von uns die Zuversicht und die Unsicherheitstoleranz. Die Babyboomer wurden hineingeboren in eine Welt der Vorsicht, des Pessimismus, der Sprachlosigkeit, der Haltung, man müsse zufrieden sein mit dem, was man habe, dürfe keine überzogenen Ansprüche stellen und müsse sich unterordnen, Letzteres ein Erbe der Diktatur. Unsere Eltern lehrten uns Respekt gegenüber Autoritäten, Schicksalsergebenheit, Skepsis vor der Zukunft. Gefühle sollten wir möglichst wegstecken. Wir sind die, die noch immer automatisch ein schlechtes Gewissen befällt, wenn ein Polizeiauto neben uns auftaucht.

Das alles hat uns schlecht auf die Welt vorbereitet, wie sie jetzt ist. 1989 fiel die Berliner Mauer, und eine Weltsicht setzte sich fortan durch, die genau das Gegenteil von dem verlangte, was unsere Eltern verkörpert hatten, von da an galten Zuversicht, Experimentierfreude, globale Offenheit als Wertmaßstäbe. Nach dem Ende des Kommunismus begann die Zeit jener »unglaublichen Wiederbelebung der kapitalistischen Utopie«, wie es Heinz Bude ausdrückt.[54]

Das amerikanische Denken, das den Sieg im Kampf der Systeme davongetragen hat, predigt: Dies ist eine Welt voller Möglichkeiten. Seine Botschaft an das Individuum lautet: Du kannst alles erreichen, wenn du nur an dich glaubst. Lass dich nicht beirren, geh deinen Weg, es lohnt sich, Risiken einzugehen! Wir Nachkommen der Verklemmten sind schlecht gerüstet für die Befolgung der individualistischen Lehren des Silicon Valley, die ein globales Glaubensbekenntnis geworden sind. Seit Generationen haben in Amerika Eltern an ihre Kinder die Lehre weitergegeben, dass Sesshaftigkeit eine zweifelhafte Qualität ist: »I'm gonna saddle my pony and ride out of this one horse town«, heißt es in einem Countrysong über die Enge des Landlebens, das man am besten hinter sich lässt, indem man sein Pferd sattelt und der Freiheit entgegenreitet.

Vater war vierzig Jahre in einer bayerischen Kleinstadt geblieben, obwohl es ihm dort nicht gefiel. Er wäre niemals auf die Idee gekommen, noch mal ein Pferd zu satteln. Pferde kannte Vater als Zugtiere von Feldgeschützen.

Doch hatte diese Erziehung zur Verzagtheit nicht auch positive Seiten? Die deutsche Nachkriegsgesellschaft brachte sozialpolitisch gesehen ein nachahmenswertes Modell hervor, ein auf Ausgleich bedachtes Gebilde, das auf schlechter Erfahrung beruhte: Es war die Welt der Sozialpakte und des Wohlfahrtsstaats, ein System, das die Deutschen vierzig Jahre lang materiell abgesichert und vor weiteren kriegerischen Konflikten bewahrt hat. Die Babyboomer wurden materiell gepampert wie keine Generation zuvor und dadurch zur vielleicht wehleidigsten Generation der Weltgeschichte, in ihrer Empfindlichkeit nur übertroffen von ihren Nachkommen mit ihren Essstörungen, ihrem Gesundheitsfimmel und ihrer panischen Angst, sich unkorrekt zu verhalten.

Laut dem Soziologen Heinz Bude war der Wohlfahrtsstaat nach dem Ende des Zweiten Weltkriegs der Versuch, die Angst vor Arbeitsunfähigkeit, Arbeitslosigkeit und Altersarmut zu beseitigen, er sollte den »Hintergrund für eine selbstbewusste Bürgerschaft und auch gerade der abhängig Beschäftigten bilden, damit sie sich in Freiheit selbst organisieren«.[55] Diese abhängig Beschäftigten, die zur »selbstbewussten Bürgerschaft« werden sollten, das war die Generation meiner Eltern. Sie wurde beruflich sozialisiert im Rheinischen Kapitalismus Konrad Adenauers und Ludwig Erhards, der erfolgreiches Unternehmertum mit katholischer Sozialverantwortung verband. Haushaltsvorstände der Nation waren Institutionen wie »Papa Siemens« und viel mehr als eine Firma. Dort fand Vater nicht nur eine Betriebskrankenversicherung für seine Familie vor, sondern auch Altersversorgung, Betriebsrat, eine Berghütte für Belegschaftsausflüge und Kuren gegen Bluthochdruck. Wer einmal in ein solches Unternehmen mit Vollabsicherung eintrat, rechnete nicht damit, vor dem Ruhestand wieder herauszukommen. Das mag sich für jüngere Ohren öde anhören, aber die Berechenbarkeit des Lebens verlieh den Menschen Mut, Familien zu gründen und Häuser zu bauen, auf die Zukunft zu vertrauen. Vater Staat würde zur Not schon helfen. Sein breites Kreuz war das Rückgrat des Wirtschaftswunders, des Wiederaufbaus. Der deutsche Tüftler und Ingenieur funktionierte zuverlässig, weil man ihm den Rücken freihielt. Er lebte in einem Staat, der Verantwortung für den Einzelnen übernahm.

In der Übergangsphase der 1990er Jahre setzte sich dann der mediale Trend durch, das staatliche Wohlfahrtsversprechen der Nachkriegszeit als Leistungshemmnis zu verteufeln. Auch einstmals eher linksorientierte Blätter ließen sich vor allem in ihren Wirtschaftsteilen für diese Predigt gewinnen. Zehn Jahre später war das System sturmreif geschossen für Gerhard Schröders Agenda 2010, die die Existenzangst zur Grundlage der Daseinsvorsorge erhob, oder wie Heinz Bude es ausdrückt: Wir erlebten »einen Wechsel im gesellschaftlichen Integrationsmodus vom Aufstiegsversprechen zur Exklusionsdrohung«.[56] Die sozialen Vergünstigungen, die man den Westdeutschen nach dem Krieg geschenkt hatte, damit sie nicht dem Kommunismus nachliefen, werden nach und nach abgebaut. Das Ergebnis ist eine »Gesellschaft der Angst«, die Bude beschreibt, in der »man glaubt, in jedem Moment mit seinem ganzen Leben zur Disposition zu stehen«,[57] entweder durch persönliches Versagen oder den Weltenbrand in Folge von Terror und Krieg. Es gilt: *Jeder für sich und allein gegen alle.*

Kriegskinder und -enkel leben an der Bruchlinie dieser konträren Epochen. Deswegen sind viele von ihnen gefangen in Zielkonflikten: Sollen sie sich so abwartend und zurückhaltend verhalten, wie es ihre Eltern vorgelebt haben? Oder sollen sie die Herausforderungen dieser neuen Welt annehmen, so wie es die Millennials tun? Babyboomer stünden innerlich zerrissen gleichzeitig mit einem Fuß auf dem Gas und mit dem anderen auf der Bremse, hat Sabine Bode festgestellt.[58]

Vater sprach stets warnende Worte. Als ich mit vierzig den Posten als stellvertretender Ressortleiter der Lokalteile aufgab und sozusagen als einfacher Soldat im Nachrichtenressort neu anfing, um das internationale Geschäft zu lernen, sagte er: »Da würd' ich aber noch mal drüber nachdenken.« Es schien ihm unsinnig zu sein, eine einmal genommene sichere Stellung wieder zu verlassen, sosehr man auch in ihr leiden mochte. Was draußen wartete, war im Zweifelsfall schlimmer, so wie es außerhalb des Schützengrabens schlimmer war als drinnen, auch wenn man nach einem ukrainischen Sommerregenguss bis zum Bauch im Wasser stand, wie er es in einem seiner Feldpostbriefe beschrieben hatte. Drinnen im Graben trocknete die Kleidung schon wieder am Körper. Draußen lauerte der Tod.

Es sind natürlich keinesfalls nur Kriegskinder, die nun an ihre Grenzen geraten. Aber sie tun sich angesichts des fehlenden emotionalen Rüstzeugs besonders schwer. Sie sind aufgewachsen in »Grundannahmen eines fairen Miteinanders«[59], so Heinz Bude, das durch den permanenten Konkurrenzkampf nicht nur um Jobs und Wohnungen, sondern auch um Sexualbeziehungen, Urlaubsziele und Altersheimplätze verletzt wird. Sie haben von ihren Vätern als Norm übernommen, dass man an einem Arbeitsplatz ausharrt bis zum Umfallen, leben nun aber in einer Welt des Aufsteigers, des Typs zwischen den Stühlen, der »weder sein will, wo er ist, noch wo er herkommt«.[60] Von Vater hatte ich gelernt: »Ehrlich währt am längsten.« Heute würde ein guter Teil des Mittelstands sofort den Satz unterschreiben: Der Ehrliche ist der Dumme.[61]

Viele Babyboomer leiden unter jenem Zwang, sich pausenlos in Szene zu setzen, die die väterliche Maxime der Zurückhaltung konterkariert – in einer Welt, in der Leistung allein keinen Erfolg mehr garantiert, sondern abhängig geworden ist vom »Blendwerk der Performanz«[62]. Die aber liegt Kriegskindern und -enkeln tendenziell nicht.

Irgendwie sah man es uns ja sogar als Pubertierende schon an. Gibt es heute noch diese kommunikationsgestörten, linkischen Jugendlichen, wie wir sie waren, gekleidet in peinliche orangefarbene Acrylklamotten und grün-braune Stinkesocken, die Mutter morgens rausgelegt hatte; gibt es noch diese Teenies mit Topfhaarschnitten und grundlegenden Hemmungen gegenüber dem anderen Geschlecht? Heute scheinen Jungs unentwegt ihren Body und ihre Coolness zu perfektionieren, Mädchen sind zielbewusst, Start-ups ihrer selbst und sehen dabei aus wie Models. Die sexuelle Kontaktaufnahme ist vom Alltag auf Onlinebörsen wie Tinder verlegt worden, der Partnerwechsel wird zur Regel. Babyboomer hingegen kommen sozial aus einer Zeit, in der auch an gescheiterten Ehen ehern festgehalten wurde, koste es, was es wolle. Jetzt leben sie in einer Gesellschaft, in der »fast alle sozialen Beziehungen unter dem Trennungsvorbehalt stehen«,[63] wie Heinz Bude schreibt.

Da stellt sich natürlich die Frage: Ist es angesichts dieser massiven sozialen Veränderungen nicht an der Zeit, sich abzugrenzen vom Erbe der Eltern und sich zu dieser neuen Welt zu bekennen eingedenk der von dem Soziologen Bude formulierten Tatsache, dass »die Heroisierung der Position des Dazwischenseins auf Dauer nicht durchzuhalten« ist?[64]

Das große UND

Auf dem Grab meiner Eltern am Münchner Neuen Südfriedhof steht immer noch das alte Holzkreuz des Beerdigungsinstitutes statt einer kalten Marmorplatte, man soll die Verwitterung sehen.

Es wird umwuchert von Lavendel, davor blüht eine Rose. Was die Bepflanzung angeht, habe ich mich durchgesetzt. Die Zwergmispel, auf die Mutter bestanden hatte, hat ein heißer Sommer dahingerafft, ich habe sie durch weiß-blaues Immergrün ersetzen lassen, eine Reminiszenz an die bayerische Wahlheimat meiner Eltern. Im Winter brennt ein Grablicht in der alten Laterne, die ich ihnen mal zu Weihnachten mitgebracht hatte. Eine Zeitlang war der Friedhof der Ort, an dem ich zur Ruhe kam. Ich schnippelte an der Rose herum, verdöste auf der Mauer neben dem Keltenkreuz ein Stündchen und guckte mir die Wolken an. Auf dem Heimweg spendierte ich mir eine Currywurst an der Imbissbude vor dem Tor des ehemaligen Siemensgeländes, durch das Vater dreißig Jahre lang mit seinem Opel zur Arbeit gerollt war.

Und war der Friedhof nicht auch der geeignete Ort für einen Akt der Abgrenzung? Die Psychiaterin Luise Reddemann empfiehlt Kindern traumatisierter Eltern, »das Erbe, oder Teile ihres Erbes auszuschlagen«,[65] eben jene Teile, die man als quälend empfindet, die die eigene Entfaltung hemmen. Ziel sei es, »Belastungen, die bei genauer Betrachtung gar nicht die unseren sind, als solche zu erkennen und zu benennen und dieses Erbe bewusst nicht anzunehmen oder zumindest heute zurückzuweisen«.

Einen solchen Akt unternimmt der Autor Matthias Lohre am Ende seines Buches *Das Erbe der Kriegsenkel*. Nach Gesprächen mit Verwandten und Therapeuten, nach heftigem Grübeln und verzweifelten Versuchen des Verstehens fällt er eine dramatische Entscheidung: Er will den »inneren Niedermacher« in sich besiegen,[66] dieses Gefühl, »erst schüchterten meine Eltern mich ein, und später tat ich es selbst. Das will ich nicht mehr.« Lohre rennt also auf den Friedhof, den er lange gemieden hatte, er steht mit geballten Fäusten vor dem Grab der Eltern, spürt seine Wut. Endlich gelingt es ihm, die unterdrückte Trauer herauszulassen. »Das ist das hartnäckigste Erbteil der Kriegsenkel, das Großeltern und Eltern ihnen mitgeben haben: die Unfähigkeit zu trauern. Die Kinder der Kriegsgeneration lernten das Wegdrücken, Herunterschlucken der Trauer von ihren Eltern.«[67] Der Autor beschreibt, wie er einen Schritt aus sich heraustritt und sich selbst zusieht: »Ich sehe einen Sohn, der lange versucht hat, seine Eltern glücklich zu machen, und den das sehr müde gemacht hat.«

Doch der mit viel künstlicher Dramatik aufgepumpte Akt der Abgrenzung wirkt nicht überzeugend. Am Ende erkennt auch der zornige Sohn an: »Hier sehe ich keine Ruhstätte für zwei Menschen, die ihren Kindern schaden wollten. Sondern einen Mann und eine Frau, die früh verletzt wurden und versuchten, irgendwie durchs Leben zu kommen. Zwei Menschen, die in stiller Verzweiflung lebten, weil sie nie herausfanden, wie das geht: glücklich sein.«

Ich stand nun selbst vor dem Grab meiner Eltern und wagte einen etwas lächerlichen Versuch. Ich kramte aus der Erinnerung die negativen Momente der Kindheit hervor, Vaters Autoritätsausbrüche, Mutters strafendes Schweigen, später ihre Arroganz dem Alter gegenüber und dass beide mir alle wichtigen Entscheidungen im Zusammenhang mit ihrer Pflege aufgebürdet hatten. Ich wartete, bis sich genügend Ärger angestaut hatte, baute mich vor dem Grab auf und murmelte: »Ihr zwei Arschlöcher.«

Tatsächlich wirkte es im ersten Moment befreiend.

Dann musste ich lachen. Es war nicht wie eine Beschimpfung aus meinem Mund gekommen, eher wie eine Frotzelei; so, als wenn sich zwei Sechzehnjährige auf dem Schulhof mit einem kumpelhaften »Na, du Wixer« begrüßen. So funktionierte das nicht.

Gerade Kriegskinder und -enkel seien »in ihrer Mehrzahl geprägt von einer außergewöhnlichen Loyalität gegenüber Mutter und Vater, nicht selten eine Loyalität, der sie ihre eigene Weiterentwicklung und ihre Wünsche nach Unabhängigkeit unterordnen«, schreibt Sabine Bode.[68] Sie billigten den Eltern zu, dass sie aufgrund der Zeitumstände, in denen sie lebten, nicht anders hätten handeln können. Auch wenn das nur bedingt stimmen mag, die instinktive innere Loyalität ist stärker. Mit plakativen Abgrenzungsversuchen kommt man nicht weiter.

Der Schlüssel zur Erkenntnis liegt nämlich tiefer. Das in der Kriegskinderforschung erfahrene Psychiaterpaar Udo Baer und Gabriele Frick-Baer schreibt: »Oft meinen wir Menschen, wir müssten uns klar entscheiden, wenn es eigentlich ansteht, Ambivalenzen auszuhalten und zu leben.« Zwischen unterschiedlichen Gefühlen liege jedoch nicht ein »Entweder-oder«, sondern »viel häufiger ein UND«.[69] Sie empfehlen, die Widersprüche von Vätern und Müttern als solche anzunehmen.

Aber sie stellen auch klar: »Eltern und Großeltern in ihrem traumabedingten Verhalten zu verstehen, ist nicht mit der Aufforderung gleichzusetzen, ihnen zu verzeihen. Verstehen ist nicht verzeihen. (…) Es gibt Verhalten, das nicht verzeihbar ist und das sie nicht verzeihen können, und es ist ihr gutes Recht, diese Haltung zu leben: Ich verstehe die Quelle deiner Not UND ich verzeihe dir die Verletzungen nicht!«[70]

Man könne zum Beispiel einen Leitsatz formulieren, empfehlen die Autoren: »Ich liebe meinen Vater UND werfe ihm vor, dass er mir von seinen schlimmen Kriegserfahrungen nie etwas erzählt hat. Das hätte mir nämlich geholfen.«[71]

Ich überlegte, wo bei mir das »große UND« zu suchen war. Sicher, ich war stolz darauf, mich früh von meinen Eltern abgenabelt zu haben. Aber ich war auch stolz darauf, in mir durch sie diese Brücke zur Vergangenheit zu spüren, den direkten Draht zur Geschichte, die andere nur aus dem Fernsehen und aus Büchern kannten. Mutter hatte mir durch ihr Sein signalisiert, dass man sich besser nicht auf Massenphänomene, auf Aufmärsche, auf Gleichschaltung und Gehirnwäsche einließ. Von meinen Eltern hatte ich gelernt, dass es möglich ist, skeptisch zu bleiben, auch wenn die ganze Welt um einen herum Hurra schreit. Ich hielt Kriege nicht für Lösungen weltpolitischer Differenzen. Ich käme nicht auf die Idee, die Sozialleistungen der Nachkriegszeit, die zur Befriedung einer gewalterfahrenen Gesellschaft dienten, oder demokratische Stabilität leichtfertig in Frage zu stellen. Ich litt auch nicht unter der Lust der gelangweilten, gepäppelten, überversorgten Reihenhausgeneration, »irgendetwas zusammenbrechen zu sehen, weil einem fad im Schädel ist«, wie es der österreichische Kabarettist Josef Hader mal in Bezug zur Neigung seiner Landsleute ausgedrückt hat, rechten Parteien nachzulaufen.[72]

Meine Eltern hatten bewiesen, dass Skepsis bei maßvoller Anwendung eine exzellente Überlebensstrategie sein kann. Und hatte Mutter nicht recht gehabt, ihren Sohn so zu erziehen, »dass er allein zurechtkommt«? Auf eine Weise hatte mir das am Ende auch noch den unabwendbaren Abschied erleichtert.

Nach Hause

Vier Jahre hatte ich mit dem Abschied von meinen Eltern verbracht, die Rolle als pflegender Sohn hatte mich definiert, sie hatte meine Tage ausgefüllt, hatte mich eine Beziehung gekostet. Ich hatte ein Haus in einer bayerischen Kleinstadt geerbt und war einer angeeigneten Identität als unternehmungslustiger »Kosmopolit« vorläufig verlustig gegangen. Ich stellte mir zunehmend die Frage, wer ich eigentlich war.

Vor dem Ofen im alten Wohnzimmer meiner Eltern nahm ich ein weiteres Mal *Rückkehr nach Reims* von Didier Eribon zur Hand, nicht ohne Grund der literarische Erfolg im Frühjahr 2016. Dieser gründete sich zwar in erster Linie darauf, dass der Autor eindringlich die Hinwendung der französischen Arbeiterschaft und damit auch seiner Eltern zum Front National beschrieben hat. Doch eigentlich sei es ihm um etwas anderes gegangen, hat der französische Philosoph und Soziologe in einem Interview[73] gesagt, er habe ein Buch über seine Mutter schreiben wollen.

Eribon schildert, wie er nach dem Tod seines Vaters sehr widerwillig in seinen Heimatort Reims zurückkehrt und dort auf jene Vergangenheit trifft, von der er sich eigentlich hatte lösen wollen. In Gesprächen mit der Mutter spürt er, wie sein Leben »nicht nur von der Zukunft heimgesucht wurde, sondern auch von der Vergangenheit, deren Geister gleich nach dem Tod desjenigen erwachten, der all das verkörpert hatte, was ich hatte hinter mir lassen und womit ich hatte brechen wollen, der für mich ohne Zweifel eine Art negatives soziales Modell abgegeben hatte, einen Gegenpol für die Arbeit an meinem Selbst«.[74]

Der Autor fühlte sich durch seine Homosexualität als junger Mensch abgelehnt von der Provinz, von seinem Vater, von den Erziehungsmethoden der Zeit. Er hatte die Heimat im Zorn verlassen und war nach Paris gegangen, wo er ein landesweit bekannter Intellektueller wurde, der im Fernsehen auftrat. Etwas verblüfft nahm er bei seiner Rückkehr zur Kenntnis, dass seine Eltern seinen Aufstieg offenbar mit schweigsamem Stolz verfolgt hatten. Eribon, der Sohn, der sich selbst verstoßen hatte, muss am Ende erkennen, dass er mehr von seiner Herkunft in sich trägt, als er geglaubt hat. Die Rückkehr nach Reims wird für ihn schließlich zu einem »Wiedersehen mit einem ebenso konservierten wie negierten Selbst«.[75]

Ich spürte an jenem Weihnachtsabend vor dem Ofen im Häuschen meiner Eltern den Effekt, den Eribon beschrieben hatte: »Etwas stellte sich wieder in mir her.«[76] Als schmerzhaft empfand ich, dass erst nach Pflege und Tod möglich war, was zu Lebzeiten meiner Eltern unmöglich gewesen war, nämlich ein Zwiegespräch, das nun posthum und virtuell vonstattengehen musste. Aber so verhielt es sich nun mal.

Und war es nicht auch in dieser Lebenslage möglich, nach dem großen UND zu suchen? Ich lebte zwar weiter meinen Berufsalltag in der Großstadt. Doch nicht ohne Grund hatte ich ja ein Zimmer im vermieteten Elternhaus behalten. Bei Besuchen auf dem Land spürte ich nun, dass der Garten anfing, mir Freude zu bereiten – von den ersten gelben Winterlingen im Frühling, die durch den Schnee stießen, über Mutters prachtvolle Rosen, die Vater so viel Entzücken bereitet hatten, bis hin zu den Herbstanemonen mit ihren lila Blüten, aus denen weiße Wollknäuel werden im Winter. Vielleicht würde mir sogar Gartenarbeit irgendwann Spaß machen? Ich wurde ja nicht jünger.

Vielleicht würde ich auch bald keine Lust mehr verspüren, in Szenevierteln der Großstadt die wenigen Lokale zu suchen, die noch nicht zu austauschbaren New-York-Hongkong-Havanna-Bars, »Hamburgereien« oder veganen Hipsterabfütterstationen mit Birkendeko geworden waren. Wollte ich wirklich weiter in einer Innenstadt leben, die zunehmend von Finanzvorständen, Abmahnanwälten, dauerjoggenden Firmenjuristinnen, streng frisierten Bankerinnen, Unternehmensabwicklern, urlaubenden Oligarchen, zu Geld gekommenen Software-Nerds und abgehetzten Karrierepärchen mit geländegängigen Autos und Luxuskinderwagen sowie die auf sie zugeschnittenen Freizeitangeboten gefüllt wurde?

Meinen bayerischen Herkunftsort begann ich hingegen gnädiger zu sehen. Hatte man sich nicht behände an die veränderte Welt angepasst und das mit einigem Erfolg, wie das große Interesse von Wohnungssuchenden am Häuschen meiner Eltern zeigte? Brummten nicht Handel und Gewerbe? Vereine und Freundeskreise sorgten für ein angeregtes Sozialleben, auch wenn es sich eher im Privaten als im öffentlichen Raum abspielte. Man musste eben mitmachen. Und waren dort draußen nicht letztlich sogar die größeren Freigeister, Individualisten, Querköpfe zu Hause, wie die große Propagandistin des Landlebens, die Schriftstellerin Juli Zeh, mal in einem Interview gesagt hat?[77] Wo sonst konnten noch Musiker, Künstler und andere Randexistenzen in alten Bauernhäusern, leicht vergammelten Doppelhaushälften und vom Immobiliendruck unentdeckten Nischen leben?

Und war es am Ende wirklich sinnvoll, die ganze Familiengeschichte wegzuschmeißen, wie ich das am Anfang hatte tun wollen? Ich dachte an die urbanen Bekannten, deren Hightech-Wohnungen aussahen wie die Oberfläche eines iPhones. Vielleicht brauchte man vielmehr eben dieses Überflüssige, all diesen erinnerungstriefenden Kram, die Feldpostbriefe, den *Postillion* im Garten, das alte Jugendzimmer im Keller, um zu verstehen, wer man war. Mutters Plastikverschlüsse für Gefrierbeutel waren ja irgendwie auch ganz praktisch.

Nach dem Weihnachtsabend war ich erst mal sicher: Ich würde mein Erbe nicht verkaufen.

Konnte man nicht neue Wurzeln schlagen und trotzdem weltoffen bleiben? Womöglich war dies gar der Ort, von dem aus ich neu aufbrechen konnte? Vielleicht war es – im Sinne Eribons – ja der Beginn einer »Aussöhnung« mit der Vergangenheit, mit den Eltern, mit der Herkunft, den eigenen Möglichkeiten – letztlich also mit mir selbst.

Dank an

die Familien Haller und Hecht für die nachbarschaftliche Hilfe bei der Betreuung meiner Eltern; ohne Euch wäre es nicht gegangen;

Christoph Schuster und Sylvie Schoch für die Biere und Gespräche in schwierigen Momenten;

Aida Heinemann, Joachim Käppner, Martina Mayer, Ronen Steinke und Uschi Treffer für die Ermutigung, für Anregungen, Tipps und Korrekturen, für Lob und Kritik;

meine Wahlfamilie fürs Auffangen und den Zusammenhalt.

Literatur

Anonyma: *Eine Frau in Berlin. Tagebuchaufzeichnungen vom 20. April bis zum 22. Juni 1945*, Frankfurt am Main, 2002

Assmann, Aleida: *Der lange Schatten der Vergangenheit. Erinnerungskultur und Geschichtspolitik*, München 2006

Baer, Udo, Gabriele Frick-Baer: *Kriegserbe in der Seele. Was Kindern und Enkeln der Kriegsgeneration wirklich hilft*, Weinheim 2015

Bode, Sabine: *Kriegsenkel. Die Erben der vergessenen Generation*, 19. Auflage, Stuttgart 2016

Boeckh, Jürgen: *Zwischen Kreuz und Hakenkreuz. Erinnerungen eines jungen Christen 1933–1945*, Berlin 2005

Borasio, Gian Domenico: Über das Sterben. Was wir wissen. Was wir tun können. Wie wir uns darauf einstellen, 11. Auflage, München 2013

Busquets, Milena: *Auch das wird vergehen*, Berlin 2016

Bude, Heinz: *Gesellschaft der Angst*, Hamburg 2014

Cercas, Javier: *Der falsche Überlebende*, Berlin 2017

Cercas, Javier: *Soldados de Salamina*, 14. Auflage, Barcelona 2001

Chast, Roz: *Können wir nicht über was anderes reden? Meine Eltern und ich*, Hamburg 2015

De Bruyn, Günter: *Deutsche Zustände*, Frankfurt am Main 1999

De Bruyn, Günter: *Zwischenbilanz. Eine Jugend in Berlin*, Frankfurt am Main 1992

Döbler, Hannsferdinand: *Nie wieder Hölderlin. Roman einer Rückkehr*, Buxtehude 1989

Eribon, Didier: *Rückkehr nach Reims*, 7. Auflage Berlin 2016

Freud, Sigmund: *Abriß der Psychoanalyse. Das Unbehagen in der Kultur*. Hamburg 1953

Geiger, Arno: *Der alte König in seinem Exil*, 8. Auflage, München 2016

Genazino, Wilhelm: *Mittelmäßiges Heimweh* (Roman), München 2008

Gontscharow, Iwan: *Oblomow* (Roman), 12. Auflage, München 2003

Gorkow, Alexander: *Hotel Laguna. Meine Familie am Strand*, Köln 2017

Hammer, Eckart: *Unterschätzt. Männer in der Angehörigenpflege*, Freiburg 2014

Hilger, Andreas: *Deutsche Kriegsgefangene in der Sowjetunion 1941–1956. Kriegsgefangenenpolitik, Lageralltag und Erinnerung*, Essen 2000

Houellebecq, Michel: *Unterwerfung* (Roman), 3. Auflage, Köln 2015

Huber, Florian: *Hinter den Türen warten die Gespenster. Das deutsche Familiendrama der Nachkriegszeit*, Berlin 2017

Jochimsen, Jess: *Abschlussball* (Roman), München 2017

Junge, Traudl: *Bis zur letzten Stunde. Hitlers Sekretärin erzählt ihr Leben*, München 2002

Kempowski, Walter: *Mark und Bein* (Roman), München 1992

Kempowski, Walter: *Tadellöser & Wolff* (Roman), 13. Auflage, München 1990

Klare, Jörn: *Nach Hause gehen. Eine Heimatsuche*, Berlin 2016

Klie, Thomas: *Wen kümmern die Alten? Auf dem Weg in eine sorgende Gesellschaft*, München 2014

Kumpfmüller, Michael: *Die Erziehung des Mannes* (Roman), Köln 2016

Lessenich, Stephan: *Neben uns die Sintflut. Die Externalisierungsgesellschaft und ihr Preis*, München 2016

LLamazares, Julio: *Wolfsmond* (Roman), Frankfurt 1991

Lohre, Matthias: *Das Erbe der Kriegsenkel. Was das Schweigen der Eltern mit uns macht*, Gütersloh 2016

Miller, Alice: *Abbruch der Schweigemauer*, 6. Auflage, Frankfurt 2015

Mitscherlich, Alexander und Margarete: *Die Unfähigkeit zu trauern*, 22. Auflage, München 1991

Morrison, Blake: *And when did you last see your father?* London 1994

Probert-Wright, Bärbel: *An der Hand meiner Schwester. Zwei Mädchen im kriegszerstörten Deutschland*, Augsburg 2006

Reddemann, Luise: *Kriegskinder und Kriegsenkel in der Psychotherapie. Folgen der NS-Zeit und des Zweiten Weltkriegs erkennen und bearbeiten*, Stuttgart 2015

Rosenberg, Martina: *Wege aus der Pflegefalle. Die Eltern pflegen und ein eigenes Leben führen*, Freiburg 2015

Ruhland, Bernd: *Das war Berlin*, 2. Auflage, Bayreuth 1986

Schirrmacher, Frank: *Das Methusalem-Komplott*, 9. Auflage, München 2004

Scholochow, Michail: *Der stille Don* (Roman), Zweibändige Lizenzausgabe für den Bertelsmann-Lesering, ohne Jahresangabe

Schreiber, Daniel: *Zuhause. Die Suche nach dem Ort, an dem wir leben wollen*, Berlin 2017

Steinke, Ronen: *Der Muslim und die Jüdin. Die Geschichte einer Rettung*, Berlin 2017

Swift, Graham: *Last Orders* (Roman), London 1996

Timm, Uwe: *Die Entdeckung der Currywurst* (Roman), 21. Auflage, München 2016

Anmerkungen

Das große Verdrängen

1 Schirrmacher, *Methusalem-Komplott*, S. 109
2 Roz Chast, *Can't we talk about something more pleasant?* New York 2014 (dt.: Können wir nicht über was anderes reden? Hamburg 2015)
3 Gorkow, *Hotel Laguna*, S. 77
4 Bode, *Kriegsenkel*, S. 35
5 Ebd., S. 30
6 Zitiert nach Luise Reddemann, *Kriegskinder und Kriegsenkel*, S. 117
7 »Millionen Deutsche leiden an Weltkriegstraumata«, 22. 9. 2015; https://www.welt.de/geschichte/zweiter-weltkrieg/article132502055/Millionen-Deutsche-leiden-an-Weltkriegs-Traumata.html
8 Faulkner, *Requiem für eine Nonne* (1951), 1. Akt, 3. Szene
9 Drepper, *Jeder pflegt allein: Wie es in deutschen Heimen wirklich zugeht*
10 Hammer, *Unterschätzt. Männer in der Angehörigenpflege*, S. 193; Klie, *Wen kümmern die Alten?*, S. 62
11 Klie, S. 189 f.
12 Ebd., S. 101
13 Hammer, S. 180
14 Lessenich, *Neben uns die Sintflut*, S. 162
15 Schirrmacher, S. 27
16 Klie, S. 11
17 Hammer, S. 76
18 dpa, 15.08.2017, Studie: Pflegende sind weniger berufstätig
19 epd, 15.08.2017, Studie: Pflegende Angehörige haben es auf dem Arbeitsmarkt schwerer
20 https://www.destatis.de/DE/PresseService/Presse/Pressemitteilungen/2015/03/PD15_094_224.html
21 Houellebecq, *Unterwerfung*, S. 152
22 Hammer, S. 203
23 Ebd., S. 159
24 Klie, S. 59
25 Schirrmacher, S. 17
26 Ebd., S. 22
27 Klie, S. 194

Abwärts

1 Rosenberg, *Pflegefalle*, S. 42
2 Morrison, *And when did you last see your father*, S. 107
3 So nennt man auf Spanisch einen Gentleman.
4 Rosenberg, *Wege aus der Pflegefalle*, S. 8
5 Ebd., S. 7
6 Ebd., S. 27
7 Ebd., S. 15
8 Hammer, S. 164
9 Ebd., S. 69
10 Ebd., S. 185
11 Ebd., S. 68
12 Rosenberg, S. 102
13 Borasio, *Über das Sterben*, S. 31 f.

Die Unfähigkeit zu reden

1 Eribon, *Rückkehr nach Reims*, S. 28
2 Reddemann, *Kriegskinder und Kriegsenkel*, S. 78
3 Kempowski, *Mark und Bein*, S. 101
4 https://www.welt.de/geschichte/zweiter-weltkrieg/article125566767/Der-Wahnsinn-von-Tarnopol-dem-Mini-Stalingrad.html
5 Bode, S. 239
6 http://www.deutschlandfunk.de/zwischen-den-kulturen.700.de.html?dram:article_id=227542
7 Hauptkampflinie
8 Text von Solveigs Lied nach Henrik Ibsen. https://www.konzerthaus-dortmund.de/page/MediaLib/file/Programmheft/200910/Programm-Stavanger-Symphony-Orchestra.pdf
9 Abkürzung für Maschinengewehr
10 17. Juli 1944
11 Reddemann, S. 128 f.
12 http://www.swr.de/odysso/trauma-liegen-in-den-genen/-/id=1046894/did=15632938/nid=1046894/1vnl37x/index.html
13 http://www.sueddeutsche.de/gesundheit/spuren-der-gewalt-die-kranken-kinder-des-genozids-1.3567664
14 Typischer Ausdruck der Kriegsgeneration für den Wehrdienst
15 Bode, S. 25
16 De Bruyn, *Zwischenbilanz*, S. 142
17 Ebd., S. 245
18 LLamazeres, *Wolfsmond*, S. 191
19 Döbler, *Nie wieder Hölderlin*, S. 50
20 Ebd.
21 http://www.zeit.de/1989/38/roman-einer-rueckkehr
22 Döbler, S. 335

23 http://www.tagesspiegel.de/meinung/sigmar-gabriels-familiengeschichte-mein-vater-der-nazi/7617046.html
24 http://www.wehrmacht-forum.de/index.php?thread/2710-die-361-infanterie-division-im-kessel-von-brody/
25 Wolfgang Greber, »Ostfront, Sommer 1944: Die größte Niederlage der deutschen Kriegsgeschichte«, *Die Presse*, Wien, 4.7.2014

Letzte Entscheidungen

1 Aus: Chast, *Können wir nicht über was anderes reden?* Das Gedicht stammt von der alten Mutter der Autorin.
2 https://de.wikipedia.org/wiki/Scheinbushaltestelle
3 Johnny Cash, Further On Up The Road
4 Klie, *Wen kümmern die Alten*, S. 100 f.
5 Rosenberg, *Pflegefalle*, S. 135; Hammer, *Unterschätzt*, S. 169
6 Klie, S. 102
7 http://www.zeit.de/1979/25/oblomow
8 Gontscharow, *Oblomow*, S. 216
9 Geiger, *Der alte König in seinem Exil*, S. 152
10 Eribon, *Rückkehr nach Reims*, S. 12
11 La Casita de mis Viejos, Text: Enrique Cadícamo, Musik: Juan Carlos Cobián
12 Chast, *Wollen wir nicht über was anderes reden*, S. 116
13 Chast, S. 114

Sieh zu, wie du zurechtkommst

1 Nachwort zu Anonyma, *Eine Frau in Berlin*, S. 289. C. W. Ceram hieß eigentlich Kurt Wilhelm Marek. Sein populärwissenschaftliches Antiken-Buch *Götter, Gräber und Gelehrte* stand in fast jedem deutschen Nachkriegshaushalt.
2 Baer, Frick-Baer, *Kriegserbe in der Seele*, S. 79
3 Ebd., S. 65
4 Ebd., S. 110
5 Assmann, *Der lange Schatten der Vergangenheit*, S. 124
6 Vgl. Javier Cercas, *Der falsche Überlebende*
7 Zitiert nach: https://www.nzz.ch/feuilleton/primo-levi-von-auschwitz-zeugen-bis-zuletzt-ld.1291438
8 Assmann, S. 127
9 Ebd., S. 130
10 Bode, *Kriegsenkel*, S. 67
11 Ebd., S. 227
12 Baer, Frick-Baer, *Kriegserbe in der Seele* S. 67
13 Ebd., S. 76
14 Ebd., S. 81
15 Bode, S. 67
16 Ebd., S. 68
17 Ebd., S. 76
18 Miller, *Abbruch der Schweigemauer*, S. 49

19 Baer, Frick-Baer, *Kriegserbe in der Seele* S. 46
20 http://www.focus.de/politik/deutschland/als-die-soldaten-kamen-nicht-nur-im-osten-das-tausendfache-leid-deutscher-frauen-nach-kriegsende_id_4508551.html
21 http://www.berliner-zeitung.de/die-sueddeutsche-zeitung-enthuellt-die-identitaet-der--anonyma--von-berlin--enzensberger-antwortet-eine-belanglose-person--15585028
22 Anonyma, S. 71 f.
23 Ebd., S. 137
24 Ebd., S. 282
25 Ebd., S. 140
26 Ebd., S. 152
27 Ebd., S. 51
28 Schreiber, *Zuhause*
29 Müller, Vorwort zu: Junge, *Bis zur letzten Stunde*, S. 14
30 Ebd., S. 16
31 Ebd., S. 27
32 Ebd., S. 28
33 Junge, S. 9
34 Ebd., S. 233
35 Ebd., S. 261
36 R. Steinke, *Der Muslim und die Jüdin*, S. 134 f.
37 Mitscherlich, S. 35
38 Huber, S. 34
39 Huber, *Hinter den Türen warten die Gespenster*, S. 47
40 Ebd., S. 49
41 Ebd., S. 70
42 Ebd., S. 96
43 Ebd., S. 122
44 Ebd., S. 123
45 Ebd., S. 124
46 Reddemann, S. 127
47 Huber, S. 144
48 Ebd., S. 107
49 Hildegard Knef, Ostseelied
50 Bode, S. 49
51 http://www.faz.net/aktuell/feuilleton/buecher/rezension-sachbuch-das-hoechste-gut-ist-in-der-schoepfung-nicht-vorgesehen-11315407-p2.html
52 Elke Heidenreich, *Der Welt den Rücken*, München, 2001
53 http://gutenberg.spiegel.de/buch/nikolaus-lenau-gedichte-142/135
54 Geiger, *Der alte König in seinem Exil*, S. 83
55 Genazino, *Mittelmäßiges Heimweh*, S. 171

Das Haus in Berlin

1 De Bruyn, *Zwischenbilanz*, S. 143

2 Ebd., S. 143
3 1. Oktober 1944
4 Huber, *Hinter den Türen warten die Gespenster*, S. 138
5 Ebd., S. 170
6 Ebd., S. 11

Warte nur! Balde ruhest du auch

1 Morrison, *And when did you last see your father?* S. 149
2 Ebd., S. 205
3 Ebd., S. 149
4 Eribon, *Rückkehr nach Reims*, S. 15
5 Zitiert nach ebd., S. 14
6 Borasio, *Über das Sterben*, S.190
7 Schirrmacher, *Methusalem-Komplott*, S. 26
8 Zitiert nach ebd., S. 128
9 Alte bayrische Bezeichnung für den Tod
10 »Das ist nicht wie dein normaler Tag.« Swift, *Last Orders*, S. 1
11 Deutscher Titel: *Die zweite Chance*
12 Houellebecq, *Unterwerfung*, S. 154

Wir Kriegskinder

1 Timm, S. 89
2 Huber, *Hinter den Türen warten die Gespenster*, S. 304
3 Schreiber, *Zuhause*, S. 31
4 Ebd.
5 Wikipedia-Eintrag Krasnogorsk, abgerufen am 19.2.2017, 11.37 Uhr; https://de.wikipedia.org/wiki/Krasnogorsk
6 »schneller, schneller«
7 Hilger, *Deutsche Kriegsgefangene*, S. 123 f.
8 http://eeo.uni-klu.ac.at/index.php?title=Kriegsgefangenschaft
9 Döbler, *Nie wieder Hölderlin*, S. 19
10 Ebd., S. 26 f.
11 Ebd., S. 50
12 http://diepresse.com/home/zeitgeschichte/4910102/Konrad-Lorenz_Als-Kriegsgefangener-ein-Antifaschist#
13 M. Scholochow, *Der stille Don*, Band 2, S. 894
14 https://de.wikipedia.org/wiki/Der_stille_Don_(1957)
15 http://www.faz.net/aktuell/feuilleton/buecher/nobelpreis-fuer-ein-plagiat-scholochows-der-stille-don-13727496.html
16 Der Begriff geht zurück auf eine Geiselnahme 1973 in einer schwedischen Bank. Die Geiseln entwickelten im Laufe ihrer fünftägigen Gefangenschaft mehr Sympathien mit den Tätern als mit der Polizei, baten nach ihrer Befreiung um Gnade für die Geiselnehmer und besuchten sie im Gefängnis.
17 http://www.sueddeutsche.de/leben/folgen-des-zweiten-weltkriegs-mein-vater-der-soldat-1.3400811?reduced=true

18 E-Mail an den Verfasser, 7.3.2017
19 Reddemann, S. 70
20 Ebd., S. 81
21 Bode, S.167
22 Reddemann, S. 60
23 Nachwort zu »Anonyma, *Eine Frau in Berlin*, S. 288
24 Reddemann, S. 82
25 Ebd., S. 68
26 https://www.welt.de/geschichte/zweiter-weltkrieg/article132502055/Millionen-Deutsche-leiden-an-Weltkriegs-Traumata.html
27 Ein Beispiel ist Matthias Lohre. Sein Buch heißt *Das Erbe der Kriegsenkel. Was das Schweigen der Eltern mit uns macht*, Gütersloh 2016
28 Reddemann, S. 113
29 Ebd., S. 120
30 http://www.sueddeutsche.de/politik/spaetfolgen-des-zweiten-weltkriegs-die-kinder-der-traumatisierten-1.2632536
31 https://www.nzz.ch/feuilleton/koennen-wir-selbstbestimmt-leben-autonomie-macht-arbeit-und-nicht-immer-gluecklich-ld.1301175
32 Freud, *Abriß der Psychoanalyse*, Fischer Bücherei des Wissens, 1953
33 Ebd., S. 7 f.
34 Schreiber, *Zuhause*, S. 39
35 Ebd., S. 44
36 Lohre, S. 25
37 Ebd., S. 160
38 Ebd., S. 186
39 Ebd., S. 188
40 Ebd., S. 170
41 Ebd., S. 171
42 Ebd., S. 228
43 Ebd., S. 242
44 Ebd., S. 158
45 Reddemann, S. 85
46 Ebd., S. 139
47 Cercas, *Soldados de Salamina*, S. 197 f.
48 http://www.zendalibros.com/javier-cercas-sin-el-pasado-el-presente-esta-mutilado/
49 Podiumsdiskussion im Instituto Cervantes München, 8. Mai 2017
50 Gespräch mit dem Verfasser, 8. Mai 2017
51 Gorkow, *Hotel Laguna*, S. 75
52 Reddemann, S. 144
53 Lohre, S. 51
54 Bude, S. 49
55 Bude, *Gesellschaft der Angst*, S. 15
56 Ebd., S. 19
57 Ebd., S. 20

58 Zitiert nach Reddemann, S. 117
59 Bude, S. 58
60 Bude, S. 41
61 Ebd., S. 69
62 Ebd., S. 53
63 Ebd., S. 29
64 Ebd., S. 42
65 Reddemann, S. 91
66 Lohre, S. 229
67 Ebd., S. 236 f.
68 Bode, S. 29
69 Baer, Frick-Baer, *Kriegserbe in der Seele*, S. 149
70 Ebd., S. 112
71 Ebd., S. 149
72 http://www.sueddeutsche.de/kultur/josef-hader-ueber-oesterreich-jetzt-ist-gefuehlt-eine-vorkriegszeit-1.3275797-2
73 http://www.deutschlandfunkkultur.de/aus-den-feuilletons-die-weltlage-und-eine-franzoesische.1059.de.html?dram:article_id=372322
74 Eribon, S. 15.
75 Ebd., S. 12
76 Ebd., S.11
77 http://www.zeit.de/zeit-magazin/2015/33/juli-zeh-rettung